재무계산기를 이용한

재무관리

| 최 태 영 지음 |

PUKYONG NATIONAL UNIVERSITY PRESS
부경대학교 출판부

재무계산기를 이용한 재무관리

2015년 3월 6일 초판1쇄 발행
2016년 10월 7일 초판2쇄 발행

저 자 | 최 태 영
발행인 | 김 영 섭
발행처 | 부경대학교 출판부
주 소 | 부산광역시 남구 대연3동 599-1
전 화 | (051) 629-6914
F A X | (051) 629-6917
E-Mail | upress@pknu.ac.kr

값 17,000원

ISBN 978-89-91131-95-8 93320

저자 서문

본서는 재무계산기를 활용해서 풀 수 있는 생활재무 및 재무관련 시험 문제를 다양하게 소개하고 있다. 여기에서 사용하는 재무계산기는 전 세계 경영대학에서 가장 많이 이용하고 있는 Texas Instrument사의 BA II PLUSTM 기종이다.

또한 본서는 예금 대출 연금 국민연금 등 생활재무 관련 예제들을 친절하고 상세하게 설명하고 있다. 또한 본서는 화폐의 시간가치와 재무계산기에 익숙해져야만 풀 수 있는 채권 및 보통주의 가치평가, 순현가 및 기타투자분석방법, 파생상품의 가치평가 등의 예제를 수록하고 있다.

본서는 이론과 실무의 융합을 위해, 공인회계사(CPA : Certified Public Accountant), 공인재무분석사(CFP : Certified Financial Planner), 증권투자상담사(Certified Securities Investment Advisor), 한경 TESAT 등 회계 · 재무 관련 자격시험의 기출문제 혹은 관련문제를 다수 포함하고 있다.

아울러 독자의 글로벌 경쟁력 제고를 위해, 주요 용어에 대해서는 괄호 속에 영어를 병기하였고, 이들을 '찾아보기'에서 일목요연하게 정리해 두었다.

마지막으로, 본 교재의 출판을 가능하게 해 준 부경대학교 도서관 출판부의 지원과 출판 및 편집과정을 도와주신 모든 분들께 감사드린다.

2015년 2월

저자 씀

목 차

읽을거리 차례

Reading 차례

제1장 경영수학의 기초

How to whistle

1. 단리와 수열
2. 복리와 기하급수
3. 시그마 기호
4. 산술급수의 합
5. 기하급수의 합
6. 지수함수와 로그함수

연습문제

[읽을거리 1.1] 젊은이들의 격려와 다짐

[Reading 1.1] Happy New Year!

[Reading 1.2] Merry Christmas!

How to whistle

1. 단리와 수열

1.1 단리이자(Simple Interest)

원금(principal) P를 t기간 동안, 기간당 이자율 r로 투자할 경우, 단리이자는 다음과 같다.

$$I = Prt \quad \cdots\cdots (1.1)$$

단리 적용 시, 투자금액의 만기 원리금 합계는 아래와 같다.

$$S = P + I \quad \cdots\cdots (1.2)$$

예제 1.1 단리 계산

400만원을 연간 8%의 단리 이자로 2년간 투자한다면, 2년후 받게 되는 이자는 얼마인가?

【해설】

$$I = Prt = 400\text{만원}(0.08)(2) = 64\text{만원}.$$

정답 : 2년후 받게 될 단리 이자는 64만원이다.

예제 1.2 단리 계산

1000만원을 연간수익률 10%의 단리로 6개월간 투자한다면, 6개월후 투자금액은 얼마인가? 만원 단위로 답하라.

【해설】

$$I = Prt = 1000\text{만원}(0.10)(\frac{6}{12}) = 50\text{만원}.$$

따라서 6개월후 투자금액은 $S = P + I = 1{,}000\text{만원} + 50\text{만원} = 1{,}050\text{만원}$.

정답 : 6개월 후 투자금액은 1,050만원이다.

1.2 수열(Sequence)

만일 12,000원의 **대출**(loan)에 대해 매월 2,000원과 **미상환잔액**(unpaid balance)의 1% 이자만큼 상환한다면, 월지급이자는 다음과 같다.

첫째 달 : 12,000원의 1% = 120원
둘째 달 : 10,000원의 1% = 100원
세째 달 : 8,000원의 1% = 80원
네째 달 : 6,000원의 1% = 60원
다섯째 달 : 4,000원의 1% = 40원
여섯째 달 : 2,000원의 1% = 20원.

여기서, 월지급액 120, 100, 80, 60, 40, 20은 수열(sequence)을 형성한다.

(1) 수열의 정의

수열함수(sequence function)는 **도메인**(domain)이 양의 정수의 집합인 함수이다. (A sequence function is a function whose domain is the set of positive integers.)

예제 1.3 수열

n번째항이 $a_n = (-1)^n/n$인 수열의 첫 번째 4개항을 적으시오.

【해설】

주어진 수열의 첫번째 4개항은

$$a_1 = \frac{(-1)^1}{1} = -1,\ a_2 = \frac{(-1)^2}{2} = \frac{1}{2},\ a_3 = \frac{(-1)^3}{3} = -\frac{1}{3},\ a_4 = \frac{(-1)^4}{4} = \frac{1}{4}$$

정답 : 주어진 수열의 첫번째 4개항은 $-1, \frac{1}{2}, -\frac{1}{3}, \frac{1}{4}$이다.

(2) 산술급수(Arithematic Sequence)

산술급수의 n번째항(nth term of an arithematic sequence)은 다음과 같다.

$$a_n = a_1 + (n-1)d \quad \cdots\cdots (1.3)$$

여기서, a_1 = 초항(first term)

n = 항의 수(number of terms)

d = 공차(common difference between the terms).

예제 1.4 산술급수

초항이 3이고 공차가 -2인 산술급수의 12번째 항을 구하라.

【해설】

$a_n = a_1 + (n-1)d$로부터, $a_{12} = 3 + (12-1)(-2) = 3 + (-22) = -19.$

정답 : 주어진 산술급수의 12번째 항은 -19이다.

예제 1.5 산술급수

산술급수의 초항이 3이고 12번째항이 25이라고 한다. 이 산술급수의 다섯 번째항을 구하라.

【해설】

주어진 숫자들을 $a_n = a_1 + (n-1)d$에 대입하여 공차와 일반항을 구한다.

$a_{12} = 3 + (12-1)d = 25, \ \therefore d = 2$

$\therefore a_5 = 3 + (5-1)(2) = 11$

정답 : 주어진 산술급수의 다섯번째항은 11이다.

읽을거리 1.1 젊은이들의 격려와 다짐

미래가 불투명한(have uncertain futures) 젊은이들이 고민 많은(have a lot on their minds) 건 어디나 마찬가지다. 미국의 한 언론 매체가 젊은이들이 블로그를 통해 서로 격려한(encourage each other) 글들 중 새해에 되새겨봐야 할 현실적 조언들을 정리해(round up some real-life advice) 소개했다.

"어느 시험이든 불합격했다 해서 그것이 우리를 규정하는(define us) 것은 아니다. 인생 어느 때인가 불가피하게 일어나는(inevitably happen in our lives at some point) 일이다. 그 시험 하나가 우리의 가치, 창의성, 잠재력에 대해 말할 수 있는 건 아무것도 없다(say nothing about our worth, creativity or potential). 어느 것을 열망했다가(have our heart set on something) 불합격되든가 거부당하더라도 그 불상사를 극복하는 법을 터득하면(learn how to get over the unfortunate event) 장기적으로는 되레 도움이 된다(be rather helpful in the long run).

최악에 빠진 때에도(even at our lowest points) 긍정적 마음을 유지하자(stay positive). 자신을 사랑하는 법을 배우자. 암울한 생각들이 마음을 갉아먹게(gnaw our mind) 하지 말자. 헤쳐나갈(tide over it) 수 있다. 다만 자신 스스로에 대한 인식을 바꿔야(change the way we perceive ourselves) 한다.

경쟁심은 인간의 본성이다(be inherent in human nature). 하지만 끊임없이 자신을 남과 비교하는(constantly compare ourselves to others) 것은 열만 나게 할 뿐이다(only drive us crazy). 남이 이룬 것에 집착해봐야(fixate on the achievements of others) 헛된(be futile) 짓이다. 건강하지 못한 집착(unhealthy preoccupation)은 불행의 구렁텅이에 빠지게(sink into the depth of misery) 할 뿐이다.

유일하게 명백한 경쟁자(the only apparent competition), 내 길을 가로막는(stand in my way) 이는 나 자신이다. 나 자신의 개발(my own self-improvement)이 관심의 초점이 돼야(be my cynosure) 한다. 나의 현실을 만들어내는(create realities for myself) 것은 나 자신이다. 주저하지 말고 열심히 해서 최선을 다한(give it all and do my best) 뒤 그 결과는 어째도 좋다는(be fine with any result) 마음가짐을 갖자.

내게 의미가 있는(mean something to me) 목표를 세우고, 그것에 도달하려는 노력을 결코 중단하지 말자(never stop trying to reach it). 그러면서 목표를 이룰 수 있는 곳곳의 기회들을 유심히 살펴보자(be on the lookout for new opportunities to fulfill it around every corner). 그러려면 500%의 노력을 기울여야 한다. 어려운 과정이 될 것이다. 즐기면서 할 수 있는 것은 아니다. 하지만 마침내 그 가치가 있었다고(have been so worth it in the end) 되돌아보는 날이 반드시 올 것이다."

출처 : "젊은이들의 격려와 다짐," 윤희영의 News English, 「조선일보」 2015년 1월 8일자 A29면.

2. 복리와 기하급수

1.1 복리와 기하급수(Compounding and Geometric Sequence)

원금(principal) P원을 연이자율 i의 복리(compound interest)로 투자한다면, 매년 말 투자금액은 아래와 같이 기하급수(geometric sequence)를 따른다.

$$P(1+i), P(1+i)^2, P(1+i)^3, \cdots, P(1+i)^n.$$

기하급수의 n번째항은 다음과 같다.

$$a_n = ra_{n-1} \quad , n > 1 \qquad \cdots\cdots (1.4)$$

여기서, a_1 = 초항(first term)

n = 항의 수(number of terms)

r = 등비(common ratio).

예제 1.6 복리와 기하급수

'부경' 씨는 300만원을 연복리 9%로 4년간 투자하였다. 투자기간 동안 증식된 이자는 얼마인가? 만원 단위로 답하라.

【해설】

4년후 투자금액의 원리금합계

$$\begin{aligned} S &= 300\text{만원} \times (1+0.09)^4 \\ &= 300\text{만원} \times (1.4116) \\ &= 423.4745\text{만원} \end{aligned}$$

4년간 증식된 이자 = 4년후 투자금액의 원리금합계 - 초기투자

= 423.4745만원 - 300만원 = 123.4745만원.

정답 : 4년간 증식된 이자는 123만원이다.

1.2 연간 k번 복리

만일 이자가 연간 k번씩 복리로 계산된다면, n년 동안 kn 기간이 존재할 것이며, 복리기간당 이자율은 i/k이 될 것이다. 이때 **복리금액**(compound amount)은 다음과 같다.

$$S = P \times (1 + \frac{i}{k})^{kn} \quad \cdots\cdots (1.5)$$

예제 1.7 연간 k번 복리

'부경' 씨는 2000만원을 연리 8%로 6년간 분기별 복리로 '부경은행'에 투자하였다. (a) 6년후 투자금액과, (b) 6년간 증식된 이자는 얼마인가? 만원 단위로 답하라.

【해설】

(a) 6년후 투자금액

$$\begin{aligned} S &= P \times (1 + \frac{i}{k})^{kn} \\ &= 2000\text{만원} \times (1 + \frac{0.08}{4})^{4 \times 6\text{년}} \\ &= 2000\text{만원} \times (1.02)^{24} \\ &= 2000\text{만원} \times (1.6084) \\ &= 3,126.8000\text{만원} \end{aligned}$$

정답 : 6년후 투자금액은 3,127만원이다.

(b) 6년간 증식된 이자

= 6년후 투자금액 - 초기투자

= 3,126.8만원 - 2,000만원

= 1,126.8만원

정답 : 6년간 증식된 이자는 1,127만원이다.

1.3 연속복리(Continous Compounding)

만일 이자가 **명목이자율**(nominal interest rate) i로 n년간 연속복리로 계산된다면, 복리금액은 다음과 같이 **지수함수**(exponential function)로 표시된다.

$$S = Pe^{i \times n} \quad \cdots\cdots (1.6)$$

예제 1.8 연속복리

'부경' 씨는 2000만원을 연리 8%로 20년간 연속복리로 '부경증권'에 투자하였다. 20년후 투자금액은 얼마인가? 만원 단위로 답하라.

【해설】

$$\begin{aligned} S &= Pe^{i \times n} \\ &= 2000\text{만원} \times e^{0.08 \times 20\text{년}} \\ &= 2000\text{만원} \times e^{1.6} \\ &= 2000\text{만원} \times (4.9530) \\ &= 9{,}906.00\text{만원} \end{aligned}$$

정답 : 20년후 투자금액은 9,906만원이다.

예제 1.9 연속복리와 분기별 복리 비교

'부경' 씨는 2000만원을 연리 8%로 5년간 '부경증권'에 연속복리로 투자하였다. 이것은 '부경' 씨가 2000만원을 연리 8%로 5년간 '부경증권'에 분기별 복리로 투자하였을 때보다 얼마나 더 많은 투자수익을 보장해 주는가? 만원 단위로 답하라.

【해설】

연속복리로 투자한 경우 투자금액 :

$$\begin{aligned} S &= Pe^{i \times n} \\ &= 2000\text{만원} \times e^{0.08 \times 5\text{년}} \\ &= 2000\text{만원} \times e^{0.4} \\ &= 2000\text{만원} \times (1.4918) \\ &= 2{,}983.60\text{만원} \end{aligned}$$

분기별 복리로 투자한 경우 투자금액 :

$$\begin{aligned} S &= P \times (1 + \frac{i}{k})^{kn} \\ &= 2000\text{만원} \times (1 + \frac{0.08}{4})^{4 \times 5\text{년}} \\ &= 2000\text{만원} \times (1.02)^{20} \\ &= 2000\text{만원} \times (1.4859) \\ &= 2{,}971.80\text{만원} \end{aligned}$$

$\therefore$ 연속복리를 통한 투자금액의 증분 $= 2{,}983.60$만원 $- 2{,}971.80$만원 $= 11.80$만원.

정답 : 연속복리를 통해 얻을 수 있는 투자금액의 증분은 약 12만원이다.

3. 시그마 기호(Sigma Notation)

3.1 시그마 기호의 개념

그리스 문자인 시그마 기호(Σ)는 숫자나 표현의 합을 의미한다. 예를 들어, $a_1, a_2, a_3, \cdots, a_n$에서 n개 숫자의 합을 Σ를 이용해서 표시하면 다음과 같다.

$$\sum_{i=1}^{n} a_i = a_1 + a_2 + a_3 + \cdots + a_n.$$

이것을 영어로는 “The sum of a_i as i goes from 1 to n”으로 읽는다.

시그마 기호를 이용해서 함수표현(functional expressions)의 합을 나타낼 수도 있다.

$$\sum_{i=1}^{4} f(i) = f(1) + f(2) + f(3) + f(4).$$

예제 1.10 시그마 기호

함수 $f(x) = x^2$일 때, $\sum_{i=1}^{3} f(i)$를 계산하라.

【해설】

$$\begin{aligned}\sum_{i=1}^{3} f(i) &= f(1) + f(2) + f(3) \\ &= 1^2 + 2^2 + 3^2 \\ &= 14\end{aligned}$$

정답 : 14.

예제 1.11 시그마 기호

$\sum_{i=3}^{5}(\frac{i-1}{i^2})$를 계산하라.

【해설】

$$\begin{aligned}\sum_{i=3}^{5}(\frac{i-1}{i^2}) &= \frac{3-1}{3^2}+\frac{4-1}{4^2}+\frac{5-1}{5^2} \\ &= \frac{2}{9}+\frac{3}{16}+\frac{4}{25} \\ &= \frac{2051}{3600}\end{aligned}$$

정답 : $\sum_{i=3}^{5}(\frac{i-1}{i^2})=\frac{2051}{3600}$.

3.2 시그마 기호를 이용한 유용한 공식

시그마 기호를 포함한 계산의 단순화를 위해 매우 유용한 공식들을 몇 가지 설명해 보기로 하자.

$$\sum_{i=1}^{n}1=n \quad \cdots\cdots (1.7)$$

【증명】

$\sum_{i=1}^{n}1=1+1+1+\cdots+1=n$ <증명 끝>.

$$\sum_{i=1}^{n}cx_i=c\sum_{i=1}^{n}x_i \quad \cdots\cdots (1.8)$$

【증명】

$$\sum_{i=1}^{n} cx_i = cx_1 + cx_2 + \cdots + cx_n$$
$$= c(x_1 + x_2 + \cdots + x_n)$$
$$= c\sum_{i=1}^{n} x_i \quad \text{<증명끝>}.$$

$$\sum_{i=1}^{n}(x_i + y_i) = \sum_{i=1}^{n} x_i + \sum_{i=1}^{n} y_i \quad \cdots\cdots (1.9)$$

【증명】

$$\sum_{i=1}^{n}(x_i + y_i) = (x_1 + y_1) + (x_2 + y_2) + \cdots + (x_n + y_n)$$
$$= (x_1 + x_2 + \cdots + x_n) + (y_1 + y_2 + \cdots + y_n)$$
$$= \sum_{i=1}^{n} x_i + \sum_{i=1}^{n} y_i \quad \text{<증명끝>}.$$

$$\sum_{1}^{n} i = \frac{n(n+1)}{2} \quad \cdots\cdots (1.10)$$

【증명】

$$\sum_{1}^{n} i = 1 + 2 + 3 + \cdots + n$$

는 초항 1이고, 등차 1, n번째항이 n인 산술평균의 합이다. 따라서 위 식 (1.10)을 이용하면

$$\sum_{1}^{n} i = \frac{n(n+1)}{2} \text{ 이다.}$$

$$\sum_{i=1}^{n} i^2 = \frac{n(n+1)(2n+1)}{6} \quad \cdots\cdots (1.11)$$

예제 1.12 시그마 기호에 관한 유용한 공식

다음을 계산하라.

(a) $\sum_{i=1}^{10} 6$ (b) $\sum_{i=1}^{5} 3i$ (c) $\sum_{i=1}^{5} 3i^2$

【해설】

(a) $\sum_{i=1}^{10} 6 = 6\sum_{i=1}^{10} 1 = 6 \times 10 = 60.$

(b) $\sum_{i=1}^{5} 3i = 3\sum_{i=1}^{5} i = 3 \times \frac{5(5+1)}{2} = 45$ [식 (1.10) 이용].

(c) $\sum_{i=1}^{5} 3i^2 = 3\sum_{i=1}^{5} i^2 = 3 \times \frac{5(5+1)(2\times5+1)}{6} = 99$ [식 (1.11) 이용].

4. 산술급수의 합(Sum of Arithematic Sequence)

초항 a_1, 공차 d인 산술급수(arithematic sequence)의 n번째항 a_n은 다음과 같다.

$$a_n = a_1 + (n-1)d \quad \cdots\cdots (1.12)$$

초항 a_1, 공차 d인 산술급수의 초항 a_1부터 n번째항 a_n까지의 합 s_n은 아래와 같다.

$$s_n = \frac{n}{2}(a_1 + a_n) \quad \cdots\cdots (1.13)$$

【증명】

초항 a_1, 공차 d, n번째항이 a_n인 산술급수를 고려하자. 이 산술급수의 초항 a_1부터

n번째항까지의 합 s_n은 다음과 같다.

$$s_n = a_1 + (a_1 + d) + (a_1 + 2d) + \cdots + [a_1 + (n-1)d] \cdots\cdots\cdots (a)$$

또한 이 산술급수의 n번째항 a_n부터 초항 a_1까지의 합 s_n은 아래와 같다.

$$s_n = a_n + (a_n - d) + (a_n - 2d) + \cdots + [a_n - (n-1)d] \cdots\cdots\cdots (b)$$

위 식 (a)와 (b)의 항끼리 더하면,

$$2s_n = (a_1 + a_n) + (a_1 + a_n) + \cdots + (a_1 + a_n) + (a_1 + a_n)$$

$$2s_n = n(a_1 + a_n)$$

$$\therefore s_n = \frac{n}{2}(a_1 + a_n)$$ <증명끝>.

예제 1.13 산술급수의 합

초항이 2이고, 공차가 4인 산술급수의 초항부터 11번째항까지의 합을 계산하라.

【해설】

Given : $a_1 = 2,\ d = 4$

$a_n = a_1 + (n-1)d$로부터,

$a_{11} = 2 + (11-1) \times 4 = 42.$

$s_n = \frac{n}{2}(a_1 + a_n)$를 이용해서,

$s_{11} = \frac{11}{2}(2 + 42) = 242.$

정답 : $s_{11} = 242.$

5. 기하급수의 합(Sum of Geometric Sequence)

초항(first term) a_1, 등비(common ratio) r인 기하급수(geometric sequence)의 n번째항 a_n은 다음과 같다.

$$a_n = a_1 r^{n-1} \quad \cdots\cdots (1.14)$$

초항이 a_1이고, 등비가 r인 기하급수의 초항부터 n번째 항까지의 합 s_n은 아래와 같이 주어진다.

$$s_n = \frac{a_1(1-r^n)}{1-r} \quad \cdots\cdots (1.15)$$

【증명】

$$s_n = a_1 + a_1 r + a_1 r^2 + \cdots + a_1 r^{n-1}$$

$$rs_n = a_1 r + a_1 r^2 + a_1 r^3 + \cdots + a_1 r^n$$

$$s_n - rs_n = a_1 + (a_1 r - a_1 r) + (a_1 r^2 - a_1 r^2) + \cdots + (a_1 r^{n-1} - a_1 r^{n-1}) - a_1 r^n$$

$$s_n(1-r) = a_1 - a_1 r^n$$

$$\therefore s_n = \frac{a_1(1-r^n)}{1-r} \quad (r<1) \quad \text{(증명 끝)}.$$

참고로, $r>1$인 경우 기하급수의 합은 다음과 같다.

$$s_n = \frac{a_1(r^n-1)}{r-1} \quad \cdots\cdots (1.16)$$

예제 1.14 기하급수의 합

초항이 4이고, 등비가 -3인 기하급수의 초항부터 10번째항까지의 합을 계산하라.

【해설】

Given : $a_1 = 4, r = -3, n = 10$

$$s_n = \frac{a_1(1-r^n)}{1-r} \text{로부터}$$

$$s_{10} = \frac{4[1-(-3)^{10}]}{1-(-3)} = \frac{4[1-59{,}049]}{4} = -59{,}048$$

정답 : $s_{10} = -59{,}048$.

예제 1.15 기하급수의 합 응용(연금의 미래가 계산)

'부경' 양은 100세 시대를 맞이하여 열심히 노후대책을 준비해 왔다. 은퇴 후 그녀는 매월말 1원씩의 연금을 n개월간 받을 예정이며, 월이자율은 k%이다. 이 경우 그녀가 수령할 연금의 미래가는 $FVA_{k\%,n} = \frac{(1+k)^n - 1}{k}$라고 한다. 기하급수의 합 공식을 이용해서 이를 증명해 보라.

【해설】

연금의 미래가는 다음과 같이 기하급수의 합으로 표시된다.

$$FVA_{k\%,n} = 1 + 1 \times (1+k)^1 + 1 \times (1+k)^2 + \cdots + 1 \times (1+k)^{n-1}$$

즉, 연금의 미래가 $FVA_{k\%,n}$는 초항 $a_1 = 1$, 등비 $r = (1+k)$, 항의 개수 n인 기하급수의 합이다.

여기서, $FVA_{k\%,n}$ = Future Value of Annuity over n periods for k%.

$$s_n = \frac{a_1(1-r^n)}{1-r} \text{ 으로부터}$$

$$s_n = \frac{1[1-(1+k)^n]}{1-(1+k)} = \frac{1-(1+k)^n}{-k} = \frac{(1+k)^n - 1}{k}$$

$$\therefore FVA_{k\%,n} = \frac{(1+k)^n - 1}{k} \quad \text{<증명 끝>.}$$

참고로, n기간 동안 기간이자율 $k\%$로 연금 1원씩을 받을 경우, 연금의 미래가를 **연금의 복리이자요소**(Future Value Interest Factor of an Annuity over n periods for k%)라고 부르며, $FVIFA_{k\%,n}$로 표시한다. 이에 대해서는 교과서의 후반부 '연금의 가치평가' 에서 자세히 다루기로 한다.

6. 지수함수와 로그함수

6.1 지수함수(Exponential Functions)

6.1.1 지수함수의 정의

a가 양의 실수(positive real number)인 경우, 아래 함수를 지수함수로 정의한다.

$$f(x) = a^x \quad \cdots\cdots (1.17)$$

예제 1.16 지수함수의 도해

지수함수 $y = 10^x$가 있다. (a) 아래 표의 y행을 채우고, (b) 이 지수함수를 (x, y)평면에 도시하라.

x	y
-2	$10^{-2}=1/100$
-1	
0	
1	
2	

【해설】

(a)

x	y
-2	$10^{-2}=1/100$
-1	$10^{-1}=1/10$
0	$10^{0}=1$
1	$10^{1}=10$
2	$10^{2}=100$

(b) 각자 그려보시기 바람.

6.2 e라는 숫자(The Number e)

6.1.2 e의 정의

다음 함수를 고려하자.

$$f(m)=(1+\frac{1}{m})^{m} \quad \cdots\cdots (1.18)$$

점점 큰 숫자들을 m자리에 대입시킨다면, $f(m)$ 역시 더 큰 숫자가 될 것처럼 보인다. 실제 그렇게 되는 지를 아래에서 살펴보자.

$$f(1)=(1+\frac{1}{1})^1=2$$

$$f(2)=(1+\frac{1}{2})^2=2.25$$

$$f(3)=(1+\frac{1}{3})^3=2.37037\ldots$$

$$f(4)=(1+\frac{1}{4})^4=2.44141\ldots$$

m이 무한대로 증가한다면, $f(m)$은 $2.71828\ldots\equiv e$.

따라서 e의 값은 $m\to\infty$때, 식 (1.18)의 극한치로 정의할 수 있다.

$$e\equiv\lim_{m\to\infty}f(m)=\lim_{m\to\infty}(1+\frac{1}{m})^m \quad\cdots\cdots (1.19)$$

6.1.3 e의 경영학적 의미

수학적으로 e는 식 (1.18)의 극한치이지만, 경영학에서 e는 이자복리의 특별한 과정의 결과이다.

예를 들어, 원금 1원에 대해 연 100%의 이자를 지급하는 은행이 있다고 가정하자. 1년 후 원리금 합계 $V(1)$은

$$V(1)=\text{원금}\times(1+\text{이자율})=1\times(1+100\%)=(1+\frac{1}{1})=2.$$

만일, 이자가 반년 복리로 계산된다면, 1년 후 원리금 합계 $V(2)$는

$$V(2)=(1+50\%)(1+50\%)=(1+\frac{1}{2})^2$$

동일한 벙법으로 1년 간 복리 빈도(frequency of compounding) m이 3, 4로 증가하

는 경우, 1년 후 원리금 합계는 아래와 같다.

$$V(3) = (1 + \frac{1}{3})^3$$
$$V(4) = (1 + \frac{1}{4})^4.$$

일반적으로, 원리금 1원에 대해 1년 간 m번 복리를 취할 경우, 1년 후 원리금 합계 $V(m)$은 다음 식과 같다.

$$V(m) = (1 + \frac{1}{m})^m \quad \cdots\cdots (1.20)$$

극한적인 경우, 이자가 한 해동안 연속복리로 증식한다면 즉 m이 무한대로 증가한다면, 1년 후 원리금 합계는 식 (1.19)에 의해 다음과 같다.

$$\lim_{m \to \infty} V(m) = \lim_{m \to \infty} (1 + \frac{1}{m})^m = e(\text{원})$$

6.1.4 e를 밑으로 하는 지수함수

경제학과 경영학 그리고 생물학 등에서 자주 등장하는 지수함수는 e를 밑으로 하는 지수함수이다.

$$y = e^x$$

여기서 e는 $e \doteq 2.71828\ldots$ 인 **무리수(irrational number)**이다.

예제 1.17 지수함수 e^x의 도해

지수함수 $y = e^{-2x}$가 있다. (a) 재무계산기를 이용해서 아래 표의 y행을 채우고, (b) 이 지수함수를 (x, y)평면에 도시하라.

x	y
-2	$e^4 = 54.598$
-1	
0	
1	
2	

【해설】

(a)

x	y
-2	$e^4 = 54.598$
-1	$e^2 = 7.389$
0	$e^0 = 1$
1	$e^{-2} = 0.135$
2	$e^{-4} = 0.018$

(b) 각자 그려보시기 바람.

e를 밑으로 하는 지수함수 중에서 가장 중요한 함수 중의 하나는 표준정규확률분포 함수(standard normal probability distribution function)이다.

$$f(z) = \frac{1}{\sqrt{2\pi}} e^{-2z^2/2} \quad \cdots\cdots (1.21)$$

6.2 로그함수(Logarithmic Functions)

6.2.1 로그함수의 정의

경제・경영학의 많은 응용 문제는 $x=a^y$, $a>0$, $a\neq 1$로 표시된다. 이 방정식을 $y=f(x)$의 형태로 표시하면 다음과 같다.

$$y=\log_a x.$$

위 로그방정식을 영어로는 "y equals the logarithm of x to the base of a"로 읽는다. 즉,

$$y=\log_a x \quad \Leftrightarrow \quad x=a^y\,(a>0,\ a\neq 1) \qquad (1.22)$$

로그함수는 밑(base)을 10으로 하는 **상용로그**(common logarithm)와 밑을 e로 하는 **자연로그**(natural logarithm)로 구분된다. 상용로그와 자연로그는 편의상 밑이 없이 다음과 같이 표시한다.

상용로그 : $\log x \Rightarrow \log_{10} x$

자연로그 : $\ln x \Rightarrow \log_e x.$

그리고,

$$y=\log x \quad \Leftrightarrow \quad x=10^y$$

$$y=\ln x \quad \Leftrightarrow \quad x=e^y \qquad (1.23)$$

6.2.2 로그 규칙(Rules of Logarithms)

로그는 지수의 성격을 지닌다. 그래서 로그 규칙은 지수 규칙과 유사하다.[1)]

〈로그 규칙 1〉 곱의 로그(log of product) : $\ln(uv) = \ln u + \ln v \quad (u, v > 0)$

[예] $\ln(e^5 e^3) = \ln e^5 + \ln e^3 = 5 + 3 = 8.$

[예] $\ln(Pe^5) = \ln P + \ln e^5 = \ln P + 5.$

〈로그 규칙 2〉 비율의 로그(log of quotient) : $\ln(u/v) = \ln u - \ln v \quad (u, v > 0)$

[예] $\ln(e^5/r) = \ln e^5 - \ln r = 5 - \ln r.$

[예] $\ln(e^8/e^5) = \ln e^8 - \ln e^5 = 8 - 5 = 3.$

〈로그 규칙 3〉 지수의 로그(log of power) : $\ln u^a = a \ln u \quad (u > 0)$

[예] $\ln e^5 = 5 \ln e = 5.$

[예] $\ln A^5 = 5 \ln A.$

〈로그 규칙 4〉 로그밑의 변환(converstion of log base)

$$\log_b u = (\log_b e)(\log_e u) \quad (u > 0)$$

이 규칙은 연쇄규칙(chain rule)을 닮았다. 즉, 이 경우의 "연쇄" ($b \nearrow e \searrow e \nearrow u$)는 $\log_b u$에서 $\log_e u$의 도출을 가능하게 해 준다. 물론 역도 성립한다(vice versa).

〈로그 규칙 5〉 로그밑의 역(inverstion of log base) : $\log_b u = \dfrac{1}{\log_u b}$

1) 로그 규칙을 증명하고 싶은 학생은 Chiang(1984), *Fundamental Mehtods of Mathematical Economics*, McGraw Hill. pp. 284-286을 참조하시기 바람.

〔Reading 1.1〕

Happy New Year!

$$w + \ell n N = \ell n\left(ap^2 H + e^{ar}\right) + \ell n\, Y$$

$$w = \ell n\left(ap^2 H + e^{ar}\right) + \ell n\, Y - \ell n N$$

$$= \ell n\left(ap^2 H + e^{ar}\right) + \ell n \frac{Y}{N}$$

$$= \ell n\left[\left(ap^2 H + e^{ar}\right)\frac{Y}{N}\right]$$

$$e^w = \left(ap^2 H + e^{ar}\right)\frac{Y}{N}$$

$$Ne^w = ap^2 Hy + e^{ar} Y$$

$$Hap^2 y = Ne^w - Ye^{ar}$$

$$\therefore\ Happy\ New\ Year!$$

Source : Anonymous.

〔Reading 1.2〕

Merry Christmas!

$$y = \frac{\ln\left(\dfrac{x}{m} - sa\right)}{r^2}$$

$$yr^2 = \ln\left(\frac{x}{m} - sa\right)$$

$$e^{yr^2} = \frac{x}{m} - sa$$

$$e^{yr^2} + sa = \frac{x}{m}$$

$$m(e^{yr^2} + sa) = X$$

$$me^{yr^2} + msa = X$$

$$me^{rry} = X - mas$$

$$\therefore\ Merry\ X - mas$$

Source : Anonymous.

요 약

1. 단리와 수열

○ 단리(Simple Interest)

- 원금 P를 t기간 동안 기간당 이자율 r로 투자할 경우의 단리 이자 I

$$I = Prt$$

- 단리 적용 시 지급 만기에 투자금액의 원리금 합계 S

$$S = P + I$$

○ 수열(Sequence)

- 수열함수(sequence function)의 정의
  수열함수는 도메인(domain)이 양의 정수의 집합인 함수이다.

- 산술급수(Arithematic Sequence)의 n번째항

$$a_n = a_1 + (n-1)d$$

여기서, a_1 = 초항(firtst term)
n = 항의 수(number of terms)
d = 공차(common difference between the terms).

2. 복리와 기하급수

○ 복리와 기하급수

원금(principal) P원을 연이자율 i의 **복리**(compound interest)로 투자한다면, 매년 말 투자금액은 **기하급수**(geometric sequence)를 따른다.

$$P(1+i), P(1+i)^2, P(1+i)^3, \cdots, P(1+i)^n.$$

○ 기하급수의 n번째항

$$a_n = ra_{n-1} \quad , n > 1$$

여기서, a_1 = 초항(first term)

n = 항의 수(number of terms)

r = 등비(common ratio).

○ 연간 k번 복리 시 복리금액

만일 이자가 연간 k번씩 복리로 계산된다면, n년 동안 kn 기간이 존재할 것이며, 복리기간당 이자율은 i/k이 될 것이다. 이때 **복리금액**(compound amount) S는 다음과 같다.

$$S = P \times (1 + \frac{i}{k})^{kn}$$

○ **연속복리**(Continous Compounding)

만일 이자가 **명목이자율**(nominal interest rate) i로 n년간 연속복리로 계산된다면, 복리금액은 **지수함수**(exponential function)로 표시된다.

$$S = Pe^{i \times n}$$

3. 시그마 기호(Sigma Notation)

○ 시그마 기호의 개념

그리스 문자인 Σ는 숫자나 표현의 합을 의미한다. 예를 들어, $a_1, a_2, a_3, \cdots, a_n$에서 n개 숫자의 합을 Σ를 이용해서 표시하면 다음과 같다.

$$\sum_{i=1}^{n} a_i = a_1 + a_2 + a_3 + \cdots + a_n.$$

○ 시그마 기호를 이용한 유용한 공식

$$\sum_{i=1}^{n} 1 = n$$

$$\sum_{i=1}^{n} cx_i = c\sum_{i=1}^{n} x_i$$

$$\sum_{i=1}^{n} (x_i + y_i) = \sum_{i=1}^{n} x_i + \sum_{i=1}^{n} y_i$$

$$\sum_{1}^{n} i = \frac{n(n+1)}{2}$$

$$\sum_{i=1}^{n} i^2 = \frac{n(n+1)(2n+1)}{6}$$

4. 산술급수의 합(Sum of Arithematic Sequence)

○ 초항 a_1, 공차 d인 산술급수(arithematic sequence)의 n번째항 a_n

$$a_n = a_1 + (n-1)d$$

○ 초항 a_1, 공차 d인 산술급수의 초항부터 n번째항까지의 합 s_n

$$s_n = \frac{n}{2}(a_1 + a_n)$$

5. 기하급수의 합(Sum of Geometric Sequence)

○ 초항(first term) a_1, 등비(common ratio) r인 기하급수의 n번째항 a_n

$$a_n = a_1 r^{n-1}$$

○ 초항 a_1, 등비 r인 기하급수의 초항부터 n번째항까지의 합 s_n

$$s_n = \frac{a_1(1-r^n)}{1-r}$$

○ 연금의 복리이자요소

n기간 동안 기간이자율 $k\%$로 연금 1원씩을 받을 경우, 연금의 미래가를 **연금의 복리이자요소**(Future Value Interest Factor of an Annuity over n periods for $k\%$) 라고 부르며, $FVIFA_{k\%,n}$로 표시한다.

$$FVIFA_{k\%,n} = \frac{(1+k)^n - 1}{k}.$$

ㅇ 연금의 현가이자요소

n기간 동안 기간이자율 $k\%$로 연금 1원씩을 받을 경우, 연금의 현가를 **연금의 현가이자요소**(Present Value Interest Factor of an Annuity over n periods for k%)라고 부르며, $PVIFA_{k\%,n}$로 표시한다.

$$PVIFA_{k\%,n} = \frac{1}{k} - \frac{1}{k(1+k)^n}.$$

6. 지수함수와 로그함수

ㅇ 지수함수의 정의(Definition of exponential function)

$$f(x) = a^x$$

여기서, a는 양의 실수(positive real number).

ㅇ e의 정의 : $e \equiv \lim_{m \to \infty} f(m) = \lim_{m \to \infty} (1 + \frac{1}{m})^m$

여기서, e는 $e \doteq 2.71828\ldots$ 인 **무리수**(irrational number)이다.

ㅇ 상용로그와 자연로그(common logarithm and natural logarithm)의 정의

상용로그 : $\log x \Rightarrow \log_{10} x$

자연로그 : $\ln x \Rightarrow \log_e x.$

그리고,

$$y = \log x \quad \Leftrightarrow \quad x = 10^y$$

$$y = \ln x \quad \Leftrightarrow \quad x = e^y$$

○ 로그 규칙(Rules of Logarithms)

로그는 지수의 성격을 지닌다. 그래서 로그 규칙은 지수 규칙과 유사하다.

〈로그 규칙 1〉 곱의 로그(log of product) : $\ln(uv) = \ln u + \ln v \quad (u, v > 0)$

〈로그 규칙 2〉 비율의 로그(log of quotient) : $\ln(u/v) = \ln u - \ln v \quad (u, v > 0)$

〈로그 규칙 3〉 지수의 로그(log of power) : $\ln u^a = a \ln u \quad (u > 0)$

〈로그 규칙 4〉 로그밑의 변환(converstion of log base)

〈로그 규칙 5〉 로그밑의 역(inverstion of log base) : $\log_b u = \dfrac{1}{\log_u b}$

연습문제

[연습문제 1.1] 시그마 기호

$\sum_{i=2}^{5} \frac{i-3}{i+1}$ 을 계산하라.

[연습문제 1.2] 시그마 기호를 이용한 유용한 공식

$\sum_{i=1}^{n} \frac{i}{n^2}$ 을 단순화하라.

[연습문제 1.3] 시그마 기호 계산

다음을 각각 계산하라.

(a) $\sum_{i=1}^{40} i$　　(b) $\sum_{k=1}^{5} (j^2-3)$　　(c) $\sum_{i=1}^{100} (4i^2+3i+1)$

[연습문제 1.4] 산술급수의 합(응용 문제)

부산의 프로야구팀 롯데에서 뛰고 있는 '경영'씨의 2015년도 시즌 경기 수당은 첫 번째 경기에서 100만원, 그 이후 경기부터 마지막 경기까지 매번 50만원씩 증가한다고 한다. 그리고 시즌 총경기수는 15회라고 한다. 2015년도 시즌 경영 씨의 총경기수당은 얼마인가?

[연습문제 1.5] 기하급수의 합 응용(연금의 미래가 계산)

'부경'양은 100세 시대를 맞이하여, 노후대책을 착실하게 준비해 왔다. 그녀는 만60세에 은퇴하여 매월말 1원씩의 연금을 360개월 동안 수령할 예정이다. 연이자율은 3%라고 한다. 부경 양이 수령할 연금의 미래가는 얼마인가?

[연습문제 1.6] 기하급수의 합 응용(연금의 현가 계산)

'부경' 양은 100세 시대를 맞이하여 젊어서부터 꾸준히 노후대책을 준비해 왔다. 그녀는 은퇴 후 매월말 1원씩의 연금을 n개월간 받을 예정이다. 그리고 월이자율은 $k\%$이다. 부경 양이 수령할 연금의 현가는 다음과 같이 표시된다고 한다: $PVA_{k\%,\, n} = 1(1+k)^{-1} + 1(1+k)^{-2} + \cdots + 1(1+k)^{-n}$. 기하급수의 합 공식을 이용해서 연금의 현가를 구하라.

제2장 재무계산기의 기초

<시> 첫마음　정채봉

1. 재무계산기의 개요
2. 재무계산기의 설정
3. 수학 연산
4. 메모리 연산
5. 워크시트 사용법

[읽을거리 2.1] 손정의와 알리바바

[읽을거리 2.2] 스웨덴연금, 주식비중 높여 고수익

첫마음

정채봉

1월 1일 아침에 찬물로 세수하면서 먹은 첫마음으로 1년을 산다면

학교에 입학하여 새 책을 앞에 놓고 하루 일과표를 짜던 영롱한 첫마음으로 공부를 한다면

사랑하는 사이가, 처음 눈이 맞던 날의 떨림으로 내내 계속된다면

첫 출근하는 날, 신발 끈을 매면서 먹은 마음으로 직장일을 한다면

아팠다가 병이 나은 날의, 상쾌한 공기 속의 감사한 마음으로 몸을 돌본다면

개업날의 첫마음으로 언제고 돈이 적으나, 밤이 늦으나 기쁨으로 손님을 맞는다면.

세례 성사를 받던 날의 빈 마음으로 눈물을 글썽이며 교회에 다닌다면

나는 너, 너는 나라며 화해하던 그 날의 일치가 가시지 않는다면

여행을 떠나는 날, 차표를 끊던 가슴 뜀이 식지 않는다면

이 사람은, 그 때가 언제든지 늘 새마음이기 때문에 바다로 향하는 냇물처럼 날마다가 새로우며, 깊어지며, 넓어진다.

1. 재무계산기의 개요

1.1 일반용 vs. 전문가용

Texas Instrument(TI) *BA II PLUS*^{TM} 재무계산기는 일반용([그림 2.1])과 전문가용([그림 2.2])으로 구분된다. 두 기종은 가격과 디자인 측면에서는 상이하지만, 기본적인 기능 측면에서는 대동소이하다. 따라서 본서에서 기술하는 재무계산기 사용법은 일반용과 전문가용 계산기에 모두 적용가능하다.

[그림 2.1] 일반용 Texas Instrument *BA II PLUS*^{TM}

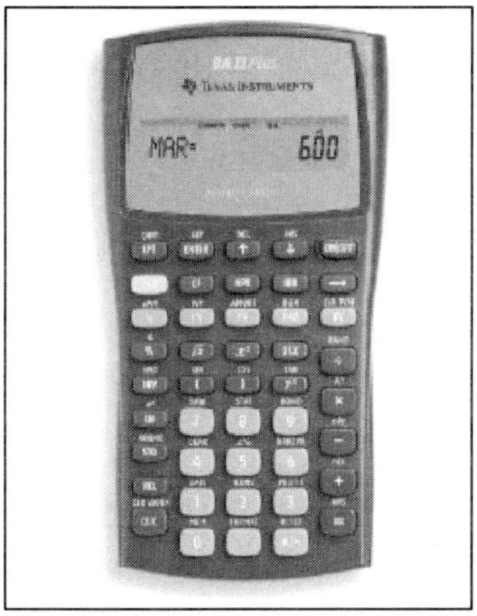

[그림 2.2] 전문가용 Texas Instrument *BA II PLUS*^{TM} PROFESSIONAL

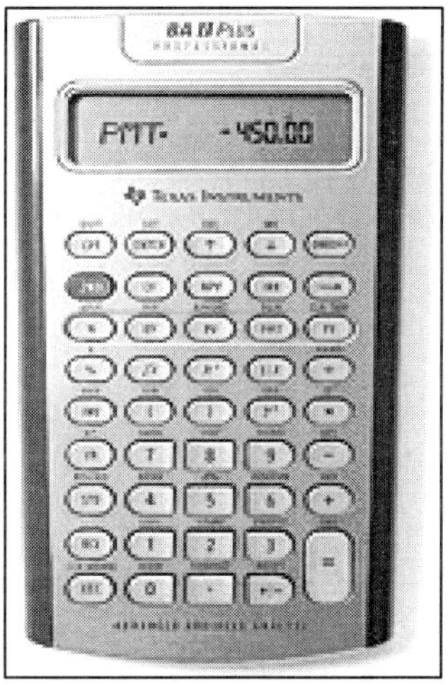

1.2 자판 배열

TI *BA II Plus*^{TM} 재무계산기에서, 키(key)들은 가로 5줄, 세로 9줄로 배열되어 있으며, 총갯수는 45개이다([그림 2.3]).

[그림 2.3] TI *BA II Plus*™ 재무계산기의 자판

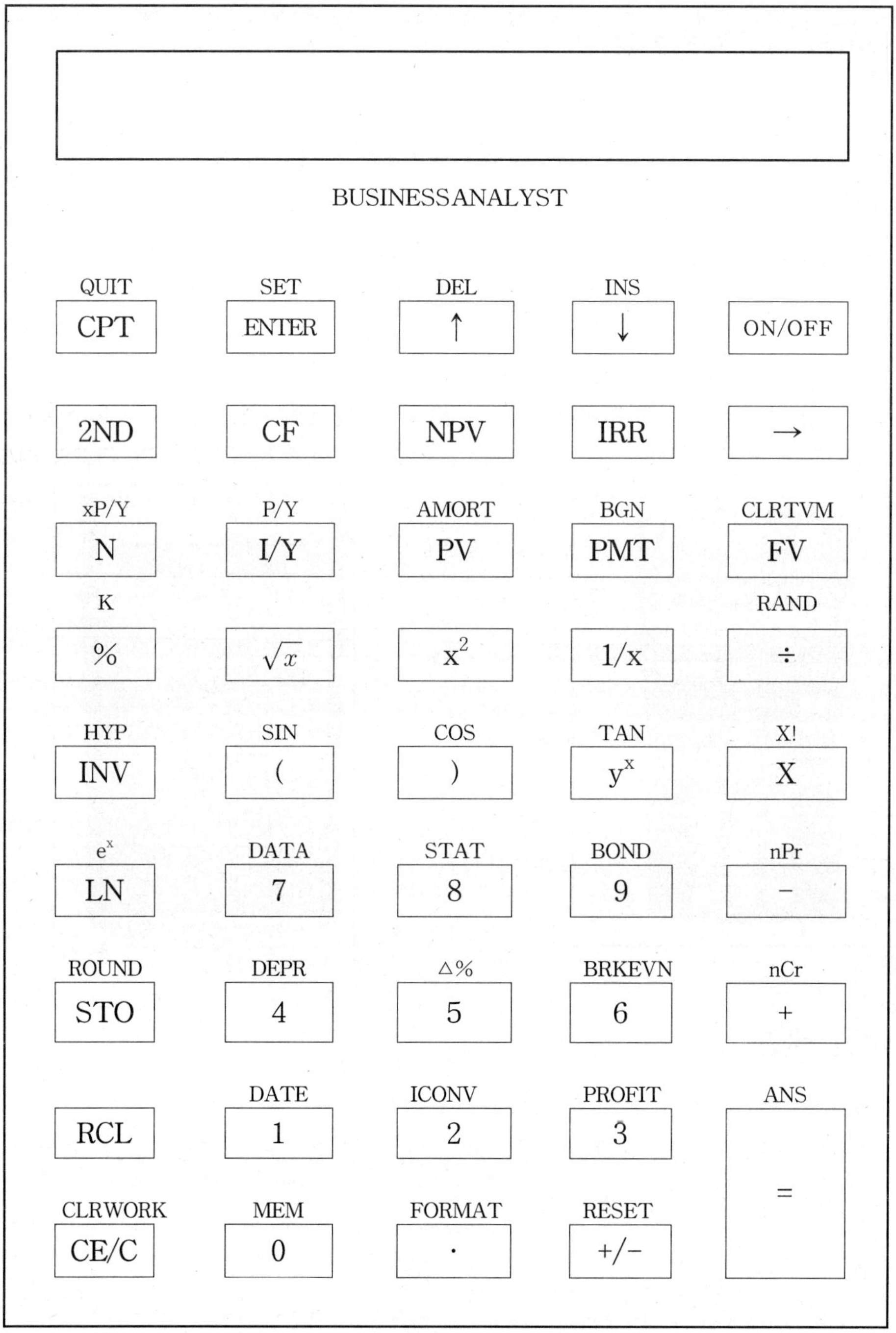

1.3 주요 키의 기능

TI *BA II Plus*^{TM} 재무계산기에서, 주요 키의 기능을 요약하면 아래와 같다.

[CPT] : Compute(계산 지시)

[2ND] [CPT] = [QUIT] : Quit(계산 중지)

[ENTER] : Enter(입력 지시)

[2ND] [ENTER] = [SET] : Set(설정 변경)

[ON/OFF] : 계산기 전원 켜기/끄기

[2ND] : 2차 기능 활성화

[CF] : Cash Flow(현금 흐름)

[NPV] : Net Present Value(순현재가치)

[IRR] : Internal Rate of Return(내부수익률)

[N] : Number(기간 수)

[I/Y] : Interest rate per Year(연이율)

[2ND] [I/Y] = [P/Y] : Payment per Year(연간 지급 횟수)

[PV] : Present Value(현재가치)

[2ND] [PV] = [AMORT] : Amortization(분할상환)

[PMT] : Payment(정기상환액, 연금지급액, 적립금)

[FV] : Future Value(미래가치)

[2ND] [FV] = [CLR TVM] : Clear TVM(워크시트 내용 삭제)

[CE/C] : Clear Entry/Clear(입력 삭제)

[2ND] [CE/C] = [CLR WORK] : Clear Work(CF 입력내용 삭제)

1.4 화면 읽기(Reading the Display)

TI *BA II Plus*^{TM} 재무계산기에서, 화면은 선택된 변수와 10자리수까지의 수를 보여준다([그림 2.4]).

[그림 2.4] 재무계산기의 화면 표시

재무계산기의 화편표시(Indicator)와 의미는 아래 [표 2.1]에 정리되어 있다.

[표 2.1] 재무계산기의 화면표시와 의미

화면표시	의 미
2ND	키를 누르면, 키의 상단에 표시된 2차 기능을 실행함.
COMPUTE	[CPT] 키를 누르면 입력된 계산을 실행함.
ENTER	[ENTER] 키를 누르면 숫자가 입력되거나, 값이 입력된 후에는 화면에 ◁ 표시가 등장함.
SET	[2ND] [SET]키를 누르면 화면에 표시된 변수의 설정을 변경함.
↑ ↓	워크시트에서 이전 변수 혹은 이후 변수를 표시하기 위해 [↑] 나 [↓] 키를 누름.
DEL	현금흐름 혹은 통계학적 점을 삭제하기 위해 [2ND] [DEL]키를 누름.
BGN	TVM계산에서 선불지급(beginning-of-period payments)을 사용중임. BGN이 표시되어 있지 않으면, TVM 계산은 후불지급(end-of-period payments : END)을 사용중임.
◁	화면에 표시된 값이 워크시트에 입력되었다는 의미임.
*	화면에 표시된 값이 계산된 결과값임을 의미함.
–	표시된 값이 음수임을 의미함.

1.5 전원 및 2차 기능 활성화

(1) 전원을 켜고 끄기(Turning On/Off the Calculator)

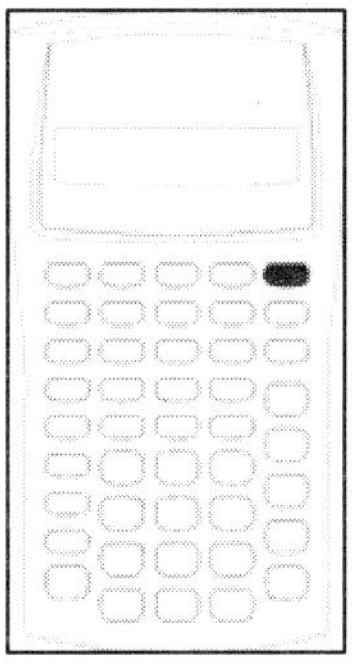

재무계산기의 전원을 켜거나 끄고 싶으면 [ON/OFF] 키를 누르면 된다. [ON/OFF] 키는 위 그림에서처럼 재무계산기의 우측 상단에 위치하고 있다.

계산기의 전원이 종료되더라도 워크시트나 메모리에 저장된 값은 삭제되지 않으며, 전원을 끄기 직전의 상태로 저장되어 있음을 명심하자.

약 5분가량 계산기의 키를 사용하지 않으면 자동으로 전원이 끄진다.

(2) 2차 기능 활성화(Selecting 2nd Functions)

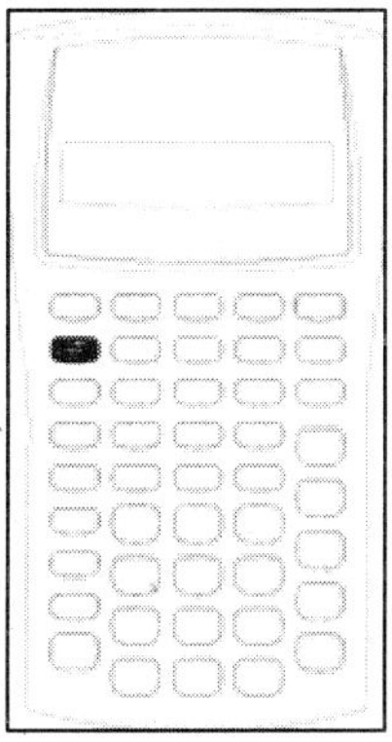

대부분의 키(key)는 키 위에 인쇄되어 있는 2차 기능을 가지고 있다. 2차 기능을 선택하려면, [2ND] 를 누른 후 해당 키를 누른다. 예를 들어 [2ND] [QUIT]를 누르면, 선택된 워크시트를 떠나서(QUIT) 표준 계산모드로 복귀한다.

[2ND] 를 누른 후, 이를 취소하고 싶을 경우 한 번 더 [2ND]를 누르면 된다.

2. 계산기 설정(Setting Calculator Formats)

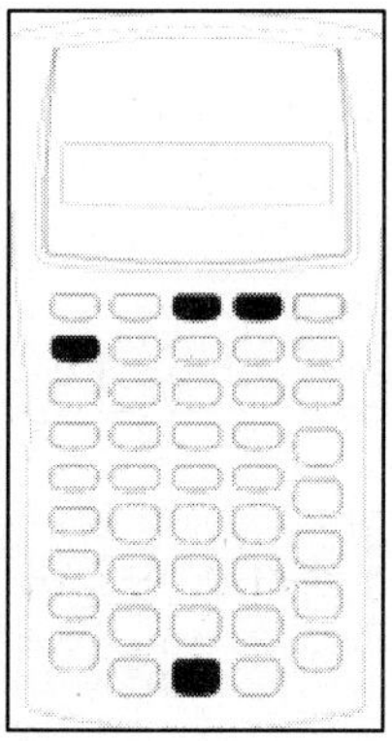

재무관리 문제 풀이 시, 대부분의 오답은 잘못된 설정 때문에 발생한다. 따라서 불필요한 오답을 방지하기 위해서, 주어진 문제에 맞게 계산기를 적절히 설정해야 한다.

2.1 소수점 자리 수 표시 설정(Changing the Decimal Points)

화폐의 시간가치(TVM: Time Value of Money)와 현금흐름(CF: Cash Flow) 등의 계산을 위해, 재무계산기의 소수점 자리 수 표시를 설정해야 한다.

[2ND] [FORMAT]을 누르면, 화면에 [DEC = 2.00] 로 표시된다. 이것은 계산기 화면에 표시할 소수점 자릿수이다.

만일 소수점 2자릿수를 소수점 4자릿수로 변경하고 싶다면,

2ND [FORMAT] 4 ENTER 2ND [QUIT]를 누르면 된다. 화면에는 [0.0000]으로 표시될 것이다.

만일 소수점 4자릿수를 소수점 2자릿수로 변경하고 싶은 경우에는

2ND [FORMAT] 2 ENTER 2ND [QUIT]를 차례대로 누르면 된다. 화면에는 [0.00]으로 나타날 것이다.

2.2 입력·저장 내용의 삭제 (Clearing Calculator Entries and Memories)

모든 계산기에는 레지스터(registers)라고 부르는 저장 공간이 있다. 새로운 계산을 하기 위해서는 레지스터에 입력 혹은 저장된 내용을 삭제해야 한다. 계산기의 입력내용과 저장내용을 삭제하는 방법은 아래 [표 2.2]에 설명되어 있다.

[표 2.2] 재무계산기 입력·저장 내용의 삭제방법

삭제할 대상 (To clear)	누르기 (Press)
한 자씩 마지막 입력 내용 삭제	→
잘못된 입력, 에러 메시지	CE/C
워크시트와 디폴트값 재설정	2ND [CLR WORK]
계산기 포맷설정과 디폴트값 재설정	2ND [FORMAT] 2ND [CLR WORK]
-작업중인 워크시트를 벗어나 표준계산기모드로 복귀 -모든 연산은 표준계산기 모드로 복귀	2ND [QUIT]
TVM 워크시트 변수와 디폴트 변수 재설정	2ND [QUIT] 2ND [CLR TVM]
10개의 메모리 중 한 개 (다른 메모리에 영향을 주지 않으면서)	0 STO 와 메모리 숫자 키 (0–9)

재무계산기 내 저장된 자료를 삭제하는 방법은 크게 다섯 가지로 구분된다.

2ND [MEM] 2ND [CLR WORK] : 저장된 자료 및 화면 내용을 삭제함.

2ND [QUIT] 2ND [CLR TVM] : TVM 저장내용을 삭제함.

2ND [CLR WORK] : TVM 내용을 제외한 모든 저장내용을 삭제함.

CE/C : 화면내용만 전부 삭제하지만, 저장내용을 삭제하지는 않음.

→ 자료입력 실수 발생 시 화면에 나타난 숫자를 한 자씩 삭제함.

2.3 연간 지불횟수 설정(Periods per Year Setting)

현재 계산기에 설정되어 있는 지불횟수를 확인하려면, 2ND [P/Y] 를 누르면 된다. 지불횟수가 1이면 연간 1번, 4이면 연간 4번(분기별), 12면 연간 12번(월별) 지불된다는 의미이다.

지불횟수를 연간 1회로 변경하고 싶다면, 2ND [P/Y] 1 ENTER 2ND [QUIT] 를 차례로 누르면 된다.

2.4 보통연금(Ordinary Annuity)과 선불연금(Annuity Due)의 설정

대부분의 재무관리 문제에서 지불은 매기 말에 이루어지며, 계산기에서도 그렇게 기본 설정되어 있다.

하지만 지불이 매기 초에 이루어지는 선불연금인 경우에는 계산기 설정을 변경해야 한다. 이를 위해, 2ND [BGN] 2ND [SET] CE/C 를 순서대로 누르면 재무계산기의 화면우측에 [BGN]이 나타날 것이다. 이는 보통연금에서 선불연금으로 계산기 설정이 변경되었음을 의미한다.

재무계산기의 선불연금 설정을 보통연금으로 다시 변경하려면, [2ND] [BGN] [2ND] [SET] [CE/C] 를 차례로 누르면 된다. 그러면, 재무계산기 화면우측에 [END]가 나타날 것이다. 이는 지불이 매기 말에 이루어지는 보통연금으로 변경되었음을 의미한다.

2.5 부호의 변경(Sign Changes)

현금유입(cash inflow)과 **현금유출**(cash outflow)을 구분하기 위해 부호의 변경이 필요하다. 일반적으로 현금유입은 정(+)의 숫자로, 그리고 현금유출은 부(-)의 숫자로 표기된다. 부의 숫자를 입력하려면 먼저 정의 숫자를 입력하고, 그 다음에 부호변경키인 [+/-] 를 누르면 된다. 예를 들어, '-5'를 입력하려면 먼저 5를 누르고, 그 다음에 [+/-] 를 누르면 화면에 [-5]가 나타난다.

소숫점 자리수(number of decimal points), **각도단위**(angle units), **일자**(dates), **숫자분리**(number separators), **계산법**(calculation method) 등을 설정하는 방법은 다음 [표 2.3]에 요약되어 있다.

[표 2.3] 재무계산기 설정 방법

선택	키	화면표시	디폴트
소숫점 자리수	[2ND] [FORMAT]	DEC 0-9	2
각도단위	[↓]	DEG (도, degrees) RAD (래디언, radians)	DEG
일자	[↓]	US(mm-dd-yyyy) Eur (dd-mm-yyyy)	US
숫자분리	[↓]	US(1,000.00) Eur (1.000,00)	US
계산법	[↓]	Chn (chain) AOS™ (algebraic operating system)	Chn

읽을거리 2.1 손정의와 알리바바

세계 최대 인터넷 기업 구글도 창업한 지 3년째인 2000년까지는 적자투성이였다. 획기적 검색 기술은 있었지만 수익 모델이 변변치 않았다. 이름난 소프트웨어 회사 노벨의 CEO였던 에릭 슈미트가 그해 말 구글을 찾았다. 속으론 시간 낭비라고 생각했지만 "창업자들을 한 번만 만나보라"는 구글 투자자들의 성화 때문이었다. 슈미트는 뜻밖에 대단한 구글의 기술에 눈이 휘둥그레져 10억원을 투자하기로 했다. 이듬해 구글 CEO로 자리까지 옮겼다.

슈미트는 10년간 구글 CEO를 맡아 연봉과 스톡옵션 등으로 8조원 넘는 재산을 모았다. 창업주 아닌 경영자가 스톡옵션을 받아 그렇게 많은 돈을 번 경우는 미국에서도 드물다. 슈미트는 컴퓨터공학 박사에 대기업 CEO까지 지냈기에 무명 벤처회사에 매력을 느낄 이유는 없었다. 그렇지만 빼어난 선구안(選球眼) 덕분에 인생 도박에 성공했다.

애플 창업주 스티브 잡스는 80년대 중반 경영 분쟁으로 회사에서 쫓겨났다. 그때 3D 애니메이션 기술 개발 업체 픽사를 100억원에 사들였다가 대박을 쳤다. 처음엔 전 재산 절반에 가까운 500억원을 더 쏟아부어야 했다. 하지만 '토이스토리'를 비롯한 애니메이션이 잇따라 흥행에 성공해 인생이 역전됐다. 디즈니가 나중에 픽사를 인수하면서 잡스는 지분 7%를 받아 디즈니 최대 주주가 됐다. 잡스는 애플에 복귀한 뒤 연봉 1달러를 받았지만 디즈니에서 한 해 450억원이 넘는 배당을 챙겼다.

손정의 소프트뱅크 회장이 중국 인터넷 기업 알리바바에 대한 눈 밝은 투자로 일본 1위 부자 자리를 굳히게 됐다. 알리바바 미국 상장을 앞두고 지분 34%를 지닌 소프트뱅크 주가가 연일 오르고 있기 때문이다. 손 회장은 2000년 알리바바의 마윈 회장을 야후 창업자 제리 양 소개로 만나 얼굴 본 지 6분 만에 200억원을 쾌척했다. 중국 인터넷 시장의 성장성을 내다보고 저지른 베팅이었다. 소프트뱅크의 알리바바 지분 가치는 60조원으로 투자액의 3000배에 이른다.

벤처 투자 대박 신화는 창업 성공기와는 또 다른 매력이 있다. 이미 한 번 성공의 맛을 본 사람이 현실에 안주하지 않고 다시 돈 잃을 위험을 감수하면서 후배 기업인을 키워내는 것이기 때문이다. 얼마 전 정부는 삼성·현대차를 비롯한 15개 재벌을 끌어들여 지역 중소·벤처기업을 육성하겠다는 계획을 내놓았다. 그간 기술 있는 중소기업을 키우는 데 인색했던 우리 대기업 오너들이 과연 손정의 회장 같은 투자 대박 스토리를 일궈낼 밝은 눈을 가졌을까.

출처 : 방현철(2014). "손정의와 알리바바." 「조선일보」 2014년 9월 19일자 A38면.

3. 수학 연산(Math Operations)

순서계산법(chain calculation method : Chn)이 선택되면, 계산기는 입력한 순서대로 수학 연산을 하게 된다. [=] 키를 반드시 눌러야 계산이 완료되는 경우는 [표 2.4]에서, 그리고 [=] 키를 누르지 않아도 계산이 완료되는 경우는 [표 2.5]에서 설명하고 있다. 지면 상의 제약으로, 단순한 사칙 연산 등의 예는 생략하였다.

[표 2.4] 수학 연산의 예 ([=] 키를 반드시 눌러야 계산이 완료됨)

수학 연산	키 입력	화면 표시
지수(universal power) 계산 : $3^{1.25}$	3 [y^x] 1.25	3.95
괄호(parentheses) 사용 : 7 x (3+5)	7 [x] [(] 3 [+] 5 [)] [=]	56.00
퍼센트 계산 : $453의 4%	453 [x] 4 [%] [=]	18.12

[표 2.5] 수학 연산의 예 ([=] 키를 누르지 않아도 계산이 완료됨)

수학 연산	키 입력	화면 표시
제곱(square) 구하기 : 7.3^2	7.3 [x^2]	53.29
제곱근(square root) 구하기 : $\sqrt{16.7}$	16.7 [$\sqrt{x}$]	4.09
역수(reciprocal) 구하기 : 1/3.5	3.5 [1/x]	0.29
자연대수(natural logarithm) 구하기 : ln 207.54	207.54 [LN]	5.34
e의 지수값(natural antilogarithm) 구하기 : $e^{.72}$	.72 [2ND] [e^x]	2.05

4. 메모리 연산(Memory Operations)

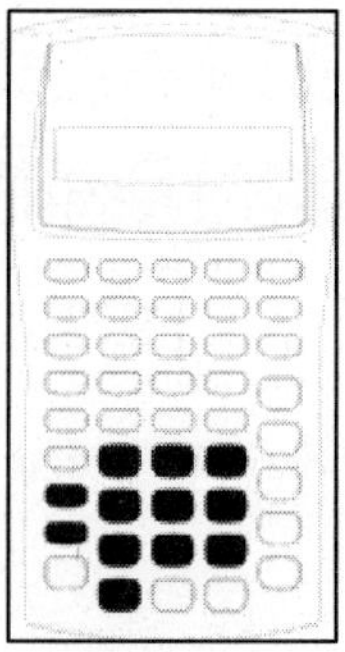

표준 계산기 키를 이용해서 10개의 메모리(숫자 키 1-10)에 어떠한 값이라도 저장할 수 있다.

4.1 메모리 삭제(Clearing Memory)

새로운 계산을 하기 전에, 불필요한 실수를 피하려면 반드시 메모리 삭제를 해야 한다. 아래 두 가지 방법으로 메모리를 삭제할 수 있다.

- 개별 메모리 삭제를 위해서, 메모리에 '0'을 저장한다.
- 모든 메모리 삭제를 위해서는 [2ND] [MEM] [2ND] [CLR WORK] 키를 순서대로 누르면 된다.

4.2 메모리에 저장(Storing to Memory)

화면에 나타난 값을 메모리에 저장하려면, [STO] 를 누르고 0에서 9사이의 수를 선택하면 된다.

- 화면에 나타난 값은 그 메모리에 저장되어 있던 이전 값을 대체하게 될 것이다.
- 계산기의 전원을 끄더라도 저장된 메모리는 그대로 남는다.

4.3 메모리로부터의 호출(Recalling from Memory)

메모리에 저장된 숫자를 호출하려면, [RCL] 과 0에서 9사이의 숫자를 누르면 된다.

[표 2.6] 메모리의 저장과 호출의 예 (Memory Examples)

목 적	키 입력	화면표시
3.56을 메모리 4에 저장(M4)	3.56 [STO] 4	3.56
15.12를 메모리 2에 저장(M2)	15.12 [STO] 2	15.12
메모리 2로부터 저장된 값을 호출(M2)	[RCL] 2	15.12

4.4 메모리 계산 (Memory Arithmetic)

메모리를 이용한 계산의 예는 아래 [표 2.7]에 설명되어 있다.

[표 2.7] 메모리 계산 (Memory Arithmetic)의 예

메모리 계산	키 입력
화면에 표시된 값을 메모리 4에 저장된 값(M4)에 더함.	[STO] [+] 4
메모리 2에 저장된 값(M2)으로부터 화면에 표시된 값을 뺌.	[STO] [−] 2
메모리 5에·저장된 값(M5)을 밑으로 해서 화면에 표시된 값의 지수를 계산함.	[STO] [y^x] 5

읽을거리 2.2 스웨덴연금, 주식비중 높여 고수익

"고수익의 비결은 주식 비중(60%)을 높인 자산배분에 있습니다. 운용사 간에 독립적이고 투명한 운용구조 역시 고수익에 기여하고 있습니다."

40조원가량(2760억스웨덴크로나)을 운용하는 스웨덴의 공적연금 운용사인 AP4 (Fourth Swedish National Pension Fund)의 마그누스 에릭손 부대표는 12일 매일경제 신문과 단독 인터뷰하면서 AP4의 고수익 비결에 대해 이같이 밝혔다. 스웨덴은 1600억 달러에 달하는 국가연금펀드(AP)를 총 5개의 운용사(AP1~AP6, AP5는 AP3에 통합)를 통해 운용 중인데 지난해 AP4의 운용수익률은 16.4%에 달했다.

AP4의 CIO(최고운용책임자)이기도 한 에릭손 부대표는 주식 비중이 60%에 달하는 자산배분이 수익률 차이를 결정지었다고 강조했다. 그는 "법적으로 채권 비중을 최소 30%, 주식과 부동산 비중을 최대 70%까지 유지하도록 하고 있다"며 "현재의 주식과 채권 6대4의 비율은 앞으로 40년이라는 장기간을 내다보고 결정한 것"이라고 말했다.

에릭손 부대표는 공적연금을 여러 개의 운용사가 나눠서 투자하는 스웨덴의 독특한

구조에 대해 "AP1 등 4곳의 운용사는 같은 역할을 부여받았지만 모두 이사진이 다르게 운영되는 독립적인 구조"라며 "대체투자 등의 역할을 부여받은 운용사(AP6)가 새로 설립됐다"고 설명했다.

올해 상반기 수익률이 7.2%에 달하는 AP4의 지난 4년간(2009~2013년) 수익률은 11%를 넘었다. 그는 "자산배분과 비용 절약 그리고 장기적인 안목에 따라 내부 구조를 변화시킨 것이 효과를 보이기 시작한 결과"라고 평가했다.

향후 글로벌 증시 움직임에 대해 그는 "과대평가됐다는 지적도 있지만 그렇게 생각하지 않는다"며 "성장율이 낮은 상황에서 이자율이 낮은 것을 당연하게 생각해야 한다"고 말했다.

출처 : 강봉진 · 김진영(2014). "스웨덴연금, 주식비중 높여 고수익," 「매일경제」 2014년 9월 15일자 A23면.

5. 워크시트 사용법(Using Worksheets)

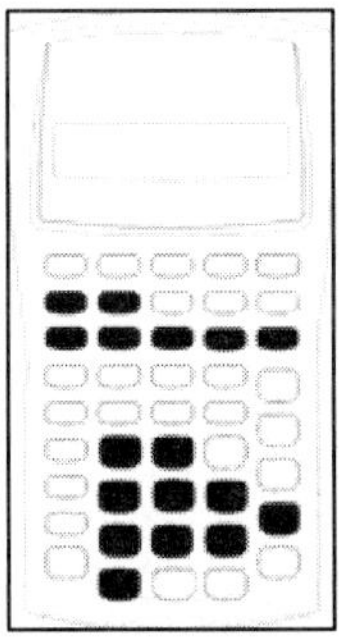

TI *BA II Plus*™ 재무계산기는 다수의 워크시트를 지니고 있다. 이들을 잘 활용하면 다양한 유형의 회계 · 재무 문제를 손쉽게 풀 수 있다. 각각의 워크시트는 다른 워크시트와는 독립적이다. 즉, 한 워크시트 내에서의 계산은 다른 워크시트 내의 변수에 영향을 미치지 않는다. 워크시트를 벗어나거나(quit), 계산기의 전원을 끄더라도 워크시트 자료는 그 직전 상태로 저장된다.

TI *BA II Plus*^{TM} 재무계산기 워크시트의 종류와 기능은 아래 [표 2.8]에 잘 요약되어 있다.

[표 2.8] 워크시트의 종류와 기능

워크시트의 종류	기 능	키 입력
화폐의 시간가치(TVM)	규칙적 현금흐름을 분석함. 예 : 연금, 대출, 저축	N , I/Y , PV , PMT , FV 혹은 2ND [P/Y]
상각(Amortization)	상각계산과 상각스케줄 작성	2ND [AMORT]
현금흐름(Cash Flow)	순현가와 내부수익률 계산을 통해 불규칙적 현금흐름을 분석	2ND CF
채권(Bond)	채권가격과 채권수익률의 계산	2ND [BOND]
감가상각(Depreciation)	감가상각 스케줄 계산	2ND [DEPR]
통계학(Statistics)	단일변수 혹은 이변수에 대한 자료 분석	2ND [STAT]
퍼센트변화/복리 (Percent Change /Compound Interest)	퍼센트변화, 복리 계산	2ND [◁%]
이자율 변환 (Interest Conversion)	명목이자율과 실효이자율 간의 변환	2ND [ICONV]
일자(Date)	양 일자 간의 일수 계산 등	2ND [DATE]
영업이익(Profit Margin)	비용, 판매가, 영업이익 계산	2ND [PROFIT]
손익분기점(Breakeven)	고정비용, 가변비용, 가격, 이윤, 수량 등의 관계를 분석	2ND [BRKEVN]
메모리(Memory)	10개까지의 저장공간	2ND [MEM]

제3장 화폐의 시간가치

<시> **가을 엽서** 안도현

1. 일시불의 미래가와 현가
2. 일시불의 이자율 계산
3. 일시불의 기간 계산
4. 불규칙적인 현금흐름의 현가와 미래가
5. 이자율의 기간별 변환
6. 연속복리

연습문제

[읽을거리 3.1] 맨해튼 섬의 가격은 얼마일까?

[Reading 3.1] How Much for That Island?

가을 엽서

안도현

한 잎 두 잎 나뭇잎이

낮은 곳으로

자꾸 내려 앉습니다

세상에 나누어줄 것이 많다는 듯이

나도 그대에게 무엇을 좀 나눠주고 싶습니다.

내가 가진 게 너무 없다 할지라도

그대여

가을 저녁 한때

낙엽이 지거든 물어 보십시오

사랑은 왜

낮은 곳에 있는지를

1. 일시불의 미래가와 현가

1.1 일시불의 미래가(Future Value of Single Sum)

"수중의 한 마리 새가 숲속의 두 마리보다 낫다(A bird in the hand is worth two in the bush)"란 속담이 있다. 확실한 소득이 불확실성을 수반한 더 큰 소득보다 낫다는 의미이다.

예제 3.1 기간이 1년인 경우 일시불의 미래가 계산(연복리)

은행의 저축성계좌에 $100을 1년 간 예치하였다. 연이자율이 5%인 경우, 1년 후 받게 될 원리금 합계는 얼마인가? 이자는 복리로 계산된다고 가정한다.

【기호정의】

PV = $100 = 현재가치(Present Value)

k = 5% = 이자율(interest rate)

$I = k(PV)$ = 이자(interest)

FV_n = 종가, 혹은 n기간 후 미래가치(Future Value)

n = 기간 수(number of periods)

m = 복리 빈도(compounding frequency)

【해설】

위 [예제 3.1]에서, $n=1$ 이므로, $FV_n = FV_1$

$$FV_1 = PV + I = PV + PV \times (k) = PV \times (1+k)$$

$$FV_1 = PV \times (1+k) \quad \cdots\cdots (3.1)$$

$$FV_1 = PV \times (1+k) = \$100 \times (1+0.05) = \$100 \times (1.05) = \$105.$$

정답 : 1년 후 원리금 합계는 $105이다.

예제 3.2 기간이 5년인 경우 일시불의 미래가 계산(연복리)

은행의 저축성계좌에 $100을 5년 간 예치하였다. 연이자율이 5%인 경우, 5년 후 받게 될 원리금 합계는 얼마인가? (a) 일반계산기, (b) 복리표, (c) 재무계산기를 이용해서 원리금 합계를 계산한 후 그 결과를 비교하라. 이자는 복리로 계산된다고 가정한다.

【해설】

$$FV_1 = PV(1+k) = \$100(1+0.05) = \$100(1.05) = \$105.$$

$$\begin{aligned} FV_2 &= FV_1(1+k) = PV(1+k)(1+k) \\ &= PV(1+k)^2 = \$100(1.05)^2 = \$110.25 \end{aligned}$$

$$FV_3 = FV_2(1+k) = PV(1+k)^3 = \$100(1.05)^3 = \$115.76$$

$$FV_4 = FV_3(1+k) = PV(1+k)^4 = \$100(1.05)^4 = \$121.55$$

$$FV_5 = FV_4(1+k) = PV(1+k)^5 = \$100(1.05)^5 = \$127.63$$

정답 : 은행의 저축성계좌에 $100을 5년 간 연리 5%로 예치할 때, 5년 후 받게 될 원리금 합계는 $127.63이다.

위에서 계산했던 FV_1 FV_2 FV_3 FV_4 FV_5 값들을 일목요연하게 정리하면 아래 [표 3.1]과 같다.

[표 3.1] 복리이자 계산

연도	연초 현가, PV	$\times$ $(1+k)$	= 미래가, FV_n	이자, $PV(k)$
1	\$100.00	1.05	\$105.00	\$5.00
2	105.00	1.05	110.25	5.25
3	110.25	1.05	115.76	5.51
4	115.76	1.05	121.55	5.79
5	121.55	1.05	127.63	6.08
				\$27.63

미래가와 현가와의 관계를 일반화시키면 아래 수식 (3.2)와 같다.

일시불의 미래가 :

$$FV_n = PV \times (1+k)^n \quad \cdots\cdots (3.2)$$

일시불의 미래가에 관해 문제는 일반계산기, 복리표, 재무계산기를 이용해서 풀 수 있다.

(a) 일반계산기를 이용한 일시불의 미래가 계산

위 [예제 3.2]에서

$$FV_5 = FV_4(1+k) = PV(1+k)^5 = \$100(1.05)^5 = \$127.63$$

여기서 $(1.05)^5$을 일반계산기를 이용해서 구하려면, $\boxed{y^x}$ 키를 사용하면 된다.

<1.05> $\boxed{y^x}$ <5>=<1.2763>

$$FV_5 = PV(1+k)^5 = \$100(1.05)^5 = \$100\,(1.2763) = \$127.63$$

정답 : \$127.63.

(b) 복리표를 이용한 일시불의 미래가 계산

이자율 k, 기간 n인 경우의 복리이자요소(Future Value Interest Factor, FVIF)를 $(1+k)^n = (FVIF_{k\%,n})$로 정의하자.

여러 k와 n에 대한 $(1+k)^n = (FVIF_{k\%,n})$의 값을 정리하면, 부록의 '[부표 3] 복리이자요소'가 된다. [부표 3]의 일부인 아래 표로부터, k=5, n=5%인 경우의 복리이자요소 $FVIF_{5\%,5} = 1.2763$을 구할 수 있다.

복리이자요소

$$FVIF_{k\%,n} = (1+k)^n$$

n \ $k\%$	5%	6%	7%	8%	9%	10%
1	1.0500	1.0600	1.0700	1.0800	1.0900	1.1000
2	1.1025	1.1236	1.1449	1.1664	1.1881	1.2100
3	1.1576	1.1910	1.2250	1.2597	1.2950	1.3310
4	1.2155	1.2625	1.3108	1.3605	1.4116	1.4641
5	*1.2763*	1.3382	1.4026	1.4693	1.5386	1.6105

$$FV_5 = PV(1+.05)^5 = PV(FVIF_{5\%,5년}) = \$100(1.2763) = \$127.63.$$

정답 : $127.63

(c) 재무계산기를 이용한 일시불의 미래가 계산

Given : N(기간 수)=5, I/Y(연이율)=5, PV(현가)=100, PMT(연금)=0

⇨ FV(일시불의 미래가)?

m	N	I/Y	PV	FV	PMT
1	5	5%	100	?	0

여기서, m은 복리 빈도(compounding frequency)이다.

CALCULATOR CLUE

절 차	키 입력	화면표시
워크시트 내용 삭제	2ND [CLR TVM]	[0.00]
m(복리빈도) 설정	2ND [P/Y] 1 ENTER 2ND [QUIT]	[0.00]
N(기간 수) 입력	5 N	[N = 5.00◁]
I/Y(연이율) 입력	5 I/Y	[I/Y = 5.00◁]
PV(현가) 입력	100 +/- PV	[PV = 100.00◁]
PMT(연금) 입력	0 PMT	[PMT = 0.00◁]
FV(미래가) 계산	CPT FV	[FV = -127.63*]

설명 : 화면표시 [FV = -127.63*]에서, '음의 부호(-)'는 현금유출(cash outflow)을, '*'는 최종 결과를 의미한다.

정답 : 위 (a) ~ (c)에서처럼 일반계산기, 복리표, 재무계산기를 이용하여 구한 일시불의 미래가는 $127.63로 그 결과는 모두 동일하다.

예제 3.3 일시불의 미래가 계산(연복리)

현금 100만원을 연리 7%로 매년 복리계산되는 정기예금에 예금하였다. 5년 후의 미래가치는 얼마일까? (a) 복리표와 (b) 재무계산기를 이용하여 계산한 후 그 결과를 비교해 보라.

【해설】

현금흐름의 시간선(Time line of cash flows)은 다음과 같다.

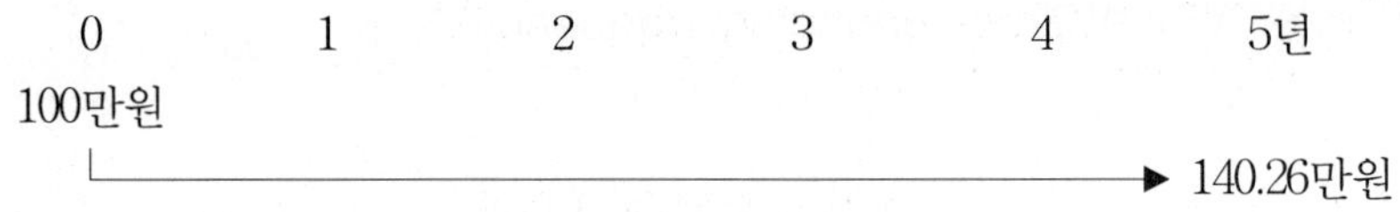

(a) 복리표를 이용한 일시불의 미래가 계산

$$FV_5 = PV(1+0.07)^5 = PV(FVIF_{7\%,5년}) = 100만원(1.4026) = 140.26만원$$

(b) 재무계산기를 이용한 일시불의 미래가 계산

m	N	I/Y	PV	FV	PMT
1	5	7	-100만원	?	0

CALCULATOR CLUE

절 차	키 입력	화면표시
워크시트 내용 삭제	2ND [CLR TVM]	[0.00]
m(연복리) 설정	2ND [P/Y] 1 ENTER 2ND [QUIT]	[0.00]
N(기간 수) 입력	5 N	[N = 5.00◁]
I/Y(연이율) 입력	7 I/Y	[I/Y = 7.00◁]
PV(현가) 입력	100 +/− PV	[PV = -100.00◁]
PMT(연금) 입력	0 PMT	[PMT = 0.00◁]
FV(미래가) 계산	CPT FV	[FV = 140.26*]

예제 3.4 일시불의 미래가 계산(분기별 복리)

연 이자율이 12%이고, 분기별로 이자계산을 하는 경우, 현재 1,000만원의 2년 후 미래가치는 얼마인가? (a) 복리표와 (b) 재무계산기를 사용해서 각각 계산하라.

【해설】

현금흐름의 시간선은 아래와 같다. (단위 : 만원)

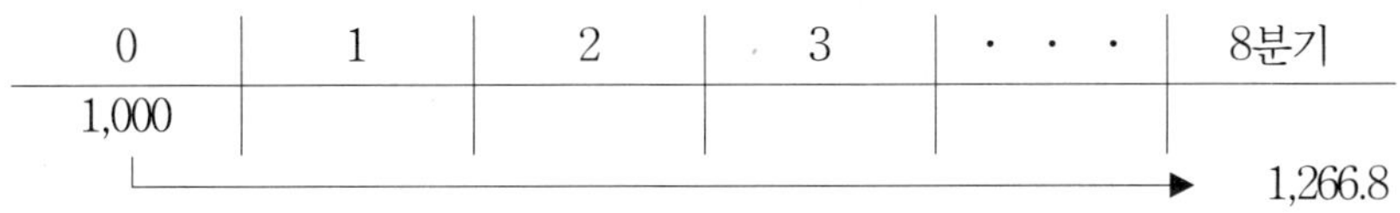

(a) 복리표를 이용한 일시불의 미래가 계산

$$
\begin{aligned}
FV_2 &= PV(1+k)^2 = PV(1+\frac{k}{m})^{n\times m} \\
&= 1{,}000\text{원}(1+\frac{.12}{4})^{2\times 4} \\
&= 1{,}000\text{원}(1+.03)^8 \\
&= 1{,}000\text{원}(FVIF_{3\%,8\text{분기}}) \\
&= 1{,}000\text{원}(1.2668) \\
&= 1{,}266.8\text{원}
\end{aligned}
$$

(b) 재무계산기를 이용한 일시불의 미래가 계산

m	N	I/Y	PV	FV	PMT
4	8	12	1,000	?	0

CALCULATOR CLUE

절 차	키 입력	화면표시
워크시트 내용 삭제	[2ND] [CLR TVM]	[0.00]
m(복리빈도) 설정	[2ND] [P/Y] 4 [ENTER] [2ND] [QUIT]	[0.00]
N(기간 수) 입력	8 [N]	[N = 8.00 ◁]
I/Y(연이율) 입력	12 [I/Y]	[I/Y = 12.00 ◁]
PV(현가) 입력	1,000 [PV]	[PV = 1,000.00 ◁]
PMT(연금) 입력	0 [PMT]	[PMT = 0.00 ◁]
FV(미래가) 계산	[CPT] [FV]	[FV = -1,266.80*]

예제 3.5 일시불의 미래가 계산(분기별 복리)

연이자율이 10%이고, 분기별로 이자계산을 한다고 한다. 현재 1천만원의 2년 후 미래가치를 (a) 공식과 (b) 재무계산기를 이용해서 구한 후, 만 원 단위로 답하라.

【해설】

현금흐름의 시간선은 아래와 같다. (단위 : 만원)

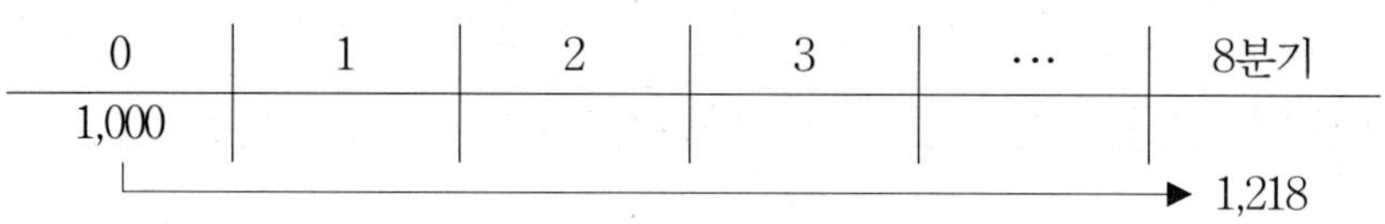

(a) 공식을 이용한 일시불의 미래가 계산

$$FV = PV(1+\frac{k}{m})^{m} = 1{,}000\text{만원}(1+\frac{.10}{4})^{2\times 4} = 1{,}218.4029\text{만원}$$

정답 : 1,218만원.

(b) 재무계산기를 이용한 일시불의 미래가 계산

m	N	I/Y	PV	FV	PMT
1	8	2.5%	1,000	?	0

CALCULATOR CLUE

절 차	키 입력	화면표시
워크시트 내용 삭제	[2ND] [CLR TVM]	[0.00]
연복리 설정(주1)	[2ND] [P/Y] 1 [ENTER] [2ND] [QUIT]	[0.00]
N(기간 수) 입력	8 [N]	[N = 8.00◁]
I/Y(연이율) 입력	2.5 [I/Y]	[I/Y = 2.50◁]
PV(현가) 입력	1000 [PV]	[PV = 1000.00◁]
PMT(연금) 입력	0 [PMT]	[PMT = 0.00◁]
FV(미래가) 계산	[CPT] [FV]	[FV = -1218.40*]

비교 : 위 (a)와 (b)를 통해, 공식과 재무계산기를 이용해서 구한 일시불의 미래가는 동일함을 확인할 수 있다.

예제 3.6 일시불의 미래가 계산(연복리)

「한국경제」의 최근 기사에 의하면, "연간 수익률 5%로 30년 굴리면 원금의 4배가 된다"고 한다.[1] 이 기사의 계산근거와 진위여부를 설명하라.

1) 안상미(2014). "연금재테크 시대," 「한국경제」 2014년 10월 15일자 B2면.

【해설】

[Recall] 일시불의 미래가 계산 ⇨ $FV_n = PV \times (1+k)^n$

1원을 연간 수익률 5%로 30년 투자할 경우 미래가를 계산한다.

$FV_{30} = 1원 \times (1+0.05)^{30} = 4.3219$. 1원을 연간 수익률 5%로 30년 투자하면 4.3219원이 된다. 따라서 위 한국경제 기사는 올바른 기술이다.

【주의】 복리빈도 설정의 중요성

재무계산기의 화폐의 시간가치(TVM) 기능을 이용하고자 할 때 반드시 명심해야 할 점이 있다. (주1)에서처럼, 복리빈도를 반드시 설정해 주어야 하는 데, 그 이유는 두 가지이다. 첫째, 워크시트 내용을 삭제해도 연간지급횟수 설정(P/Y)은 지워지지 않기 때문이다. 둘째, 기간 수, 연이율, 미래가, 연금 등을 제대로 입력했다 하더라도 연간지급횟수가 올바르지 않으면 오답이 발생하기 때문이다.

예를 들어, 위 예에서 재무계산기에 P/Y=2로 이미 저장되어 있는데, 실수로 이를 P/Y=1로 설정하지 않았다고 가정해 보자. 미래가 계산을 위해 8 [N] 2.5 [I/Y] 1,000 [PV] 0 [PMT]을 차례로 입력한 후, [CPT] [FV] 를 눌러보자. 재무계산기 화면에 [FV = -1,104.49*]로 표시될 것이다. 물론 이것은 정답이 아니다.

예제 3.7 일시불의 미래가 계산(연복리)

By 2750, Korea will be extinct.

No, I'm not making this up. If the birth rate stays as low as the current 1.19, Korea's population will die out by 2750.

This simple and not-so-inspiring statistic was included in a press release by a National Assembly member, and it became quite a hit. Domestic media had a field day, and even the Wall Street Journal's news blog wrote a story about it.

최근 중앙일보 영자신문[2])에 실린 위 기사에 의하면, 2014년 가임여성 1인당 출산율이 1.19명으로 유지된다면 2750년 대한민국은 지구상에서 사라지게 될 것이라고 한다. 2014년 10월 현재 대한민국의 인구는 4900만이라고 가정한다.

(a) 연평균 인구감소율(사망율-출산율)이 0.5%인 경우, 2750년 대한민국의 인구는 얼마나 될까?

(b) 연평균 인구감소율이 1.0%인 경우, 2750년 대한민국의 인구는 얼마나 될까?

(c) 2750년 대한민국이 지구상에서 사라지기 위해서는 인구감소율이 얼마 이하로 떨어져야 할까? (힌트 : 여러 인구감소율을 대입시켜보는 시행착오법을 이용함)
모든 정답은 소숫점 1자리수의 %단위로 답하라.

【해설】

(a) 연평균 인구감소율(사망율-출산율)이 0.5%인 경우, 2750년 대한민국의 인구

$$FV_n = PV \times (1+k)^n$$

$$\begin{aligned} FV_n &= 49,000,000 \times (1-0.005)^{2750-2014} \\ &= 49,000,000 \times (0.9950)^{736} \\ &= 1,224,569.699 \end{aligned}$$

정답 : 1,224,570명.

(b) 연평균 인구감소율이 1.0%인 경우, 2750년 대한민국의 인구

$$\begin{aligned} FV_n &= 49,000,000 \times (1-0.01)^{2750-2014} \\ &= 49,000,000 \times (0.99)^{736} \\ &= 30,039.95 \end{aligned}$$

정답 : 3,040명.

---

2) Chun Su-jin(2014). "Pointing a finger at Korean women," *JoongAng Daily Newspaper*, September 25, 2014.

(c) 2750년 대한민국이 지구상에서 사라지기 위해서는 인구감소율이 얼마 이하로 떨어져야 할까?

$FV_n = PV \times (1+k)^n$ 에서 FV_n을 1미만으로 만들어 주는 k 구하기

위 (a)와 (b)로부터,

$$FV_{736} = 49,000,000 \times (1-0.005)^{736} = 1,224,569.70$$

$$FV_{736} = 49,000,000 \times (1-0.01)^{736} = 30,039.96.$$

여러 인구감소율을 대입해보면,

$$FV_{736} = 49,000,000 \times (1-0.02)^{736} = 17.08$$

$$FV_{736} = 49,000,000 \times (1-0.024)^{736} = 0.84$$

정답 : 연평균 인구감소율이 2.4%이하로 하락하면 2750년 대한민국은 지구상에서 사라지게 될 것이다.

읽을거리 3.1 맨해튼 섬의 가격은 얼마일까?

여기 부동산 거래 역사상 가장 훌륭한 거래로 손꼽히는 예가 있다. 북미 네덜란드 서인도 회사인 New Netherlands 의 총독인 Peter Minuit는 1626년 60길더 가치의 장신구를 주고 원주민으로부터 맨해튼 섬을 구입했다. 1667년 네덜란드는 영국과의 계약을 통해 이 섬을 지금의 수리남(남미의 국가)과 교환했다(역사상 최악의 부동산 계약일 것이다). 얼핏 보기에는 상당히 저렴한 계약으로 보이는데 네덜란드는 과연 성공적인 매매를 한 것일까?

60길더는 그 당시 화폐가치를 감안했을 때 $24에 해당되는 금액이었다. 만약, 원주민이 장신구를 공정한 시장가격으로 매도하고 $24를 연 5%로 투자했다면(세금은 면세라고 가정한다), 383년이 지난 현재 $25억보다 조금 많을 것이다. 오늘날 맨해튼의 가격

은 $25억보다 훨씬 크므로 5%의 수익률이라고 한다면 원주민들은 매매를 하지 말았어야 했던 것이다.

하지만, 연수익률이 10%라고 가정한다면 원주민이 383년 동안 투자한 금액은

$$FV_n = PV \times (1+k)^n$$
$$= \$24 \times 1.1^{383}$$
$$\cong \$17\text{경}1\text{천조}$$

가 될 것이다. 이 금액은 오늘날 지구상의 모든 부동산을 사고도 남을 만큼 엄청나게 큰 금액이다. 하지만 역사상 그 누구도 383년 동안 연 10%의 수익률을 보장하는 투자대상을 찾을 수는 없었을 것이다.

출처 : 정무권 · 이준서 공역 (2010). 「ROSS의 핵심 재무관리」, HS MEDIA, p. 114.

【주의】

24×1.1^{383}를 재무계산기로 계산하기 위해 키 입력을 하면 화면에 [1.712417 17]로 표시된다. 이것의 의미는 1.712417×10^{17} 임에 주의해야 한다.

목 적	키 입력	화면 표시
1.1^{383}	1.1 [y^x] 383 [=]	[7.135073 15]
24×1.1^{383}	[×] 24	[1.712417 17]

[Reading 3.1]

How Much for That Island?

Some people have said that it was the best real estate deal in history. Peter Minuit, director general of New Netherlands, the Dutch West India Company's colony in North America, in 1626 allegedly bought Manhattan Island for 60 guilders' worth of trinkets from native Americans. By 1667, the Dutch were forced by the British to exchange it for Suriname(perhaps the worst real estate deal ever). This sounds cheap; but did the Dutch really get the better end of the deal? It is reported that 60 guilders was worth about $24 at the prevailing exchange rate. If the native Americans had sold the trinkets at a fair market value and invested the $24 at 5 percent(tax free), it would now, about 383 years later, be worth more than $3.1 billion. Today, Manhattan is undoubtedly worth more than $3.1 billion, so at a 5 percent rate of return the native Americans got the worst of the deal. However, if invested at 10 percent, the amount of money they received would be worth about:

$$\$24 \times (1+k)^n = \$24 \times 1.1^{383} \cong \$171 \text{ quadrillion}$$

This is a lot of money. In fact, $171 quadrillion is more than all the real estate in the world is worth today. Note that no one in the history of the world has ever been able to find an investment yielding 10 percent every year for 383 years.

출처 : Ross, S. A., R. W. Westerfield, and J. Jaffe (2010). "How Much for That Island?," *Corporate Finance*, 9th ed., McGraw Hill International Edition, p. 95.

1.2 일시불의 현가(Present Value of Single Sum)

일시불의 현가를 구하는 방법, 혹은 **할인**(discounting)은 일시불의 미래가를 구하는 방법, 혹은 **복리**(compounding)로부터 도출할 수 있다.

$$FV_n = PV(1+k)^n \quad \cdots\cdots (3.3)$$

위 식 (3.3)을 현가(PV)에 관해 풀면,

$$PV = \frac{FV_n}{(1+k)^n} = FV_n\,(1+k)^{-n} = FV_n\,(\frac{1}{1+k})^n$$
$$= FV_n\,(PVIF_{k\%,n})$$

여기서, 이자율 k, 기간 n인 경우의 현가이자요소를 $(\frac{1}{1+k})^n = PVIF_{k\%,n}$로 정의한다.

일시불의 현가 :

$$PV = FV_n \times (\frac{1}{1+k})^n = FV_n \times (PVIF_{k\%,n}) \quad \cdots\cdots (3.4)$$

일시불의 현가에 관해 문제는 일시불의 미래가에 관한 문제와 마찬가지로 일반계산기, 복리표, 재무계산기를 이용해서 풀 수 있다.

예제 3.8 일시불의 현가 계산(연복리)

미국 고등학교 졸업반인 Jim은 5년 후에 중고승용차를 구입하기 위해 $3,000가 필요하다고 한다. Jim의 투자금액은 매년 8%의 연복리로 수익을 올려줄 것으로 기대된다. 현재 시점에서 Jim은 얼마를 투자해야 하는가? (a) 일반계산기와 (b) 복리표 (c) 재무계산기를 이용해서 각각 계산한 후 그 결과를 비교하시오.

【해설】

(a) 일반계산기를 이용한 일시불의 현가 계산

위 식 (3.4)에서,

$$PV = FV_5(1+k)^{-5} = \$3{,}000(1.08)^{-5} = \$3{,}000(0.6806) = \$2{,}041.80$$

여기서 $(1.08)^{-5}$을 일반계산기를 이용해서 구하려면, $\boxed{y^x}$ 키를 사용하면 된다.

$$<1.08> \boxed{y^x}\ 5\ \boxed{=}\ \boxed{1/x} = 0.6806.$$

정답 : $2,041.80

(b) 복리표를 이용한 일시불의 현가 계산

여러 $k\%$와 n에 대한 $\frac{1}{(1+k)^n} = PVIF_{k\%,n}$ 의 값을 정리하면, 부록의 '[부표 1] 현가이자요소'가 된다. [부표 1]의 일부인 아래 표로부터, k=8%, n=5인 경우의 현가이자요소 $PVIF_{8\%,5} = 0.6806$을 구한다.

$$PV = FV_n \times (PVIF_{k\%,n}) = FV_5 \times (PVIF_{8\%,5년}) = \$3{,}000(0.6806) = \$2{,}041.80.$$

정답 : $2,041.80

현가이자요소

$$PVIF_{k\%,\,n} = \frac{1}{(1+k)^n}$$

n \ $k\%$	6%	7%	8%	9%	10%
1	0.9434	0.9346	0.9259	0.9174	0.9091
2	0.8900	0.8734	0.8573	0.8417	0.8264
3	0.8396	0.8163	0.7938	0.7722	0.7513
4	0.7921	0.7629	0.7350	0.7084	0.6830
5	0.7473	0.7130	*0.6806*	0.6499	0.6209

(c) 재무계산기를 이용한 일시불의 현가 계산

m	N	I/Y	PV	FV	PMT
1	5	8%	?	$3,000	$0

CALCULATOR CLUE

절 차	키 입력	화면표시
워크시트 내용 삭제	[2ND] [CLR TVM]	[0.00]
m(복리빈도) 설정	[2ND] [P/Y] 1 [ENTER] [2ND] [QUIT]	[0.00]
N(기간 수) 입력	5 [N]	[N = 5.00◁]
I/Y(연이율) 입력	8 [I/Y]	[I/Y = 8.00◁]
FV(미래가) 입력	3,000 [FV]	[FV = 3,000.00◁]
PMT(연금) 입력	0 [PMT]	[PMT = 0.00◁]
PV(현가) 계산	[CPT] [PV]	[PV = -2,041.75*]

주의 : 화면표시 [PV = -2,041.75*]에서, '음의 부호(-)'는 현금유출(cash outflow)을, '*'는 최종 결과를 의미한다.

이상에서 일반계산기, 복리표, 재무계산기를 이용하여 일시불의 현가를 계산해 보았다. 물론 정답 $2,041.80도 동일하다.

여기서 재무계산기의 화폐의 시간가치(TVM) 기능을 이용하고자 할 때, 명심해야 할 점을 설명하고자 한다. (주1)에서처럼, 연복리 설정을 반드시 해 주어야 하는 데, 그 이유는 두 가지이다. 첫째, 워크시트 내용을 삭제해도 연간지급횟수 설정(P/Y)은 지워지지 않기 때문이다. 둘째, 기간 수, 연이율, 미래가, 연금 등을 제대로 입력했다 하더라도 연간지급횟수가 올바르지 않으면 오답이 발생하기 때문이다.

예를 들어, 위 예에서 재무계산기에 P/Y=4로 기 설정되어 있다고 가정해 보자. 현가 계산을 위해 5 [N] 8 [I/Y] 3,000 [FV] 0 [PMT]을 차례로 입력한 후, [CPT] [PV] 를 눌러보자. 재무계산기 화면에 [PV = −2,717.19*]로 표시되는 데, 물론 이것은 정답이 아니다.

예제 3.9 일시불의 현가 계산(연복리)

연 이자율이 12%일 때 5년후에 100만원을 수취하기 위해서 현재 얼마를 예금해야 하는가? (a) 복리표와 (b) 재무계산기를 이용하여 각각 계산한 후, 그 결과를 비교하라.

힌트 :

$$PV=100만원\times\frac{1}{(1+0.12)5}=100만원\times0.5674=56.74만원$$

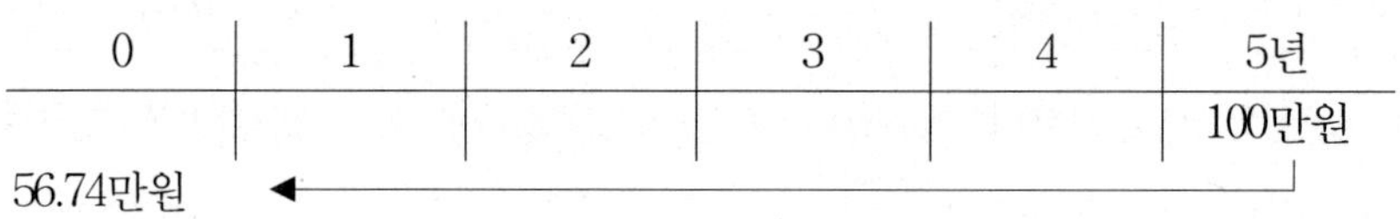

【해설】

(a) 복리표를 이용한 일시불의 현가 계산

$$FV_n = PV \times (1+k)^n$$

$$PV = \frac{FV_n}{(1+k)^n}$$

$$= FV_n \times (PVIF_{k\%,\, n})$$

$$= 100\text{만원} \times (PVIF_{12\%,\, 5})$$

$$= 100\text{만원} \times (0.5674) = 56.74\text{만원}$$

$$\therefore PV = 56.74\text{만원}$$

여기서, 현가이자요소인 $PVIF_{12\%,\,5} = 0.5674$는 부록의 [부표 1]의 일부인 아래 표에서 구한다.

현가이자요소

$$PVIF_{k\%,\,n} = \frac{1}{(1+k)^n}$$

n \ $k\%$	12%	14%	15%	16%	18%
1	0.8929	0.8772	0.8696	0.8621	0.8475
2	0.7972	0.7695	0.7561	0.7432	0.7182
3	0.7118	0.6750	0.6575	0.6407	0.6086
4	0.6355	0.5921	0.5718	0.5523	0.5158
5	*0.5674*	0.5194	0.4972	0.4761	0.4371

(b) 재무계산기를 이용한 일시불의 현가 계산

m	N	I/Y	PV	FV	PMT
1	5	12	?	100만원	0

CALCULATOR CLUE

절 차	키 입력	화면표시
워크시트 내용 삭제	[2ND] [CLR TVM]	[0.00]
연복리 설정	[2ND] [P/Y] 1 [ENTER] [2ND] [QUIT]	[0.00]
N(기간 수) 입력	5 [N]	[N = 5.00◁]
I/Y(연이율) 입력	12 [I/Y]	[I/Y = 12.00◁]
FV(미래가) 입력	100 [FV]	[FV = 100.00◁]
PMT(연금) 입력	0 [PMT]	[PMT = 0.00◁]
PV(현가) 계산	[CPT] [PV]	[PV = -56.74*]

정답 : 복리표와 재무계산기를 이용한 일시불의 현가는 56.74만원으로, 그 결과는 동일하다.

예제 3.10 일시불의 현가 계산(분기별 복리)

연 이자율이 12%이고, 연간 4회 이자계산을 해 준다고 한다. 2년 후 100만원의 목돈을 수취하기 위해서 현재 얼마를 예금해야 하는가? (a) 일반계산기, (b) 복리표, (c) 재무계산기를 사용하여 각각 계산하라.

【해설】

(a) 일반계산기를 이용한 일시불의 현가 계산

$$PV = FV_n (1 + \frac{k}{m})^{-n \times m} \text{ 를 이용해서,}$$

$$PV = 1{,}000{,}000\text{원} \times \frac{1}{(1 + \frac{0.12}{4})^{2 \times 4}}$$
$$= 1{,}000{,}000\text{원} \times \frac{1}{1.03^8}$$
$$= 789{,}409.23\text{원}$$

(b) 복리표를 이용한 일시불의 현가 계산

$$PV = 1{,}000{,}000 \times (PVIF_{3\%,\, 8분기})$$
$$= 1{,}000{,}000 \times (0.7894)$$
$$= 789{,}400원$$

여기서, 현가이자요소 $PVIF_{3\%,\, 8}$ = 0.7894는 부록 [부표 1]의 일부인 아래 표에서 구한다.

현가이자요소

$$PVIF_{k\%,\, n} = \frac{1}{(1+k)^n}$$

n \ $k\%$	1%	2%	3%	4%	5%
6	0.9420	0.8880	0.8375	0.7903	0.7462
7	0.9327	0.8706	0.8131	0.7599	0.7107
8	0.9235	0.8535	*0.7894*	0.7307	0.6768
9	0.9143	0.8368	0.7664	0.7026	0.6446
10	0.9053	0.8203	0.7441	0.6756	0.6139

(c) 재무계산기를 이용한 일시불의 현가 계산

m	N	I/Y	PV	FV	PMT
4	8	12	?	1,000,000	0

CALCULATOR CLUE

절 차	키 입력	화면표시
워크시트 내용 삭제	[2ND] [CLR TVM]	[0.00]
복리빈도 설정(분기별)	[2ND] [P/Y] 4 [ENTER] [2ND] [QUIT]	[0.00]
N(기간 수) 입력	8 [N]	[N = 8.00◁]
I/Y(연이율) 입력	12 [I/Y]	[I/Y = 12.00◁]

FV(미래가) 입력	1,000,000 [FV]	[FV = 1,000,000◁]
PMT(연금) 입력	0 [PMT]	[PMT = 0.00◁]
PV(현가) 계산	[CPT] [PV]	[PV = -789,409.23*]

정답 : 일반계산기, 복리표, 재무계산기를 사용하여 각각 계산한 일시불의 현가는 각각 789,409.23원, 789,400.00원, 789,409.23원이다.

2. 일시불의 이자율 계산

본 절에서는 일시불의 이자율 계산(Finding an Unknown Interest Rate of Lump Sum)을 설명해 보도록 하자.

이자율 k가 미지수이므로, 일시불의 미래가를 구할 수 있는 식 (3.5)를 이자율 k에 관해 풀면,

$$FV_n = PV \times (1+k)^n \quad \cdots\cdots (3.5)$$

$$(1+k)^n = \frac{FV_n}{PV}$$

$$1+k = \sqrt[n]{\frac{FV_n}{PV}}$$

$$k = \sqrt[n]{\frac{FV_n}{PV}} - 1 \quad \cdots\cdots (3.6)$$

예제 3.11 일시불의 이자율 계산(연복리)

당신의 자녀가 18년 후 대학에 입학할 경우 대학교육비용은 $75,000가 될 것으로 예상된다. 당신은 자녀의 대학입학을 위해, 지금 $7,000를 대학교육펀드에 투자하고자 한다. 18년 후 대학교육비용을 충당하기 위해서 연간 펀드수익률은 최소 얼마가 되어

야 하는가? (a)공식과 (b) 재무계산기를 이용해서 각각 계산하라.

〈해설〉

(a) 공식을 이용한 일시불의 이자율 계산

식 (3.16)으로부터,

$$k = \sqrt[n]{\frac{FV_n}{PV}} - 1 = \sqrt[18]{\frac{75,000}{7,000}} - 1 = 14.08\%$$

∴ 연간 펀드수익률은 최소 14.08%가 되어야 한다.

CALCULATOR CLUE

계산	키 입력	화면 표시
$\sqrt[18]{\frac{75,000}{7,000}} - 1$	75,000 [÷] 7,000 [=] [y^x] (1 [÷] 18) [=] [−] 1 [=]	0.1408

(b) 재무계산기를 이용한 일시불의 이자율 계산

m	N	I/Y	PV	FV	PMT
1	18	?	-7,000	75,000	0

CALCULATOR CLUE

절 차	키 입력	화면표시
워크시트 내용 삭제	2ND [CLR TVM]	[0.00]
연복리 설정	2ND [P/Y] 1 ENTER 2ND [QUIT]	[0.00]
N(기간 수) 입력	18 N	[N = 18.00◁]
PV(현가) 입력	7,000 +/− PV	[PV = −7,000.00◁]
FV(미래가) 입력	75,000 FV	[FV = 75,000.00◁]
PMT(연금) 입력	0 PMT	[PMT = 0.00◁]
I/Y(이자율) 계산	CPT I/Y	[I/Y = 14.08*]

정답 : 연간 펀드수익률은 최소 14.08%가 되어야 한다.

예제 3.12 일시불의 이자율 계산(연복리)

2014년 10월 현재 대한민국의 1인당 국민소득(GNP per capita)은 2만6000달러이며, 세계 10대 경제대국이다. 하지만 1961년 10월 대한민국은 세계최빈국으로서 1인당 국민소득은 64달러에 불과했다. 1961년부터 2014년까지 연평균 국민소득 증가율을 (a) 수식과 (b) 재무계산기를 이용해서 각각 계산해 보고, 그 결과가 동일함을 보여라.

【해설】

(a) 수식을 이용한 계산

$$FV_n = PV \times (1+k)^n$$

$$26,000 = 64 \times (1+k)^{2014-1961}$$

$$(1+k)^{53} = \frac{26,000}{64}$$

$$k = \left(\frac{26,000}{64}\right)^{\frac{1}{53}} - 1 = 0.1200$$

(b) 재무계산기를 이용한 계산

m	FV	N	PV*	PMT	I/Y
1	$26,000	53	-$64	0	?

재무계산기로부터 [I/Y = 12.0012*].

정답 : 수식과 재무계산기를 이용해서 각각 구한 연평균 국민소득 증가율은 12%로서, 결과는 동일하다.

3. 일시불의 기간 계산

3.1 일시불의 기간 계산(Finding an Unknown Number of Periods)

일시불의 미래가를 구할 수 있는 식 (3.7)를 일시불의 투자기간 n에 관해 풀면,

$$FV_n = PV \times (1+k)^n \quad \cdots\cdots (3.7)$$

$$(1+k)^n = \frac{FV_n}{PV}$$

$$\ln(1+k)^n = \ln\left(\frac{FV_n}{PV}\right)$$

$$n = \frac{\ln\left(\frac{FV_n}{PV}\right)}{\ln(1+k)} \quad \cdots\cdots (3.8)$$

예제 3.13 일시불의 기간 계산

오늘 연간 펀드수익률이 12⅛%인 펀드에 1,000만원을 투자하였다. 투자금액이 2,500만원으로 증가하기 위해서는 몇 년이 소요될까? (a) 수식과 (b) 재무계산기를 이용해서 각각 계산하라.

【해설】

(a) 수식을 이용한 일시불의 기간 계산

Given : $PV = \$1,000,\ FV_n = \$2,500,\ k = 0.12125\ =\ 12⅛\%$

이를 일시불의 투자기간을 구하기 위한 식 (3.8)에 대입하면

$$n = \frac{\ln\left(\frac{FV_n}{PV}\right)}{\ln(1+k)} = \frac{\ln\left(\frac{\$2,500}{\$1,000}\right)}{\ln(1+0.12125)} = \frac{0.9163}{0.1144} = 8.0096$$

정답 : 약 8.01년 후 투자금액은 \$2,500으로 증가할 것이다.

(b) 재무계산기를 이용한 일시불의 기간 계산

m	N	I/Y	PV	FV	PMT
1	?	12.125%	\$-1,000	\$2,500	\$0

CALCULATOR CLUE

절 차	키 입력	화면표시
워크시트 내용 삭제	2ND [CLR TVM]	[0.000]
연복리 설정	2ND [P/Y] 1 ENTER 2ND [QUIT]	[0.00]
PV(현가) 입력	1000 +/− PV	[PV = −1,000.000◁]

I/Y(연이율) 입력	12.125 [I/Y]	[I/Y = 12.125◁]
FV(미래가) 입력	2500 [FV]	[FV = 2,500.000◁]
PMT(연금) 입력	0 [PMT]	[PMT = 0.000◁]
N(기간) 계산	[CPT] [N]	[N = 8.0064*]

정답 : 약 8.01년 후 투자금액은 $2,500으로 증가할 것이다.

4. 불규칙적인 현금흐름의 현가와 미래가

4.1 불규칙적인 현금흐름의 현가

불규칙적인 현금흐름의 현가(PV of An Uneven Series of Payments)는 각 현금흐름의 현가의 합이다. 이를 수식으로 표시하면 아래와 같다.

$$PV = PMT_1 \times (\frac{1}{1+k})^1 + PMT_2 \times (\frac{1}{1+k})^2 + \cdots + PMT_n \times (\frac{1}{1+k})^n$$

$$= \sum_{t=1}^{n} PMT_t \times \left(\frac{1}{1+k}\right)^t$$

$$PV = \sum_{t=1}^{n} PMT_t \times \left(\frac{1}{1+k}\right)^t \quad \cdots\cdots (3.9)$$

예제 3.14 불규칙적인 현금흐름의 현가(연복리)

1년후에는 $100, 2년후부터 5년후까지 4년 간 $200씩, 6년후에는 $0, 7년후에는 $1,000의 현금흐름이 예상된다. 불규칙 현금흐름의 현가를 (a) 복리표와 (b) 재무계산기를 이용해서 계산하라.

【해설】

(a) 복리표를 이용한 불규칙적인 현금흐름의 현가 계산

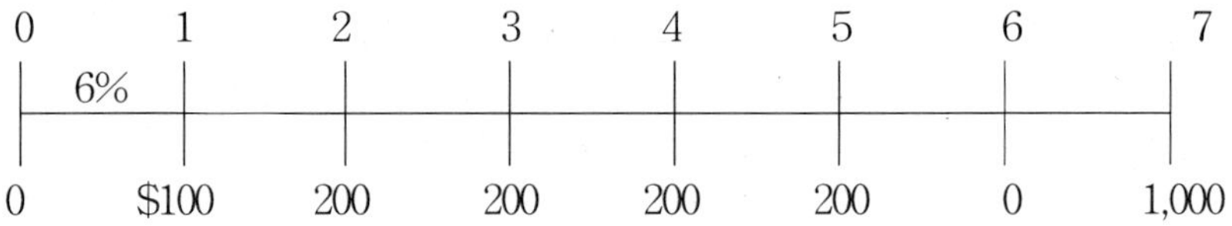

현금흐름이 불규칙적이므로, 각 일시불의 현가를 구해서 모두 더하면 된다. 부록의 [부표 1] 현가이자요소($PVIF$)를 이용해서 $PVIF_{6\%,n}$를 구한다.

연도	현금흐름, PMT	$\times$ $PVIF_{6\%,n}$	= 현금흐름의 현가, PV
1	$100	0.9434	$94.34
2	200	0.8900	178.00
3	200	0.8396	167.92
4	200	0.7921	158.42
5	200	0.7473	149.46
6	0	0.7050	0
7	1,000	0.6651	663.10
		현가의 합	$1,413.24

정답 : 불규칙인 현금흐름의 현가는 $1,413.24이다.

(b) 재무계산기를 이용한 불규칙적인 현금흐름의 현가 계산

Given : C01=100, F01=1, C02=200, F02=4, C03=0, F03=1, C04=1,000, F04=1, k=I/Y=6%

⇨ PV(불규칙적인 현금흐름)?

CALCULATOR CLUE

절 차	키 입력	화면표시
현금흐름워크시트 선택	[CF]	[CF0 = ENTER ↑↓ 0.00]
워크시트 내용 삭제	[2ND] [CLR WORK]	[CF0 = ENTER ↑↓ 0.00]
초기 현금흐름 입력	0 [ENTER]	[CF0 = ENTER ↑↓ 0.00◁]
첫 번째 현금흐름 입력	[↓] 100 [ENTER]	[C01 = ENTER ↑↓ 100.00◁]
첫 번째 현금흐름 빈도수 입력	[↓] 1 [ENTER]	[F01 = ENTER ↑↓ 1.00◁]
두 번째 현금흐름 입력	[↓] 200 [ENTER]	[C02 = ENTER ↑↓ 200.00◁]
두 번째 현금흐름 빈도수 입력	[↓] 4 [ENTER]	[F02 = ENTER ↑↓ 4.00◁]
세 번째 현금흐름 입력	[↓] 0 [ENTER]	[C03 = ENTER ↑↓ 0.00◁]
세 번째 현금흐름 빈도수 입력	[↓] 1 [ENTER]	[F03 = ENTER ↑↓ 1.00◁]
네 번째 현금흐름 입력	[↓] 1000 [ENTER]	[C04 = ENTER ↑↓ 1,000.00◁]
네 번째 현금흐름 빈도수 입력	[↓] 1 [ENTER]	[F04 = ENTER ↑↓ 1.00◁]
NPV(순현재가치) 선택	[NPV]	[I = ENTER ↑↓ 0.00]
이자율 입력	6 [ENTER]	[I = ENTER ↑↓ 6.00◁]
NPV(순현재가치) 계산	[↓] [CPT]	[NPV = COMPUTE ↑↓ 1,413.19*]

주) C01 = 첫 번째 현금흐름 = $100
F01 = 첫 번째 현금흐름의 빈도 수 = 1.

정답 : 불규칙적인 현금흐름의 순현가는 $1,413.19이다.

여기서, 부표를 이용해서 구한 결과($1,413.24)와 재무계산기를 이용해서 구한 결과($1,1413.19)는 반올림오차로 인해 정확히 일치하지 않음에 주의할 필요가 있다.

예제 3.15 불규칙적인 현금흐름의 현가 계산(연복리)

연 이자율이 10%이고 1년 후에 1,000원, 2년 후에 2,000원, 3년 후에 3,000원, 4년

후에 4,000원씩 현금흐름이 있다. 이 현금흐름의 현재가치는 얼마인가? (a) 복리표와 (b) 재무계산기를 각각 사용해서 계산한 후, 그 결과를 비교해 보시오.

【힌트】

$$PV = \frac{1{,}000}{(1+0.1)^1} + \frac{2{,}000}{(1+0.1)^2} + \frac{3{,}000}{(1+0.1)^3} + \frac{4{,}000}{(1+0.1)^4}$$

t	0	1	2	3	4년
CF_t		1,000원	2,000원	3,000원	4,000원

909.10원 ← 1
1,653.80원 ← 2
2,253.90원 ← 3
2,732.00원 ← 4년
합 계 7,547.80원

(a) 복리표를 이용한 불규칙적인 현금흐름의 현가 계산

$$\begin{aligned} PV &= 1{,}000(PVIF_{10\%,1년}) + 2{,}000(PVIF_{10\%,2년}) + 3{,}000(PVIF_{10\%,3년}) + 4{,}000(PVIF_{10\%,4년}) \\ &= 1{,}000(0.9091) + 2{,}000(0.8264) + 3{,}000(0.7513) + 4{,}000(0.6830) \\ &= 909.10 + 1{,}652.80 + 2{,}253.90 + 2{,}732.00 \\ &= 7{,}547.80 \end{aligned}$$

$\therefore PV = 7{,}547.80$원

(b) 재무계산기를 이용한 불규칙적인 현금흐름의 현가 계산

CALCULATOR CLUE

절 차	키 입력	화면표시
현금흐름워크시트 선택	CF	[CF0 = ENTER ↑↓ 0.00]
워크시트 내용 삭제	2ND [CLR WORK]	[CF0 = ENTER ↑↓ 0.00]
초기 현금흐름 입력	0 ENTER	[CF0 = ENTER ↑↓ 0.00◁]

첫 번째 현금흐름 입력	↓ 1000 ENTER	[C01 = ENTER ↑↓ 1000.00◁]
첫 번째 현금흐름 빈도수 입력	↓ 1 ENTER	[F01 = ENTER ↑↓ 1.00◁]
두 번째 현금흐름 입력	↓ 2000 ENTER	[C02 = ENTER ↑↓ 2000.00◁]
두 번째 현금흐름 빈도수 입력	↓ 1 ENTER	[F02 = ENTER ↑↓ 1.00◁]
세 번째 현금흐름 입력	↓ 3000 ENTER	[C03 = ENTER ↑↓ 3000.00◁]
세 번째 현금흐름 빈도수 입력	↓ 1 ENTER	[F03 = ENTER ↑↓ 1.00◁]
네 번째 현금흐름 입력	↓ 4000 ENTER	[C04 = ENTER ↑↓ 4,000.00◁]
네 번째 현금흐름 빈도수 입력	↓ 1 ENTER	[F04 = ENTER ↑↓ 1.00◁]
NPV(순현가) 선택	NPV	[I = ENTER ↑↓ 0.00]
이자율 입력	10 ENTER	[I = ENTER ↑↓ 10.00◁]
NPV(순현가) 계산	↓ CPT	[NPV = COMPUTE ↑↓ 7,547.98*]

주) C01 = 첫 번째 현금흐름 = $1000
F01 = 첫 번째 현금흐름의 빈도 수 = 1.

【비교】

복리표와 재무계산기를 사용해서 구한 불규칙적인 현금흐름의 현가는 각각 $7,547.80와 $7,547.98로서, 소숫점 이하에서 미세한 차이를 보인다.

4.2 불규칙적인 현금흐름의 미래가

불규칙적인 현금흐름의 미래가(FV of An Uneven Series of Payments)는 각 현금흐름의 미래가의 합이다. 이를 수식으로 나타내면 아래와 같다.

$$FV = PMT_1 \times (1+k)^1 + PMT_2 \times (1+k)^2 + \cdots + PMT_n \times (1+k)^n$$

$$FV = \sum_{t=1}^{n} PMT_t \times (1+k)^t \quad \cdots\cdots (3.10)$$

예제 3.16 불규칙적인 현금흐름의 미래가

연 이자율이 10%이고 1년 후에 1,000원, 2년 후에 2,000원, 3년 후에 3,000원, 4년 후에 4,000원, 5년 후에 5,000원씩 현금흐름이 있다. 복리표를 이용해서 이 현금흐름의 5년 후 미래가를 구하라.

【해설】

현금흐름의 시간선은 다음과 같다.

t	1	2	3	4	5년
CF_t	1,000원	2,000원	3,000원	4,000원	5,000원
				→	4,400원
			→		3,630원
		→			2,662원
	→				1,464원
				합 계	17,156원

$$FV_5 = 1{,}000\times(1+0.1)^4 + 2{,}000\times(1+0.1)^3 + 3{,}000\times(1+0.1)^2 + 4{,}000\times(1+0.1)^1 + 5{,}000\times(1+0.1)^0$$

$$= 1{,}000 \times (FVIF_{10\%,4년}) + 2{,}000 \times (FVIF_{10\%,3년}) + 3{,}000(FVIF_{10\%,2년}) + 4{,}000(FVIF_{10\%,1년}) + 5{,}000$$

$$= 1{,}000\times1.4641 + 2{,}000\times1.3310 + 3{,}000\times1.2100 + 4{,}000\times1.1000 + 5{,}000$$

$$= 1{,}464 + 2{,}662 + 3{,}630 + 4{,}400 + 5{,}000$$

$$= 17{,}156원$$

$$\therefore FV_5 = 17{,}156원$$

여기서, $FVIF_{10\%, n=1\sim4}$ 는 부록의 [부표 3] 일시불의 복리이자요소(FVIF)의 일부인 아래 표에서 구한다.

일시불의 복리이자요소

$$FVIF_{k\%, n} = (1+k)^n$$

n \ $k\%$	6%	7%	8%	9%	10%
1	1.0600	1.0700	1.0800	1.0900	*1.1000*
2	1.1236	1.1449	1.1664	1.1881	*1.2100*
3	1.1910	1.2250	1.2597	1.2950	*1.3310*
4	1.2625	1.3108	1.3605	1.4116	*1.4641*
5	1.3382	1.4026	1.4693	1.5386	1.6105

예제 3.17 불규칙적인 현금흐름의 미래가

1년후 1,000원, 2년후 2,000원, 3년후 3,000원, 4년후 4,000원, 5년후 5,000원, 6년후 6,000원의 불규칙적인 현금흐름이 예상된다. 연이자율은 10%라고 한다.

(a) 공식을 이용하여 불규칙 현금흐름의 순현가(NPV)를 원 단위로 구하라.

(b) 복리표를 이용하여 이 현금흐름의 미래가(NFV)를 원 단위로 구하라.

(c) 재무계산기를 이용해서 이 현금흐름의 ①현가(NPV)와 ②미래가(NFV)를 원 단위로 구하라.

【해설】

(a) 공식을 이용한 불규칙 현금흐름의 순현가(NPV) 계산

$$NPV = \frac{1,000}{1.1} + \frac{2,000}{1.1^2} + \frac{3,000}{1.1^3} + \frac{4,000}{1.1^4} + \frac{5,000}{1.1^5} + \frac{6,000}{1.1^6}$$
$$= 14,039.3\text{원}$$

$\therefore NPV = 14,039\text{원}.$

(b) 복리표를 이용한 불규칙 현금흐름의 미래가(NFV) 계산

$$NFV = NPV(FVIF_{k=10\%,\, n=6}) = 14{,}039.3\,(1.1776) = 24{,}871.4763\text{원}$$

$$\therefore NFV = 24{,}871\text{원}.$$

여기서, $FVIF_{k=10\%,\, n=6} = 1.1776$는 부록의 [부표 3] 복리이자요소의 일부인 아래 표를 이용해서 구한다.

복리이자요소

$$FVIF_{k\%,\, n} = (1+k)^n$$

n \ $k\%$	6%	7%	8%	9%	10%
2	1.1236	1.1449	1.1664	1.1881	1.2100
3	1.1910	1.2250	1.2597	1.2950	1.3310
4	1.2625	1.3108	1.3605	1.4116	1.4641
5	1.3382	1.4026	1.4693	1.5386	1.6105
6	1.4185	1.5007	1.5869	1.6771	*1.7716*

(c) 재무계산기를 이용한 ①현가(NPV)와 ②미래가(NFV)계산

Given : C01=1,000, F01=1, C02=2,000, F02=4, C03=3,000, F03=1,
C04=4,000, F04=1, C05=5,000, F05=1, C06=6,000, F06=1, k=I/Y=10%

⇨ PV(불규칙적인 현금흐름)?

CALCULATOR CLUE

절 차	키 입력	화면표시
현금흐름워크시트 선택	CF	[CF0 = 0.00]
워크시트 내용 삭제	2ND [CLR WORK]	[CF = 0.00]

초기 현금흐름 입력	0 ENTER	[CF0 = 0.00◁]
첫 번째 현금흐름 입력	↓ 1,000 ENTER	[C01 = 1,000.00◁]
첫 번째 현금흐름 빈도수 입력	↓ 1 ENTER	[F01 = 1.00◁]
두 번째 현금흐름 입력	↓ 2,000 ENTER	[C02 = 2,000.00◁]
두 번째 현금흐름 빈도수 입력	↓ 1 ENTER	[F02 = 1.00◁]
세 번째 현금흐름 입력	↓ 3,000 ENTER	[C03 = 3,000.00◁]
세 번째 현금흐름 빈도수 입력	↓ 1 ENTER	[F03 = 1.00◁]
네 번째 현금흐름 입력	↓ 4,000 ENTER	[C04 = 4,000.00◁]
네 번째 현금흐름 빈도수 입력	↓ 1 ENTER	[F04 = 1.00◁]
다섯 번째 현금흐름 입력	↓ 5,000 ENTER	[C05 = 5,000.00◁]
다섯 번째 현금흐름 빈도수 입력	↓ 1 ENTER	[F05 = 1.00◁]
여섯 번째 현금흐름 입력	↓ 6,000 ENTER	[C06 = 6,000.00◁]
여섯 번째 현금흐름 빈도수 입력	↓ 1 ENTER	[F04 = 1.00◁]
NPV(순현가) 선택	NPV	[I = 0.00]
이자율 입력	10 ENTER	[I = 10.00◁]
NPV(순현가) 계산	↓ CPT	[NPV = 14,039.43*]
NFV(미래가) 선택(주)	↓	[NFV]
NFV(미래가) 계산	CPT	[NFV = 24,871.71*]

【주의】

NFV(미래가) 계산은 *TI BAII PLUS PROFESSIONAL* 재무계산기에서만 가능하다. *TI BAII PLUS* 재무계산기(일반용)을 가지고 있는 경우에는, 위 CALCULATOR CLUE에서처럼 NPV를 구한 후 복리표를 이용해서 NFV를 구하면 된다. 즉,

$$NFV = NPV(FVIF_{k=10\%,\, n=6}) = 14{,}039.3\,(1.1776) = 24{,}871.4763\text{원}$$

$$\therefore NFV = 24{,}871\text{원}.$$

정답 :

① 재무계산기로부터, [NPV = 14,039.43*]. 따라서 불규칙적인 현금흐름의 순현가는 14,039원이다.

② 재무계산기로부터, [NFV = 24,871.71*]. 따라서 불규칙적인 현금흐름의 미래가는 24,872원이다.

5. 이자율의 기간별 변환(Interest rate conversion)

5.1 명목이자율과 실효이자율

명목이자율(nominal interest rate)은 채권, 예금, 신용카드 등 금융상품의 액면금액에 대해 표시된 이자율을 말한다. 일명 연간단순이자율(annual percentage rate, APR) 혹은 **연간고시이자율**(annual quoted rate)이라고도 한다. 명목이자율은 인플레이션이나 복리빈도를 고려하지 않은 단위기간에 대한 이자율이다.

연간단순이자율은 기간 이자율에 연간 기간 수를 곱해서 구할 수 있다. 즉,

$$APR = \text{기간 이자율} \times \text{연간 기간 수} \quad \cdots\cdots (3.11)$$

예를 들어, 은행이 "매월 이자를 납부해야 하는 12% 연간단순이자율(APR)로 자동차대출을 해 준다"고 고시하고 있다고 가정하자. 이는 매달 12%/12개월=1%의 이자를 납부해야 한다는 것을 의미한다.

실효이자율(effective annual rate, EAR)은 1년 동안 1원 혹은 1달러에 대해 발생하는 이자로 정의할 수 있다. 실효이자율은 복리빈도를 고려한 이자율로, 1년에 1회 복리계산되는 경우에는 명목이자율과 동일하다. 하지만 연간 복리빈도가 여러 번인 경우 실효이자율과 명목이자율 간에는 차이가 발생한다.

EAR과 APR의 관계는 다음 식 (3.12)와 같다.

$$1+EAR=(1+\text{기간 이자율})^m = (1+\frac{APR}{m})^m \quad \cdots\cdots (3.12)$$

위 식 (3.12)으로부터 EAR과 APR에 관한 식을 도출할 수 있다.

$$EAR=(1+\frac{APR}{m})^m - 1 \quad \cdots\cdots (3.13)$$

$$APR=[(1+EAR)^{1/n}-1]\times n \quad \cdots\cdots (3.14)$$

위 식, $EAR=(1+\frac{APR}{m})^m - 1$를 이용하면, 아래 [표 3.2]를 작성할 수 있다.

[표 3.2] 연간단순이자율과 복리빈도에 따른 실효이자율

APR	복리빈도(m)			
	2	4	12	365
4%	4.04%	4.06%	4.07%	4.08%
6	6.09	6.14	6.17	6.18
8	8.16	8.24	8.30	8.33
10	10.25	10.38	10.47	10.52
12	12.36	12.55	12.68	12.75
14	14.49	14.75	14.93	15.02
16	16.64	16.99	17.23	17.35
18	18.81	19.25	19.56	19.72

위 [표 3.2]는 다양한 연간단순이자율(APR)과 복리빈도(m)에 따른 연간실효이자율(EAR)을 보여주고 있다. 예를 들어, 연간단순이자율 4%에 대해, 반년마다($m=2$) 복리로 계산하면 실효이자율은 4.04%이고, 분기마다($m=4$) 복리로 계산하면 실효이자율은 4.06%이고, 매일($m=365$) 복리 계산하면 실효이자율은 4.08%이다.

위 [표 3.2]와 식 (3.14)와 (3.15)를 통해서, EAR과 APR 사이의 일반적 관계를 도

출할 수 있다.

첫째, EAR은 항상 APR보다 크다. 이러한 이유로 인해, 대출광고를 하는 금융기관들은 EAR보다 낮은APR을 고시하는 경향이 있다. 반대로 저축홍보를 하는 금융기관들은 APR보다 큰 EAR을 고시하는 경향을 보인다.

둘째, EAR은 복리빈도(m)와 항상 정(+)의 관계를 지닌다. 즉, 연간 복리빈도가 커질수록, EAR이 증가한다.

셋째, 이자율이 높아질수록 EAR과 APR 간의 격차는 더 커진다. 예를 들어, 위 [표 3.2]에서 반년복리(m=2) 시,

$$EAR_{m=2,\,APR=16\%} - EAR_{m=2,\,APR=14\%} = 16.64 - 14.49 = 2.15.$$

한편, $EAR_{m=2,\,APR=18\%} - EAR_{m=2,\,APR=16\%} = 18.81 - 16.64 = 2.17.$

위에서 살펴본 바와 같이, 동일한 APR이라도 이자계산 조건에 따라 부담해야 하는 이자는 다르다. 따라서 예금 혹은 대출과 같은 금융계약의 유불리를 비교하려면, 반드시 실효이자율을 이용해야 한다.

아래 [표 3.3]을 이용해서, APR과 EAR 간의 관계를 다시 한 번 비교해 보자.

[표 3.3] 명목이자율과 실효이자율의 비교

(a) 명목이자율 6%, 연복리 시, $1,000의 미래가

연도	연초 현가, PV	$\times$ $(1+k)$	= 미래가, FV_n
1	$1,000.00	(1.06)	$1,060.00
2	1,060.00	(1.06)	1,123.60
3	1,123.60	(1.06)	*1,191.02*

주) 연리 6%, 3년간 연복리 시, 발생한 이자의 합은 $191.02임.

(b) 명목이자율 6%, 반년 복리 시, $1,000의 미래가

기간	연초 현가,	$PV \times (1+k) =$	미래가, FV_n
1	$1,000.00	(1.03)	$1,030.00
2	1,030.00	(1.03)	1,060.90(a)
3	1,060.90	(1.03)	1,092.73
4	1,092.73	(1.03)	1,125.51(b)
5	1,125.51	(1.03)	1,159.27
6	1,159.27	(1.03)	1,194.05(c)

주) 연리 6%, 3년 간 반년복리 시, 발생한 이자의 합은 $194.05임.

(c) 실효이자율 6.09%, 연복리 시, $1,000의 미래가

기간	연초 현가,	$PV \times (1+k) =$	미래가, FV_n
1	$1,000.00	(1.0609)	$1,060.90(a)
2	1,060.90	(1.0609)	1,125.51(b)
3	1,125.51	(1.0609)	1,194.05(c)

주) 연간 실효이자율 6.09%, 3년간 연복리 시, 발생한 이자의 합은 $194.05임.

여기서, 연간명목이자율=6%, 반년복리 계산 시, 연간실효이자율은

$$EAR = (1+\frac{APR}{m})^m - 1 = \left[1+\frac{0.06}{2}\right]^2 - 1 = 0.0609 = 6.09\%.$$

위 [표 3.3]은 연간명목이자율 6%와 반년 복리를 적용하여 계산한 $1,000의 미래가와 연간실효이자율 6.09%로 계산한 $1,000의 미래가는 동일함을 보여준다.

예제 3.18 실효이자율의 계산

대한은행으로부터 명목이자율 10%이며, 매월 복리계산을 해 주는 정기예금의 가입을 권유받았다. (a) 공식과 (b) 재무계산기를 이용해서 실효이자율을 구하라.

【해설】

(a) 공식을 이용한 실효이자율 계산

$$EAR = (1 + \frac{APR}{m})^{m} - 1$$

$APR = 10\%$, $m = 12$ (연간 복리빈도, compounding frequency per year)

$$EAR = \left[1 + \frac{0.10}{12}\right]^{m} - 1 = (1.0083)^{12} - 1 = 1.1047 - 1 = 10.47\%.$$

(b) 재무계산기를 이용한 실효이자율 계산

CALCULATOR CLUE

절 차	키 입력	화면표시
이자율전환 워크시트 선택	2ND [ICONV]	[NOM(구 데이터)]
워크시트 내용 삭제	2ND [CLR WORK]	[NOM = 0.00]
명목이율(nominal rate) 입력	10 ENTER	[NOM = 10.00◁]
연간복리횟수 입력	↓ ↓ 12 ENTER	[C/Y = 12.00◁]
연간실효이자율 계산	↑ CPT	[EFF = 10.47*]

6. 연속복리(Continuous Compounding)

복리이자는 월($m = 12$) 또는 반년($m = 2$) 단위로 계산할 수도 있고, 일주일($m = 52$) 혹은 일단위($m = 365$)로 계산할 수도 있다. 이자를 얼마나 자주 지급할 수 있는 가에 대한 제한은 존재하지 않는다. 여기서 m은 **복리 빈도**(compounding frequency)이다.

이자지급이 연중 전 기간에 **연속복리**(continuous compounding)로 계산되는 경우를 가정하자. 이 경우, 복리의 빈도(m)은 무한대로 커진다. 재무관리에서는 연속복리가 유용한 경우가 많이 있다. 예를 들어, **블랙-숄즈 옵션 가격모형**(Black-Scholes Option Pricing Model)도 연속복리 개념을 응용한 것이다. 이들은 모두 **연속시간모형**(continuous-time model)이다. 따라서 옵션가치를 평가하는 대부분의 컴퓨터 프로그램은 연속복리이자율을 입력하도록 요구한다.[3)]

이자지급이 연속복리로 계산되는 경우, 위 식 (3.13)과 (3.14)는 다음과 같이 변형된다.

$$EAR = e^{APR} - 1 \quad \cdots\cdots (3.15)$$

$$APR = \ln(1 + EAR) \quad \cdots\cdots (3.16)$$

여기서, 함수 $\ln x$는 **자연로그함수**(natural logarithm function)를 말하며, 계산기를 이용해서 쉽게 계산할 수 있다. 만약 $y = \ln x$이면 $x = e^y$이다. 여기서, e는 자연로그의 밑으로서, $e \fallingdotseq 2.718$이다.

복리의 빈도 m이 무한대로 접근하면, $[1+r/m]^m$ 은 e^r 에 접근한다. $APR = r\%$에 연속복리로 투자한 \$1는 최초 연도 말에 $e^r = (2.718)^r$까지 증가하며, T년도 말에는 $e^{rT} = (2.718)^{rT}$으로 증가한다. 아래 표는 부록의 [부표 5] 연속복리 이자요소의 일부로서, $r = 4\%$에서 18%, $T = 1$에서 5년까지의 연속복리 이자요소를 보여주고 있다.

연속복리 이자요소(e^{rT})

T \ $r\%$	4%	6%	8%	10%	12%	14%	16%	18%
1	1.0408	1.0618	*1.0833*	1.1052	1.1275	1.1502	1.1735	1.1972
2	1.0833	1.1275	1.1735	1.2214	1.2712	1.3231	1.3771	1.4333
3	1.1275	1.1972	1.2712	1.3499	1.4333	1.5220	1.6161	1.7160
4	1.1735	1.2712	1.3771	1.4918	1.6161	1.7507	1.8965	2.0544
5	1.2214	1.3499	1.4918	1.6487	1.8221	2.0138	2.2255	2.4596

3) 남상구 · 박종호 · 최승두 역 (2011). 「핵심재무관리」 2판, McGraw-Hill Korea, p. 42.

복리빈도가 일시불의 미래가에 미치는 효과를 살펴보도록 하자. 연이자율 10%, 현재가치 100원, 기간 1년으로 가정한다. $FV_n = PV(1+\frac{k}{m})^{m \times n}$ 공식을 이용하여, 복리빈도 별로 100원의 미래가치를 구하면 다음과 같다.

① 연간(m=1)

$$100\text{원} \times 1.1 = 110.00\text{원}$$

② 반년(m=2)

$$100\text{원} \times (1+\frac{.10}{2})^2 = 100\text{원} \times (1.05)^2 = 110.25\text{원}$$

③ 분기별(m=4)

$$100\text{원} \times (1+\frac{.10}{4})^4 = 100\text{원} \times (1.025)^4 = 110.38\text{원}$$

④ 월별(m=12)

$$100\text{원} \times (1+\frac{.10}{12})^{12} = 110.47\text{원}$$

⑤ 주별(m=52)

$$100\text{원} \times (1+\frac{.10}{52})^{52} = 110.51\text{원}$$

⑥ 일별(m=365)

$$100\text{원} \times (1+\frac{.10}{365})^{365} = 110.52\text{원}$$

위 계산 결과를 요약하면 아래 [표 3.4]와 같다.

[표 3.4] 연이자율이 10%인 경우, 100원의 1년후 미래가치에 대한 복리 효과

복리빈도	100원의 1년후 미래가치
① 연간(m=1)	110.00원
② 반년(m=2)	110.25원
③ 분기별(m=4)	110.38원
④ 월별(m=12)	110.47원
⑤ 주별(m=52)	110.51원
⑥ 일별(m=365)	110.52원

연속복리 적용 시 100원의 1년후 미래가치는 $100e^{0.1} = 110.52$원이다.

여기서 연속복리를 적용할 경우 100원의 1년후 미래가치(110.52원)와, 일별복리를 적용할 경우 100원의 1년후 미래가치(110.52원)는 소숫점 두 자리수까지 동일하다. 따라서 실무적인 목적으로 사용할 때, 연속복리 계산은 일별복리 계산과 동일한 것으로 간주해도 무방하다.

연간 r의 이자율로 T년간 PV금액을 투자할 때, 연속복리 기준으로 계산하면 미래가는 다음과 같다.

$$FV = PV \times e^{rT} \quad \cdots\cdots (3.17)$$

한편 연간 r의 이자율로 T년간 연속복리로 투자했을 때 미래가가 FV라면, 현가는 다음과 같다.

$$PV = FV \times \frac{1}{e^{rT}} = FV \times e^{-rT} \quad \cdots\cdots (3.18)$$

예제 3.20 일시불의 미래가 계산(연속복리)

$1를 8%의 연속복리 이자율로 1년간 투자할 때, 1년후 미래가는 얼마인가?

【해설】

(a) 복리표를 이용한 연속복리 미래가 계산

$PV = \$1,\ r = 8\%,\ T = 1$이므로,

$FV = PV \times e^{rT} = \$1 \times e^{.08 \times 1} = \$1 \times 1.0833 = \$1.0833$

여기서, $e^{.08 \times 1} = 1.0833$는 부록의 [부표 5] 연속복리 복리이자요소의 일부인 아래 표에서 구한다.

연속복리 이자요소(e^{rT})

T \ $r\%$	4%	6%	8%	10%
1	1.0408	1.0618	*1.0833*	1.1052
2	1.0833	1.1275	1.1735	1.2214
3	1.1275	1.1972	1.2712	1.3499
4	1.1735	1.2712	1.3771	1.4918
5	1.2214	1.3499	1.4918	1.6487

(b) 재무계산기를 이용한 연속복리 미래가 계산

$PV = \$1,\ r = 8\%,\ T = 1$이므로,

$FV = PV \times e^{rT} = \$1 \times e^{.08 \times 1} = \$1.0833$

CALCULATOR CLUE

목 적	키 입력	화면표시
1×0.08	1 [×] .08 [=]	[0.0800]
$e^{1 \times 0.08}$	1×0.08 [2nd] [e^x]	[1.0833]

정답 : 연속복리 미래가는 $1.0833임.

예제 3.21 일시불의 미래가 계산(연속복리)

$1를 8%의 연속복리 이자율로 2년간 투자하면, 연말가치는 얼마인가?

【해설】

$PV = \$1,\ r = 8\%,\ T = 2$이므로,

$FV = PV \times e^{rT} = \$1 \times e^{.08 \times 2} = \$1.1735$

정답 : 연말가치는 $1.1735.

예제 3.22 연단위 복리, 반년 단위 복리, 연속 복리의 비교

100만원을 5년 정기예금에 가입했다. 연이자율은 25%로 가정한다. (a)연단위 복리, (b)반년 단위 복리, (c)연속 복리인 경우 5년후 이자수입은 각각 얼마인가?

【해설】

(a) 연단위 복리

5년후 이자수입 $= 1{,}000{,}000 \times (1 + .25)^5 - 1{,}000{,}000 = 2{,}051{,}757.813$원

(b) 반년 단위 복리

5년후 이자수입 $= 1{,}000{,}000 \times (1 + .25/2)^{5\text{년} \times 2} - 1{,}000{,}000 = 2{,}247{,}321.025$원

(c) 연속 복리

5년후 이자수입 $= 1{,}000{,}000 \times (e^{.25 \times 5}) - 1{,}000{,}000 = 2{,}490{,}342.957$원

5년후 이자수입은 연속 복리인 경우 가장 크고, 그 다음이 반년 단위 복리인 경우이다. 연단위 복리인 경우 5년후 이자수입이 가장 작다. 따라서 선택권이 있다면 채권자는 연속 복리를, 채무자는 연단위 복리를 택할 것이다. 즉, 복리빈도가 커질수록 채권자는 유리해지지만, 채무자는 불리해진다. 반대로 복리빈도가 작아질수록채권자는 불리해지는 반면, 채무자는 유리해진다.

아래 [그림 3.1]은 (a) 연 단위 복리, (b) 반년 단위 복리(나), 그리고 (c) 연속 복리 계산 결과를 비교해주고 있다. 반년 단위 복리의 경우, 연 단위 복리보다 계단이 더 촘촘하며, 최종가치도 더 크다. 연속 복리의 경우, 세 가지 중 가장 완만한 곡선의 형태를 보이고 있고, 최종가치 역시 가장 높다.

[그림 3.1] 연 단위 복리, 반년 단위 복리, 연속 복리 계산결과의 비교

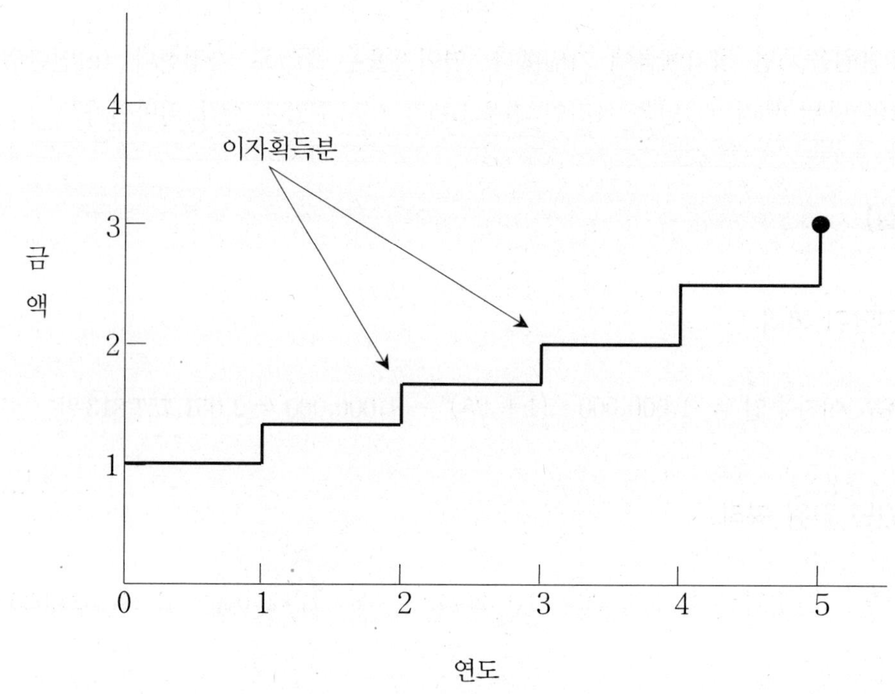

(a) 연 단위 복리

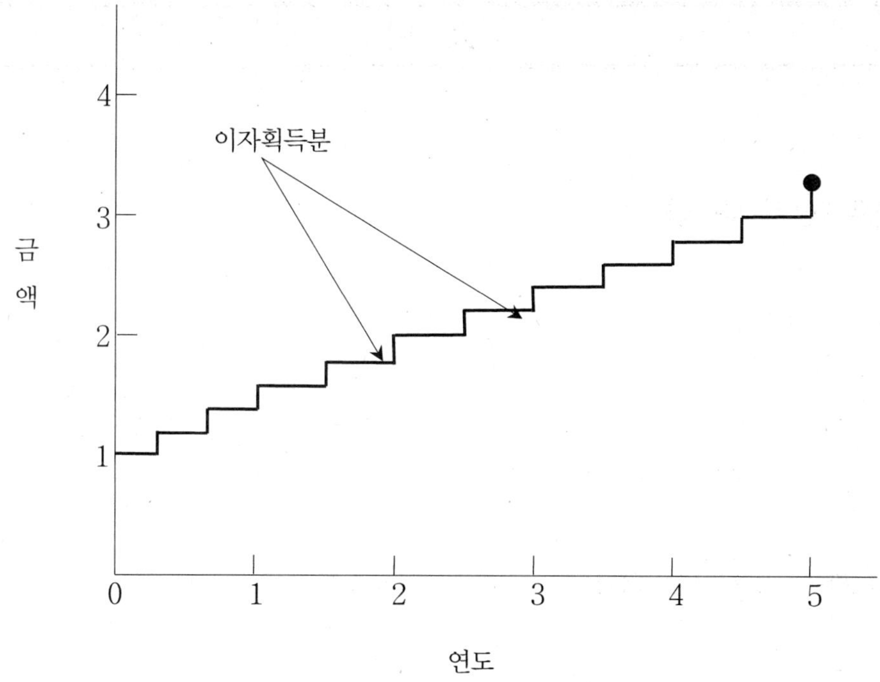

(b) 반년 단위 복리

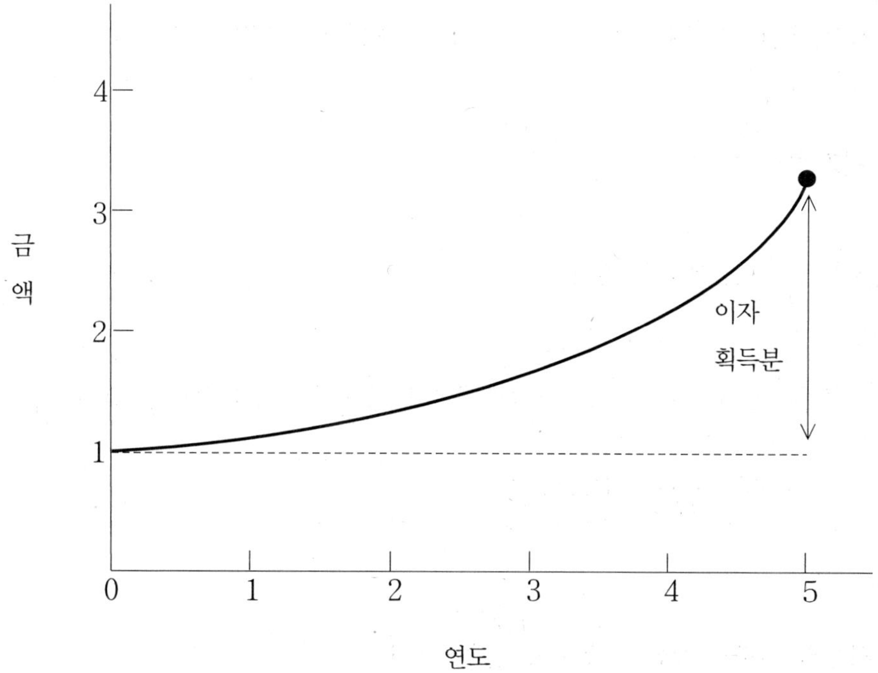

(c) 연속 복리

요 약

1. 재무계산기 사용법

○ 주요 키의 기능

○ 계산기의 설정 : 소숫점 자리 수 표시 설정, 계산기 내 레지스터 삭제, 연간 지불횟수 설정, 보통연금과 선불연금의 설정, 부호의 변경

2. 일시불의 미래가와 현가

○ 일시불의 미래가 : $FV_n = PV \times (1+k)^n$

○ 일시불의 현가 : $PV = FV_n \times (\frac{1}{1+k})^n = FV_n \times (PVIF_{k\%,n})$

3. 시간가치의 응용

○ 불규칙적인 현금흐름의 현가

$$PV = PMT_1 \times (\frac{1}{1+k})^1 + PMT_2 \times (\frac{1}{1+k})^2 + ... + PMT_n \times (\frac{1}{1+k})^n$$
$$= \sum_{t=1}^{n} PMT_t \times \left(\frac{1}{1+k}\right)^t$$

○ 일시불의 이자율 계산 : $k = \sqrt[n]{\frac{FV_n}{PV}} - 1$

○ 일시불의 기간 수 계산 : $n = \dfrac{\ln\left(\dfrac{FV_n}{PV}\right)}{\ln(1+k)}$

○ 연간단순이자율 : $APR =$ 기간 이자율 $\times$ 연간 기간 수

○ 실효이자율 : $EAR = (1 + \dfrac{APR}{m})^m - 1$

○ 연속복리 시 실효이자율 : $EAR = e^{APR} - 1$

○ 연간 r의 이자율로 T 년간 PV금액을 투자할 때, 연속복리 기준 미래가

$$FV = PV \times e^{rT}$$

○ 연간 r의 이자율로 T 년간 투자했을 때 미래가가 FV라면, 연속복리 기준 현가

$$PV = FV \times \frac{1}{e^{rT}} = FV \times e^{-rT}$$

연습문제

[연습문제 3.1] 일시불의 미래가 계산(연복리)

연이율이 26%일 때, 현재 100만원의 3년 후 미래가치는 얼마나 될까?

[연습문제 3.2] 일시불의 현가 계산(연복리)

5년 후 500만원의 현재가치는 얼마인가? 연이율은 10%라고 한다.

[연습문제 3.3] 일시금의 펀드수익률 계산(연복리)

당신의 자녀가 18년 후 미국대학에 입학할 경우 대학교육비용은 $75,000가 될 것으로 예상된다. 당신은 자녀의 대학교육비용을 마련하기 위해, 지금 $7,000를 대학교육펀드에 투자하고자 한다. 18년 후 대학교육비용을 조달하기 위해서 연간 펀드수익률은 최소 얼마가 되어야 하는가?

[연습문제 3.4] 일시불의 기간수 및 이자율 계산(연복리)

… 중략 …

한경의 지난 50년은 대한민국의 경제성장과 궤를 같이해 왔다. 1차 경제개발 5개년 계획과 함께 1964년 창간해 국민소득 2만6000달러의 오늘에까지 경제발전의 가장 강력한 동반자이기도 했다. 지금 한경은 다시 국민소득 5만달러를 제창하고 있다. 연평균 4%씩 성장한다 해도 18년이나 걸리는 험준한 노정이다. 문제는 5만달러에 걸맞은 행동과 정신의 양식(아비투스)이 필요하다.

… …

위 한국경제신문 사설[4]에 의하면, 2014년 10월 현재 1인당 국민소득(GNP per

4) 사설(2014). "분배 · 평등 유혹 못 벗어나면 5만달러 어림없다," 「한국경제」 2014년 10월 13일자 A39면.

capita)은 2만6000달러이며, 연평균 4%씩 성장한다면 18년 후에 국민소득 5만달러를 달성할 수 있을것으로 예상된다. 국민소득 5만달러 달성을 위해, “과연 18년이 걸리는지”를 (a) 수식과 (b) 재무계산기를 이용해서 각각 검증해 보라.

[연습문제 3.5] 명목이자율과 실효이자율 계산(분기별 복리)

㈜부경은행으로부터 연간명목이자율 15%, 분기별 복리계산을 해 주는 정기예금의 가입을 권유받았다. (a) 공식과, (b) 재무계산기를 이용해서 실효이자율을 구하라.

[연습문제 3.6] 일시불의 현가 계산(연복리)

시장이자율이 연6%로 유지될 것으로 예상된다. 3년 뒤 10,000원을 수령하기로 한 계약의 현재가치는 얼마인가? 아래 표를 이용해서 답하라.

	복리표	현가표	연금복리표	연금현가표
기간/ 이자율	6%	6%	6%	6%
3년	1.191	0.840	3.184	2.673
5년	1.338	0.747	5.637	4.212

① 7,475원 ② 8,396원 ③ 11,917원 ④ 13,386원

[연습문제 3.7] 단기재정증권의 발행을 통한 순수할인대출

미국정부가 단기재정증권(Treasury bills, or T-bills)의 발행을 통해 단기자금을 조달하고자 한다. 12개월 후 상환금이 $100,000이며, 시장금리가 4%라고 한다면, 현재 시장에서 이 증권의 판매가격은 얼마일까?

제4장 생활 재무

<시> 아름다운 마무리　법정

1. 연금의 미래가와 현가
2. 연금의 기간과 이자율 계산
3. 대출
4. 주택연금
5. 국민연금
6. 장기저축급여

연습문제

[읽을거리 4.1] 주택연금, 집 담보로 평생 생활비 보장

[읽을거리 4.2] 집값 더 떨어지기 전에 … 주택연금 드는 사람들

[읽을거리 4.3] '강남 3구' 국민연금 임의가입자 '금천 · 종로 · 중구'의 6배

[읽을거리 4.4] 국민연금 수익률 年4% 세계 꼴찌

아름다운 마무리

법정

아름다운 마무리는 처음의 마지막으로 돌아가는 것이다.
일의 과정에서, 길의 도중에서
잃어버린 초심을 회복하는 것이다.

아름다운 마무리는 근원적인 물음
'나는 누구인가?' 하고 묻는 것이다.
삶의 순간순간마다 '나는 어디로 가고 있는가?' 하는 물음에서
그때그때 마무리가 이루어진다.

아름다운 마무리는 내려놓음이다.
내려놓음은 일의 결과,
세상에서의 성공과 실패를 뛰어넘어
자신의 순수 존재에 이르는 내면의 연금술이다.

아름다운 마무리는 비움이다. 채움만을 위해
달려온 생각을 버리고 비움에 다가가는 것이다.
그러므로 아름다운 마무리는 비움이고
그 비움이 가져다주는 충만으로 자신을 채운다.

아름다운 마무리는 살아온 날들에 대해
찬사를 보내는 것, 타인의 상처를 치유하고
잃어버렸던 나를 찾는 것,
수많은 의존과 타성적인 관계에서 벗어나 홀로 서는 것이다.

아름다운 마무리는 용서이고, 이해이고, 자비이다.

1. 연금의 미래가와 현가

1.1 연금의 미래가(Future Value of An Annuity)

연금(annuity)이란 일정 기간 동안 동일한 현금흐름으로 정의된다. 연금은 동일 현금흐름이 매기간 말에 지불되는 **보통연금**(ordinary annuity, deferred annuity)과, 매기간 초에 지불되는 **선불연금**(annuity due, immediate annuity)으로 구분된다.

(1) 보통연금의 미래가(Future Value of Ordinary Annuity)

n기간에 걸쳐서, k%의 복리로, PMT의 현금흐름이 매기말 발생하는 **보통연금의 미래가** FVA_n(Future Value of an Annuity for n periods)를 구해보자.

$$FVA_n = PMT(1+k)^{n-1} + PMT \times (1+k)^{n-2} + \cdots + PMT \times (1+k)^0$$

$$= PMT \times \{(1+k)^{n-1} + (1+k)^{n-2} + \cdots + (1+k)^0\}$$

$$= PMT \times \sum_{t=1}^{n} (1+k)^{n-t}$$

$$= PMT \times \left\{ \frac{(1+k)^n - 1}{k} \right\}$$

$$= PMT \times (FVIFA_{k\%,n})$$

$$FVA_n = PMT \times (FVIFA_{k\%,n}) \quad \cdots\cdots (4.1)$$

$$FVIFA_{k\%,n} = \frac{(1+k)^n - 1}{k}$$

여기서, $FVIFA_{k\%,n}$는 **연금의 복리이자요소**(Future Value Interest Factor of an Annuity over n periods for k%)이다. 부록의 [부표 4]를 이용하면 연금의 복리이자요소를 쉽게 구할 수 있다.

연금의 복리이자요소($FVIFA_{k\%,n}$)를 증명하기 위해서는 **기하급수**(geometric sequence)의 합을 이해하는 것이 필요하다.

[Recall] 기하급수의 합

제1장 '경영수학의 기초'로부터 **초항**(first term) a_1, **등비**(common ratio) r인 기하수열(혹은 등비수열)의 초항부터 n번째 항까지의 합 s_n은 아래와 같이 주어짐을 배웠다.

$$s_n = \frac{a_1(1-r^n)}{1-r} \quad \cdots\cdots (1.15)$$

【증명】

$$s_n = a_1 + a_1 r + a_1 r^2 + \cdots + a_1 r^{n-1}$$

$$rs_n = a_1 r + a_1 r^2 + a_1 r^3 + \cdots + a_1 r^n$$

$$s_n - rs_n = a_1 + (a_1 r - a_1 r) + (a_1 r^2 - a_1 r^2) + \cdots + (a_1 r^{n-1} - a_1 r^{n-1}) - a_1 r^n$$

$$s_n(1-r) = a_1 - a_1 r^n$$

$$\therefore s_n = \frac{a_1(1-r^n)}{1-r} \quad (r<1) \quad \text{(증명 끝)}$$

참고로, $r>1$인 경우 등비수열의 합은 다음과 같다.

$$s_n = \frac{a_1(r^n - 1)}{r-1}$$

이제 $FVIFA_{k\%,\,n} = \dfrac{(1+k)^n - 1}{k}$ 을 증명해 보자.

$$\begin{aligned} FVA_n &= PMT \times (1+k)^{n-1} + PMT \times (1+k)^{n-2} + \cdots + PMT \times (1+k)^0 \\ &= PMT \times \{(1+k)^{n-1} + (1+k)^{n-2} + \cdots + (1+k)^0\} \\ &= PMT \times (FVIFA_{k\%,n}) \end{aligned}$$

$$\begin{aligned} FVIFA_{k\%,n} &= (1+k)^{n-1} + (1+k)^{n-2} + \cdots + (1+k)^0 \\ &= \frac{(1+k)^n - 1}{(1+k) - 1} \\ &= \frac{(1+k)^n - 1}{k} \end{aligned}$$

여기서, 등비 $(1+k) > 1$ 임에 주목할 필요가 있다.

$$\therefore FVIFA_{k\%,n} = \frac{(1+k)^n - 1}{k}$$ <증명 끝>.

예제 4.1 보통연금의 미래가 계산(연복리)

연말에 $1,000씩, 3년 동안 연금을 수령할 예정이다. 만일 연금을 4%의 복리로 저축한다면, 3년 후 저축액은 얼마나 될까? (a) 복리표와 (b) 재무계산기를 이용해서 각각 계산하라.

【해설】

보통연금(PMT=\$1,000; k=4%, n=3)의 시간선

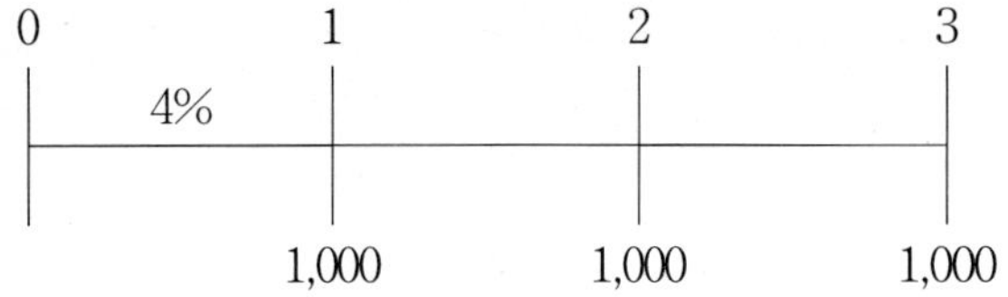

(a) 복리표를 이용한 보통연금의 미래가 계산

$$FVA_n = PMT \times (FVIFA_{k\%,n})$$

$$FVA_3 = \$1,000 \times (FVIFA_{4\%,\,3년}) = \$1,000 \times (3.1216) = \$3,121.60$$

정답 : 3년 후 저축액은 \$3,121.60이다.

여기서, 연금의 복리이자요소 $FVIFA_{4\%,\,3년} = 3.1216$는 부록의 [부표 3] 연금의 복리이자요소의 일부인 아래 표에서, k=4%, n=3이 만나는 곳에서 구할 수 있다.

연금의 복리이자요소

$$FVIFA_{k\%,\,n} = \frac{(1+k)^n - 1}{k}$$

n \ $k\%$	1%	2%	3%	4%	5%
1	1.0000	1.0000	1.0000	1.0000	1.0000
2	2.0100	2.0200	2.0300	2.0400	2.0500
3	3.0301	3.0604	3.0909	*3.1216*	3.1525
4	4.0604	4.1216	4.1836	4.2465	4.3101
5	5.1010	5.2040	5.3091	5.4163	5.5256

(b) 재무계산기를 이용한 보통연금의 미래가 계산

m	N	I/Y	PV	FV	PMT
1	3	4%	0	?	$-1,000

CALCULATOR CLUE

절 차	키 입력	화면표시
워크시트 내용 삭제	[2ND] [CLR TVM]	[0.00]
연복리 설정	[2ND] [P/Y] 1 [ENTER] [2ND] [QUIT]	[0.00]
N(기간 수) 입력	3 [N]	[N = 3.00◁]
I/Y(연이율) 입력	4 [I/Y]	[I/Y = 4.00◁]
PV(현가) 입력	0 [PV]	[PV = 0.00◁]
PMT(연금) 입력	1000 [+/-] [PMT]	[PMT = -1000.00◁]
FV(미래가) 계산	[CPT] [FV]	[FV = 3,121.60*]

정답 : 3년 후 저축액은 $3,121.60이다.

예제 4.2 보통연금의 미래가 계산(연복리)

연 이자율이 15%이고 1년에 1회 이자계산을 하는 정기적금이 있다. 매기말 5만원씩 5년 동안 불입할 경우, 5년 후 수취하게 될 목돈은 얼마인가? (a) 공식, (b) 복리표, (c) 재무계산기를 사용하여 각각 계산한 후, 그 결과를 비교하라.

【해설】

보통연금의 시간선

t	0	1	2	3	4	5년
CF		50,000원	50,000원	50,000원	50,000원	50,000원
					→	57,500원
				→		66,125원
			→			76,044원
		→				87,450원
					합 계	337,119원

(a) 공식을 이용한 보통연금의 미래가 계산

$$FVIFA_{k\%,\,n} = \frac{(1+k)^n - 1}{k}$$

$$\begin{aligned} FVA_5 &= PMT \times \frac{(1+k)^5 - 1}{k} \\ &= 50{,}000 \times \frac{(1+0.15)^5 - 1}{0.15} \\ &= 337{,}119.06\text{원} \end{aligned}$$

(b) 복리표를 이용한 보통연금의 미래가 계산

$$\begin{aligned} FVA_5 &= PMT \times (FVIFA_{15\%,5}) \\ &= 50{,}000 \times 6.7424 \\ &= 337{,}120.00\text{원} \end{aligned}$$

여기서 $FVIFA_{15\%,5} = 6.7424$의 값은 연금의 복리이자요소의 일부인 아래 표에서, $k\%=15$와 $n=5$가 만나는 곳에서 구한다.

연금의 복리이자요소

$$FVIFA_{k\%,\,n} = \frac{(1+k)^n - 1}{k}$$

n \ $k\%$	12%	14%	15%	16%
1	1.0000	1.0000	1.0000	1.0000
2	2.1200	2.1400	2.1500	2.1600
3	3.3744	3.4396	3.4725	3.5056
4	4.7793	4.9211	4.9934	5.0665
5	6.3528	6.6101	*6.7424*	6.8771

(c) 재무계산기를 이용한 보통연금의 미래가 계산

m	N	I/Y	PV	FV	PMT
1	5 년	15%	0	?	50,000원

CALCULATOR CLUE

절 차	키 입력	화면표시
워크시트 내용 삭제	[2ND] [CLR TVM]	[0.00]
연복리 설정	[2ND] [P/Y] 1 [ENTER] [2ND] [QUIT]	[100]
N(기간) 입력	5 [N]	[N = 5.00◁]
I/Y(연이율) 입력	15 [I/Y]	[I/Y = 15.00◁]
PV(현가) 입력	0 [PV]	[PV = 0.00◁]
PMT(연금) 입력	50,000 [+/−] [PMT]	[PMT = −50,000◁]
FV(미래가) 계산	[CPT] [FV]	[FV = 337,119.06*]

정답 : 공식, 복리표, 재무계산기를 이용해서 계산한 보통연금의 미래가는 각각 337,119.06원, 337,120.00원, 337,119.06원이다.

예제 4.3 보통연금의 미래가 계산(무이자)[1]

맞벌이 신혼부부가 부모 도움이나 대출 없이 전세 아파트를 마련하려면 2013년 말 현재 서울 시내는 28년, 수도권은 21년 걸리는 것으로 나타났다. 해당 지역의 중간 가격 전세 아파트를 기준으로, 32세 신랑과 29세 신부가 월 425만원씩 벌고 그중 83만원씩 저축할 때 얘기다.

위 신혼부부가 월 425만원 벌어서 세금 보험료 식비 난방비 등 필수 지출을 빼고 월 82만6천원씩 저축할 경우, 서울 아파트 중간가격 전셋값인 2억8209만원을 마련하는 데 28.5년이 소요될 것으로 예상된다. 이 때 신랑은 61세, 신부는 58세가 되어 있을 것이다.

한편, 위 신혼부부가 월 425만원 벌어서 세금 보험료 식비 난방비 등 필수 지출을 빼고 월 82만6천원씩 저축할 경우, 수도권 아파트 중간 가격 전셋값인 2억863만원을 마련하는 데 21.1년이 걸릴 것으로 예상된다. 이 때 신랑은 53세, 신부는 50세가 될 것이다.

(a) 위 기사의 "월 82만6천원씩 저축할 경우, 서울 아파트 중간가격 전셋값인 2억8209만원을 마련하는 데 28.5년이 소요될 것으로 예상된다"에서, 소요기간 산출에 대한 근거를 제시하라.

(b) 위 기사의 "월 82만6천원씩 저축할 경우, 수도권 아파트 중간 가격 전셋값인 2억863만원을 마련하는 데 21.1년이 걸릴 것으로 예상된다"에서, 소요기간 산출에 대한 근거를 제시하라.

【해설】

(a) 정답 : "소요기간 = 28.5년"은 모든 상황이 변하지 않고 무이자라는 가정하에서 계산된 결과이다. 구체적인 계산 근거는 다음과 같다.

Given : N(소요기간) = 28.5년 = 28.5 × 12 = 342개월

---

1) 이송원・주희연(2014). "맞벌이 부부, 서울서 전세 아파트 마련 28년 걸려," 「조선일보」 2014년 10월 29일자 A4면.

PMT(월저축액) = 826천원

FV(전셋값) = 282,090천원

⇨ 소요기간 = FV/PMT = 282,090천원/826천원 = 341.51 = 28.46 ≒ 28.5년.

(b) **정답** : "소요기간 = 21.1년"은 모든 상황이 변하지 않고 무이자라는 가정하에서 계산된 결과이다. 구체적인 계산 근거는 다음과 같다.

Given : N(소요기간) = 21.1년 = 21.1 × 12 = 342개월

PMT(월저축액) = 826천원

FV(전셋값) = 208,630천원

⇨ 소요기간 = FV/PMT = 208,630천원/826천원 = 252.58개월 = 21.05년 ≒ 21.1년.

예제 4.4 보통연금의 미래가 계산(월복리)[2]

조○○ 군은 대학 1학년을 마치고 2014년 3월 육군으로 입대하여 논산훈련소를 거쳐 경기도의 모 부대로 배치받았다. 조 이등병은 자대배치 직후인 2014년 5월부터 월급을 절약해서 매월 3만원씩 적금을 불입하고 있으며, 2015년 12월 전역할 때까지 이를 계속할 예정이다. 연이자율은 2.5%, 의무복무기간은 21개월이며 월복리가 적용된다고 한다. (a) 수식과 (b) 재무계산기를 이용해서, 조 병장의 만기 전역 시 적금수령액을 원 단위로 각각 계산한 후 그 결과를 비교해보라.

【해설】

시간선(단위 : 만원)

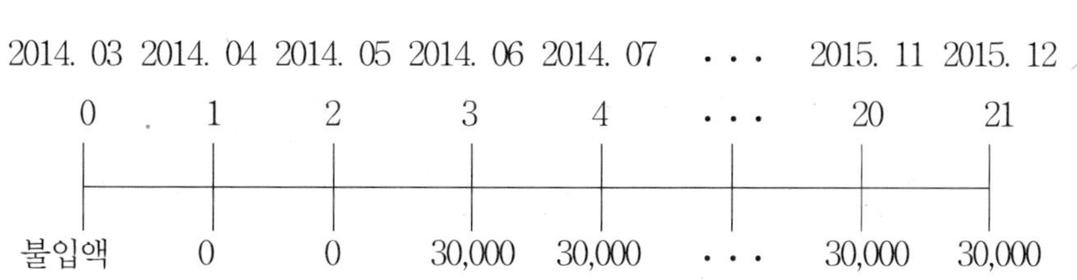

2) 본 예제는 A대학에 근무하는 조○○ 교수님 자제분의 군복무 실화(實話)에 근거하고 있다.

(a) 수식을 이용한 연금의 미래가 계산

$$\begin{aligned} FVA_n &= PMT \times (1+k)^{n-1} + PMT \times (1+k)^{n-2} + \cdots + PMT \times (1+k)^0 \\ &= PMT \times \{(1+k)^{n-1} + (1+k)^{n-2} + \cdots + (1+k)^0\} \\ &= PMT \times \left\{ \frac{(1+k)^n - 1}{k} \right\} \end{aligned}$$

$$\therefore FVA_{21-2} = 30{,}000 \times \left\{ \frac{(1+\frac{0.025}{12})^{21-2} - 1}{\frac{0.025}{12}} \right\}$$
$$= 580{,}814.73$$

(b) 재무계산기를 이용한 연금의 미래가 계산

Given : PMT=30,000; N=19; I/Y=2.5; PV=0 ⇨ FVA(연금의 미래가)?

m	N	I/Y	PV	FV	PMT
12	19	2.5%	0	?	-30,000

재무계산기로부터 [FV = 580,814.73*]

정답 : 수식과 재무계산기를 이용해서 계산한 결과는 580,814.73으로 동일하다.
즉, 조 병장의 만기 전역 시 적금수령액은 580,815원이다.

(2) 선불연금의 미래가(FV of Annuity Due)

선불연금(Annuity Due)의 경우, 모든 현금흐름은 보통연금에 비해 한 차례씩 더 복리(compounding)로 계산된다. 식 (4.1)을 수정하여 선불연금의 미래가를 다음과 같이 구할 수 있다.

$$FVA_n(\text{선불연금}) = PMT \times (FVIFA_{k\%,\, n}) \times (1+k) \quad \cdots\cdots (4.2)$$

예제 4.5 선불연금의 미래가(연복리)

연초에 $1,000씩, 3년 만기 적금에 가입할 예정이다. 이자율은 연복리 4%라고 한다. (a) 복리표와 (b) 재무계산기를 이용해서 3년 후 만기 시 적금액을 각각 계산하라.

(a) 부표를 이용한 선불연금의 미래가 계산

식 (4.2)로부터

$$\begin{aligned} FVA_n(\text{선불연금}) &= PMT\,(FVIFA_{k\%,\, n})(1+k) \\ &= \$1{,}000(3.1216)(1.04) \\ &= \$3{,}246.46. \end{aligned}$$

위 [예제 4.4]와 [예제 4.5]를 통해, 선불연금의 미래가 $3,246.46는 보통연금의 미래가 $3,121.60보다 크다는 것을 알 수 있다. 즉, 모든 조건이 동일하다면 현금흐름이 기시급인 선불연금이 현금흐름이 기말급인 보통연금보다 더 가치가 있다.

(b) 재무계산기를 이용한 선불연금의 미래가 계산

m	N	I/Y	PV	FV	PMT
1	3	4%	0	?	$-1,000

CALCULATOR CLUE

절 차	키 입력	화면표시
보통연금을 선불연금으로 설정	2ND [BGN]	[END SET]
	2ND [SET]	[BGN SET BGN]
	CE/C	[0.00 BGN]

워크시트 내용 삭제	2ND [CLR TVM]	[0.00 BGN]
m(연복리) 설정	2ND [P/Y] 1 ENTER 2ND [QUIT]	[0.00 BGN]
N(기간 수) 입력	3 N	[N = 3.00◁ BGN]
I/Y(연이율) 입력	4 I/Y	[I/Y = 4.00◁ BGN]
PV(현가) 입력	0 PV	[PV = 0.00 ◁ BGN]
PMT(연금) 입력	1000 +/− PMT	[PMT = −1,000.00◁ BGN]
FV(미래가) 계산	CPT FV	[FV = 3,246.46* BGN]

정답 : 선불연금의 미래가는 $3,246.46이다.

확인 : 선불연금의 미래가 = 보통연금의 미래가 $3,121.60 x (1+0.04) = $3,246..46
즉, 선물연금의 미래가 = (보통연금의 미래가) × (1+기간 이자율).

읽을거리 4.1 주택연금, 집 담보로 평생 생활비 보장 … 즉시연금, 목돈 넣은 후 일정 금액 받아

막 퇴직하기 시작한 712만여명의 베이비부머 중 은퇴 준비가 잘 된 사람은 드물다. 자녀 양육에다 부모를 부양해야 하는 부담까지 지고 있는 '낀 세대'이기 때문이다. 정작 자신들의 노후를 위한 준비는 턱없이 부족하다는 통계다.

상당수는 살던 집만 한 채 가진 상황에서 정년을 맞고 있다. 회사에서 어느 정도 퇴직금을 받더라도 노후 생활자금으로 쓰기엔 넉넉지 않다. 이처럼 준비없는 은퇴를 맞게 된 베이비부머라면 '연금화'에 더욱 철저해야 한다. 평생 받아 온 월급처럼, 남은 생애기간 고정 소득을 창출할 수 있어야 생활을 유지할 수 있다. 집과 퇴직금(목돈)을 연금화하는 대표적인 방법은 주택연금과 즉시연금에 가입하는 것이다.

집 담보로 평생 생활비 타는 주택연금

주택연금은 노후에 집을 맡기고 평생 생활비를 보장받을 수 있는 역모기지론이다. 금융자산이 별로 없고 일정한 소득도 없는 고령층이 안정적인 노후를 보낼 수 있도록 도와주는 제도다.

연금액은 가입자 나이와 주택가격 등에 따라 달라진다. 예컨대 70세(부부 중 어린 배우자 기준)의 주택연금 가입자가 3억원짜리 주택을 담보로 맡기면 올해 기준으로 매달 99만원씩 받을 수 있다. 부부가 모두 사망할 때까지 받는 '종신형'을 선택했을 때 기준이다. 주택금융공사가 집값 추이 등을 근거로 매년 연금액을 조정하지만, 기존 가입자의 수령액은 바뀌지 않는다.

다만 정부의 정책성 제도이기 때문에 나이, 재산 등 가입자격에 제한이 있다. 우선 주택 소유자의 나이가 60세 이상이어야 한다. 주택을 공동 소유하고 있다면 연장자의 나이가 60세 이상이면 된다. 또 집값이 9억원 이하이며, 집을 한 채만 갖고 있는 부부여야 가입 자격을 가질 수 있다. 자녀가 소유한 주택은 별도로 계산하기 때문에 관계가 없다. 가입자(부부)가 사망하면 담보로 잡은 집을 경매에 넘겨 청산하는 구조다.

주택연금의 가장 큰 장점은 집값이 아무리 떨어져도 가입 당시 약속한 연금을 그대로 보장한다는 점이다. 노후의 재정 상황을 정확하게 예측할 수 있다. 주택연금 가입자들은 매년 '보증료'(잔액 대비 연 0.5%)를 납부하는데, 집값이 하락해 주택금융공사 손실이 커질 것에 대비한 일종의 보험료다. 또 정부가 지급을 100% 보증하기 때문에 안전하다. 5억원 이하 주택을 맡긴 연금 가입자에게는 재산세도 매년 25%씩 감면해 준다.

주택연금의 월지급금 예시

일반주택(종신지급방식, 정액형, 2014년 1월 1일 기준, 단위 천원)

연령 \ 주택가격	1억원	2억원	3억원	4억원	5억원	6억원	7억원	8억원	9억원
50세	163	326	490	653	816	980	1143	1307	1470
55세	192	384	576	768	961	1153	1345	1537	1730
60세	228	456	685	913	1142	1370	1598	1827	2055
65세	274	548	822	1097	1371	1645	1920	2194	2468
70세	333	666	999	1332	1665	1998	2331	2665	2969
75세	412	824	1236	1648	2060	2473	2885	3175	3175
80세	521	1043	1565	2087	2608	3130	3497	3497	3497

*예시 : 70세 부부(부부 중 연소자 기준), 3억원 주택 기준으로 매월 99만9천원을 수령합니다.

주택연금의 세제혜택

시기	세제 감면 혜택
저당권 설정시	등록세 면제(설정금액의 0.2%)
	교육세 면제(등록세액의 20%)
	농어촌 특별세 면제(등록세액의 20%)
	국민주택권 매입의무 면제(설정금액의 1%)
이용시	대출이자비용 소득공제(연간 200만원 한도)
	재산세 25% 감면

부부 가입자 중 한 쪽이 먼저 사망해도 나머지 배우자가 연금을 계속 수령할 수 있다. 부부가 모두 사망하면 상속인이 연금수령액을 갚는 조건으로 집을 물려받을 수 있다. 집을 처분한 금액이 받은 연금보다 많으면 남은 부분을 상속인에게 돌려준다. 모자랄 경우에도 상속인에게 부족분을 청구하지 않는다. 집값이 떨어지든 오르든 가입자에게 유리하게 설계됐다.

목돈이 필요할 때 추가로 언제든지 대출받을 수 있도록 담보의 일정 부분을 남겨둘 수 있다. 자녀의 결혼자금이나 의료비, 주택담보대출 및 보증금 상환 등의 목적으로 사용할 수 있다. 다만 이 담보 대출한도가 높게 잡히면 매달 수령하는 연금액이 줄어든다.

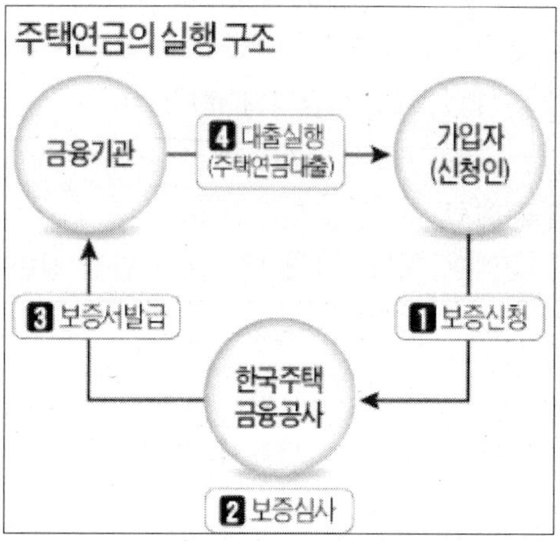

주택금융공사에 맡긴 주택이 재개발이나 재건축을 진행한다면 어떻게 될까. 주택소유권이 일시 상실되는 것이어서 연금 지급이 정지된다. 주택금융공사는 재건축·재개발 중이라도 연금이 계속 지급되는 걸 골자로 한 관련 규정 개정을 추진 중이다. 현실화하면 기존 주택연금 가입자도 모두 소급적용을 받는다. 담보주택이 조만간 재건축·재개발에 들어갈 예정이라면 주택연금 관련 규정이 개정되는 걸 보고 가입해도 늦지 않다.

즉시연금, 목돈 주고 '비과세 월급'

즉시연금은 목돈(퇴직금)을 맡긴 뒤 가입자가 정한 기간 또는 사망할 때까지 일정액을 받을 수 있는 제도다. 10년 넘게 수령하겠다고 약속하면 처음부터 비과세 혜택을 볼 수 있다. 부동산 등 고정자산은 어느 정도 있지만 정작 안정적인 연금 가입이 부족했던 사람들이 고려할 만한 대안이다.

즉시연금은 생명보험회사에서만 판매하는 연금보험의 일종이다. 가입할 수 있는 나이는 만 45세 이후부터다. 최장 80~85세까지 가입할 수 있다.

최저 가입금액은 보통 500만원이다. 다만 500만원을 한꺼번에 넣어봤자 매달 받을 수 있는 연금액이 워낙 적기 때문에 보통 5000만~1억원 이상 넣는다. 통계를 보면 즉시연금에 3억원 이하로 넣는 사람이 전체의 90% 정도에 달한다.

즉시연금의 연금 수령방식은 크게 세 가지다. 가입자가 사망할 때까지 줄곧 연금을 수령하는 방식의 '종신형', 일정 기간 원리금을 나눠받는 '확정기간형', 매달 이자만 받다 사망 때 원금을 자식에게 물려줄 수 있는 '상속형' 등이다. 평균 수명이 늘어나는 추세임을 감안할 때 일반 가입자 입장에선 종신형 즉시연금이 가장 유리하다.

종신형은 원금과 이자를 같이 상환하는 주택담보대출을 거꾸로 생각하면 쉽다. 목돈을 넣어놓고 처음부터 원금과 이자를 분할해 연금을 받는 상품이다. 종신형 즉시연금에 한 번 가입하면 중도에 해지할 수 없다. 5년, 10년, 20년 등 일정 기간 원리금을 나눠서 지급하는 확정기간형 즉시연금의 경우 월 수령액이 가장 많다. 보험사 입장에서는 '장수 리스크'가 없기 때문이다. 대신 노후 대비라는 측면에서는 불리하다. 세제 혜택도 없다. 전액 이자소득세가 부과된다. 상속형은 원금은 손대지 않고 이자만 매달 일정액을 받다가 피보험자가 사망한 뒤 사망보험금이 일부 추가돼 잔여 자금을 유족이 받는 구조다. 계약자와 피보험자를 달리하면 계약자가 사망한 뒤 계약자를 변경해 연금을 세대 이전할 수 있다. 상속세 납부재원으로 활용하는 게 가능하다.

즉시연금에 가입했을 때 가장 큰 리스크는 금리 인하다. 보험사들이 고객을 유치하려고 고금리를 제시했다가 나중에 확 낮출 수 있어서다. 은퇴계획을 짤 때 향후 연금액이 지금보다 적어질 수 있다는 점을 감안해야 한다. 일본처럼 제로금리 시대가 오지 말라는 법이 없다.

출처 : 조재길(2014). "주택연금, 집 담보로 평생 생활비 보장…즉시연금, 목돈 넣은 후 일정 금액 받아," 「한국경제」 2014년 10월 15일자 B12면.

1.2 연금의 현가(Present Value of An Annuity)

(1) 보통연금의 현가(PV of an Ordinary Annuity)

n기간에 걸쳐서, k%의 복리로, PMT의 현금흐름이 매기말 발생하는 **보통연금의 현가** PVA_n(Present Value of an Annuity over n periods)를 구해보자.[3)]

$$PVA_n = PMT \times \left(\frac{1}{1+k}\right)^1 + PMT \times \left(\frac{1}{1+k}\right)^2 + \cdots + PMT \times \left(\frac{1}{1+k}\right)^n$$

$$= PMT \times \left\{\frac{1}{(1+k)^1} + \frac{1}{(1+k)^2} + \cdots + \frac{1}{(1+k)^n}\right\}$$

$$= PMT \times \left[\frac{\frac{1}{1+k}\left(1-\frac{1}{(1+k)^n}\right)}{1-\frac{1}{1+k}}\right]$$

$$= PMT \times \left\{\frac{1-\frac{1}{(1+k)^n}}{(k+1)-1}\right\}$$

$$= PMT \times \left\{\frac{1-\frac{1}{(1+k)^n}}{k}\right\}$$

$$= PMT \times \left\{\frac{1}{k} - \frac{1}{k(1+k)^n}\right\}$$

$$= PMT \times (PVIFA_{k\%,n})$$

$$PVA_n = PMT \times (PVIFA_{k\%,n}) \quad \cdots\cdots (4.3)$$

$$\therefore PVIFA_{k\%,n} = \frac{1}{k} - \frac{1}{k(1+k)^n}$$

---

3) 보통연금의 현가를 도출하는 과정은 제1장 '경영수학의 기초'에서 배웠던 등비수열의의 합을 구하는 방법과 동일하다.

여기서, $PVIFA_{k\%,n}$는 **연금의 현가이자요소**(Present Value Interest Factor of an Annuity over n periods for k%)이다. 부록의 [부표 2]를 이용하면, 다양한 k와 n에 대한 연금의 현가이자요소를 쉽게 구할 수 있다.

[Recall] 등비수열의 합(Sum of Geometric Sequence)

초항(first term)이 a_1이고, 등비(common ratio)가 r인 등비수열의 초항부터 n번째 항까지의 합 s_n은 아래와 같이 주어진다.

$$s_n = \frac{a_1(1-r^n)}{1-r}.$$

$PVIFA_{k\%,n}$은 초항=1, 등비=$1/1+k$, 항수=n인 등비수열이다.

예제 4.6	보통연금의 현가 계산(연복리)

연말에 \$1,000씩, 3년 만기 4% 연복리의 연금저축에 가입할 예정이다. 3년 후 연금저축의 현재가치를 (a) 복리표와 (b) 재무계산기를 이용해서 각각 계산하라.

(a) 복리표를 이용한 보통연금의 현가 계산

부록의 [부표 4]의 일부인 아래 표에서, k=4%, n=3인 경우 연금의 현가이자요소는 $PVIFA_{4\%,3년} = 2.7751$이다.

$$PVA_n = PMT \times (PVIFA_{k\%,n})$$
$$PVA_3 = \$1,000 \times (PVIFA_{4\%,3년}) = \$1,000 \times (2.7751) = \$2,775.10.$$

정답 : 연금저축의 현재가치는 \$2,775.10이다.

보통연금의 현가이자요소

$$PVIFA_{k\%,\,n} = \frac{1}{k} - \frac{1}{k(1+k)^n}$$

n \ $k\%$	1%	2%	3%	4%	5%
1	0.9901	0.9804	0.9709	0.9615	0.9524
2	1.9704	1.9416	1.9135	1.8861	1.8594
3	2.9410	2.8839	2.8286	*2.7751*	2.7232
4	3.9020	3.8077	3.7171	3.6299	3.5460
5	4.8534	4.7135	4.5797	4.4518	4.3295

(b) 재무계산기를 이용한 보통연금의 현가 계산

m	N	I/Y	PV	FV	PMT
1	3	4%	?	0	−$1,000

CALCULATOR CLUE

절 차	키 입력	화면표시
워크시트 내용 삭제	[2ND] [CLR TVM]	[0.00]
m(연복리) 설정	[2ND] [P/Y] 1 [ENTER] [2ND] [QUIT]	[100]
N(기간) 입력	3 [N]	[N = 3.00◁]
I/Y(연이율) 입력	4 [I/Y]	[I/Y = 4.00◁]
FV(미래가) 입력	0 [FV]	[FV = 0.00◁]
PMT(연금) 입력	1,000 [+/−] [PMT]	[PMT = −1,000◁]
PV(현가) 계산	[CPT] [PV]	[PV = 2,775.10*]

주) 화면표시 [PV = −2,775.10*]에서, 음의 부호(−)는 현금지출을 뜻한다.

정답 : 연금저축의 현가는 $2.775.10이다.

예제 4.7 보통연금의 현가 계산(연복리)

연 이자율이 12%이고 매년말 30,000원씩 4년 동안 수령하는 연금이 있다. 이 연금의 현재일시불은 얼마인가? (a) 공식, (b) 복리표, (c) 재무계산기를 이용해서 각각 계산한 후, 그 결과를 비교하라.

【해설】

보통연금의 시간선

t	0	1	2	3	4년
CF_t		30,000원	30,000원	30,000원	30,000원
	26,787원 ← (1)				
	23,916원 ← (2)				
	21,354원 ← (3)				
	19,065원 ← (4)				
합 계	91,120원				

(a) 공식을 이용한 보통연금의 현가 계산

$$
\begin{aligned}
PVA_4 &= PMT \times \left\{ \frac{1}{(1+k)^1} + \frac{1}{(1+k)^2} + \frac{1}{(1+k)^3} + \frac{1}{(1+k)^4} \right\} \\
&= PMT \times \left\{ \frac{1}{k} - \frac{1}{k(1+k)^4} \right\} \\
&= 30,000 \times \left\{ \frac{1}{0.12} - \frac{1}{0.12(1+0.12)^4} \right\} \\
&= 30,000 \times 3.0373 \\
&= 91,120.48\text{원}
\end{aligned}
$$

(b) 복리표를 이용한 보통연금의 현가 계산

$$
\begin{aligned}
PVA_4 &= PMT \times (PVIFA_{12\%,4}) \\
&= 30,000 \times (3.0373) \\
&= 91,119.00
\end{aligned}
$$

여기서, $PVIFA_{12\%,4}$ $=3.0373$는 부록의 [부표 2] 연금의 현가이자요소의 일부인 아래 표를 이용해서 구한다.

보통연금의 현가이자요소

$$PVIFA_{k\%,\,n} = \frac{1}{k} - \frac{1}{k(1+k)^n}$$

n \ $k\%$	10%	12%	14%	15%	16%
1	0.9091	0.8929	0.8772	0.8696	0.8621
2	1.7355	1.6901	1.6467	1.6257	1.6052
3	2.4869	2.4018	2.3216	2.2832	2.2459
4	3.1699	*3.0373*	2.9137	2.8550	2.7982
5	3.7908	3.6048	3.4331	3.3522	3.2743

(c) 재무계산기를 이용한 보통연금의 현가 계산

m	N	I/Y	PV	FV	PMT
1	4	12%	?	0	30,000

CALCULATOR CLUE

절 차	키 입력	화면표시
워크시트 내용 삭제	[2ND] [CLR TVM]	[0.00]
연복리 설정	[2ND] [P/Y] 1 [ENTER] [2ND] [QUIT]	[0.00]
N(기간 수) 입력	4 [N]	[N = 4.00 ◁]
I/Y(연이율) 입력	12 [I/Y]	[I/Y = 12.00 ◁]
FV(미래가) 입력	0 [FV]	[FV = 0.00 ◁]
PMT(연금) 입력	30,000 [PMT]	[PMT = 30,000 ◁]
PV(현가) 계산	[CPT] [PV]	[PV = -91,120.48*]

【결과 비교】

공식과 재무계산기를 이용한 경우에는 보통연금의 현가는 91,120.48원으로 동일하다. 그러나 부표를 이용한 경우 보통연금의 현가는 91,119.00원이다. 이러한 차이는 반올림 오차에서 기인한다.

예제 4.8 연금의 현가 계산(일복리)

커피메니아인 '부경' 양은 사무실 근처 커피전문점에서 한 잔 가격이 5,100원인 라떼를 사 마신다. 그녀가 향후 1년 동안 매일 커피 두 잔씩을 마신다면, 그녀가 1년 간 지불해야 할 커피 값의 현가는 얼마인가? (a) 수식과 (b) 재무계산기를 이용해서 원단위로 각각 계산하라. 연이자율은 3.2%이다.

【해설】

(a) 수식을 이용한 연금의 현가 계산

Given :

$FV = 0,\ PMT = 5,100 \times 2 = 10,200$원, $N = 1$년 $\times 365 = 365$일, $I/Y = 0.032/365$

$\Rightarrow PVA?$

$$PVA = PMT \times (PVIFA_{k\%,\,n})$$

$$= PMT \times \left\{ \frac{1}{k} - \frac{1}{k(1+k)^n} \right\}$$

$$PVA = 10,200 \times \left\{ \frac{1}{\frac{0.032}{365}} - \frac{1}{(\frac{0.032}{365})\left(1+(\frac{0.032}{365})\right)^{365}} \right\}$$

$$= 10,200 \times (359.2063)$$

$$= 3,663,904.30$$

정답 : '부경' 양이 1년 간 지불해야 할 커피 값의 현가는 3,663,904원이다.

(b) 재무계산기를 이용한 연금의 현가 계산

m	N	I/Y	FV	PMT	PV
365	365 일	3.2%	0	10,200원	?

CALCULATOR CLUE

절 차	키 입력	화면표시
워크시트 내용 삭제	2ND [CLR TVM]	[0.00]
일복리 설정	2ND [P/Y] 365 ENTER 2ND [QUIT]	[0.00]
FV(미래가) 입력	0 FV	[FV = 0.00◁]
I/Y(연이율) 입력	3.2 I/Y	[I/Y = 3.20◁]
N(기간) 입력	365 N	[N = 365.00◁]
PMT(연금) 입력	10,200 +/- PMT	[PMT = -10,200.00◁]
PV(현가) 계산	CPT PV	[PV = 3,663,904.29*]

정답 : '부경' 양이 1년 간 지불해야 할 커피 값의 현가는 3,663,904원이다.

[SELF TEST]

아래와 같이 연금의 현가를 계산해도 위와 동일한 결과를 얻게 됨을 보여라.

m	N	I/Y	FV	PMT	PV
1	365일	3.2/365%	0	10,200원	?

예제 4.9 보통연금의 적립금 계산(월복리)

회사원 이소라씨는 5년후 시가 1억5천만원 아파트 구입을 계획하고 있다. 이를 위해, 매월 말 일정금액을 주식형펀드에 납입하고, 저축액 4천만원은 첫번째 월말에 일시불로 펀드에 적립할 예정이다. 펀드의 예상수익률은 연 12%이며, 월복리이다.

(a) 시간선을 그려라.

(b) 부표를 이용해서 월 적립금을 구하라.

(c) 재무계산기를 이용해서 월 적립금을 구하라.

【해설】

(a) 시간선 그리기(단위 : 만원)

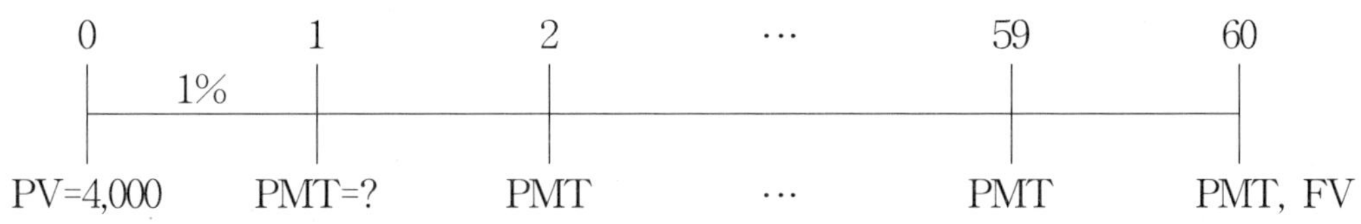

(b) 부표를 이용한 월 적립금 계산

① 미래시점 기준($t=60$)

$$4{,}000\text{만원} \times (FVIF_{1\%,\,60\text{개월}}) + PMT \times (FVIFA_{1\%,\,60\text{개월}}) = 15{,}000\text{만원}$$
$$4{,}000\text{만원} \times (1.8167) + PMT \times (81.670) = 15{,}000\text{만원}$$
$$\therefore PMT = 94.6884$$

정답 : 펀드적립금은 월94.69만원이다.

② 현재시점 기준(t=0)

$$FV \times (PVIF_{1\%,\, 60개월}) - PV = PMT \times (PVIFA_{1\%,\, 60개월})$$

$$15{,}000 \times \left\{\frac{1}{(1.01)^{60}}\right\} - 4{,}000 = PMT \times \left\{\frac{1}{.01} - \frac{1}{.01(1.01)^{60}}\right\}$$

$$8{,}256.7442 - 4{,}000 = PMT \times (44.9550)$$

$$\therefore PMT = 94.6890$$

정답 : 펀드적립금은 월 94.69만원이다.

(c) 재무계산기를 이용한 월 적립금 계산

재무계산기를 이용하여 아래 두 가지 방법으로 월 적립금을 구할 수 있다.

① 복리빈도를 연복리(m=P/Y=1)로 설정하고, 이자율(I/Y)을 월이자율로 입력하는 방법

② 복리빈도를 월복리(m=P/Y=12)로 설정하고, 이자율(I/Y)을 연이자율로 입력하는 방법.

여기에서는 첫 번째 방법을 사용하여, 월적립액을 구해보기로 한다. 관심있는 독자는 두 번째 방법으로 월적립금을 구해보고, 이것이 첫 번째 방법의 결과와 동일함을 확인해 보기 바란다.

① 복리빈도를 연복리(m=P/Y=1)로 설정하고, 이자율(I/Y)을 월이자율로 입력

m	N	I/Y	PV	FV	PMT
1	5*12=60	12%/12=1%	4,000만원	15,000만원	?

CALCULATOR CLUE

절 차	키 입력	화면표시
워크시트 내용 삭제	2ND [CLR TVM]	[0.0000]
m(연복리) 설정	2ND [P/Y] 1 ENTER 2ND [QUIT]	[0.00]
N(기간 수) 입력	60 N	[N = 60.0000◁]
I/Y(연이율) 입력	1 I/Y	[I/Y = 1.0000◁]
PV(현가) 입력	4,000 +/− PV	[PV = −4,000.0000◁]
FV(미래가) 입력	15,000 FV	[FV = 15,000.0000◁]
PMT(연금) 계산	CPT PMT	[PMT = −94.6889*]

정답 : 월펀드적립금은 94.69만원이다.

② 복리빈도를 월복리(m=P/Y=12)로 설정하고, 이자율(I/Y)을 연이자율로 입력

m	N	I/Y	PV	FV	PMT
12	5*12=60	12%/12=1%	4,000만원	15,000만원	?

(2) 선불연금의 현가(Present Value of Annuity Due)

선불연금(annuity due)의 경우, 모든 현금흐름은 보통연금에 비해 한 차례씩 더 복리(compounding)로 계산된다. 식 (3.)을 수정하여 선불연금의 현가를 다음과 같이 구할 수 있다.

$$PVA_n(\text{선불연금}) = [PMT \times (PVIFA_{k\%,\,n})] \times (1+k) \quad \cdots\cdots (4.4)$$

위 식 (4.4)에서, [ ] 부분은 보통연금의 현가이다.

예제 4.10 선불연금의 현가(연복리)

연초에 $1,000씩, 3년 만기 연금저축에 가입할 예정이다. 이자율은 4% 연복리가 적용된다고 한다. 만기 시 연금수령액의 현가를 (a) 복리표와 (b) 재무계산기를 이용해서 각각 계산하라.

(a) 복리표를 이용한 선불연금의 현가 계산

$$\begin{aligned} PVA_n(\text{선불연금}) &= PMT \times (PVIFA_{k\%,\, n}) \times (1+k) \\ &= (\text{보통연금의 현가}) \times (1+k) \\ &= (\$2,775.10) \times (1.04) \\ &= \$2,886.09 \end{aligned}$$

정답 : 선불연금의 현가는 $2,886.09이다.

(b) 재무계산기를 이용한 선불연금의 현가 계산

m	N	I/Y	PV	FV	PMT
1	3	4%	?	0	–$1,000

CALCULATOR CLUE

절 차	키 입력	화면표시
보통연금을 선불연금으로 설정	2ND [BGN]	[END SET]
	2ND [SET]	[BGN SET BGN]
	CE/C	[0.00 BGN]
워크시트 내용 삭제	2ND [CLR TVM]	[0.00 BGN]
연복리 설정	2ND [P/Y] 1 ENTER 2ND [QUIT]	[0.00 BGN]

N(기간 수) 입력	3 [N]	[N = 3.00◁ BGN]
I/Y(연이율) 입력	4 [I/Y]	[I/Y = 4.00◁ BGN]
FV(미래가) 입력	0 [FV]	[FV = 0.00 ◁ BGN]
PMT(연금) 입력	1000 [+/−] [PMT]	[PMT = −1,000.00◁ BGN]
PV(현가) 계산	[CPT] [PV]	[PV = 2,886.09* BGN]

정답 : 선불연금의 현가는 $2,886.09이다.

【확인】

선불연금의 현가 = (보통연금의 현가) × (1+기간 이자율)
= ($2,775.10) (1.04)
= $2,886.09

(3) 영구연금(Perpetuities)

영구연금이란 동일한 현금흐름이 영원히 계속되는 연금을 말한다. 영국정부가 19세기 발행한 **콘솔**(consols)이 영구연금의 좋은 예이다. 영국정부는 1815년 나폴레옹 전쟁 이후, 전비조달을 위해 발행했던 여러 부채를 통합하기 위해 콘솔이란 새로운 채권을 발행하였다. 콘솔은 대표적인 영구연금 상품으로 채권에 대한 **표면이자**(coupon)를 영원히 지급하는 것으로 설계되었다.

표면이자 C 달러를 영원히 지급하는 콘솔의 현재가치, 즉 영구연금의 현가는 아래와 같이 구할 수 있다. 기간 이자율은 k로 가정한다.

$$PV=\frac{C}{1+k}+\frac{C}{(1+k)^2}+\frac{C}{(1+k)^3}+\cdots=\frac{C}{k}$$

$$\therefore PV = \frac{C}{k} \quad \cdots\cdots (4.5)$$

【증명】

PV는 초항 $\frac{C}{1+k}$, 등비 $\frac{1}{1+k}$인 무한등비급수의 합이다. 따라서 무한등비급수의 합을 구하는 공식을 이용해서 영구연금의 현가를 구할 수 있다.

초항 $= \frac{C}{1+k} = a$, 등비 $= \frac{1}{1+k} = x$라고 하면,

$$PV = a \times (1 + x + x^2 \ + \cdots) \quad \cdots\cdots (1)$$

(1)의 양변에 x를 곱하면,

$$(PV) \times (x) = a \times (x + x^2 + x^3 + \cdots) \quad \cdots\cdots (2)$$

(1)에서 (2)를 빼면,

$$PV \times (1 - x) = a \quad \cdots\cdots (3)$$

(3)에 a와 x를 대입하면,

$$PV \times \left(1 - \frac{1}{1+k}\right) = \frac{C}{1+k} \quad \cdots\cdots (4)$$

(4)의 양변에 $(1+k)$을 곱하고 다시 정리하면 다음과 같다.

$PV = \frac{C}{k}$ <증명 끝>

예제 4.11 영구연금의 현가

이자율이 연 8%이고, 연 $90를 지급하는 콘솔이 있다. 영구연금인 이 콘솔의 현재 가치는 얼마인가?

【해설】

식 (4.5)를 이용하면,

$$PV = \frac{C}{k} = \frac{\$90}{.08} = \$1,125.00.$$

정답 : 콘솔의 현재가치는 $1,125.00이다.

2. 연금의 기간과 이자율 계산

예제 4.12 연금의 기간 계산(월복리)

은행으로부터 1억2천만원을 대출받았다. 매월 말 원리금 상환액은 374만원이며, 월 이자율은 1.4%라고 한다. 몇 개월 후에 대출금을 전액 상환할 수 있을까? 정수로 답하라.

【해설】

m	N	I/Y	PV	FV	PMT
1	?	1.4%	12,000만원	0	-374만원

CALCULATOR CLUE

절 차	키 입력	화면표시
워크시트 내용 삭제	2ND [CLR TVM]	[0.00]
연복리 설정	2ND [P/Y] 1 ENTER 2ND [QUIT]	[0.00]
I/Y(이자율) 입력	1.40 I/Y	[I = 1.40◁]
PV(현가) 입력	12,000 PV	[PV = 12,000.00◁]
PMT(연금) 입력	374 +/- PMT	[PMT = -374.00◁]
N(기간) 계산	CPT N	[N = 42.90*]

정답 : 43개월 후에 원리금을 전액 상환할 수 있다.

예제 4.13 연금의 이자율 계산(월복리)

어느 일간지의 최근 기사[4)]에 의하면, "2802만원인 싼타페를 살 경우 선수금의 15%인 420만원을 내고 36개월 할부로 구매할 경우 월할부금은 72만원이라고 한다." 이 경우 할부금의 연이자율은 얼마인가?

【해설】

m	N	I/Y	FV	PMT	PV
12	36개월	?	0	-72만원	(2802-420)만원

재무계산기로부터, [I/Y = 5.5683*].

정답 : 할부금의 연이자율은 5.57%이다.

4) 배정원(2014). "할부보다 40% 싼 月 납입금에 절세까지 … 리스차 이용해 볼까," 「조선일보」 21014년 10월 29일자 D2면.

3. 대출(Loans)[5)]

대출금의 상환방법은 채권자와 채무자의 계약 내용에 따라 결정된다. 화폐의 시간가치 원칙을 잘 응용하면 대출금의 다양한 상환방법을 구할 수 있다. 여기에서는 **이자우선상환대출**(interest-only loans), **분할상환대출**(amortized loans)을 살펴본다.

3.1 이자우선상환대출

이자우선상환대출은 차입자가 매 기간 이자만을 지급하다가, 미래의 어느 시점에서 원금을 전액 상환하는 대출 형태이다. 단일 기간인 경우, 순수할인대출과 이자우선상환대출은 동일한 대출 형태가 된다. 대부분의 회사채는 이자우선상환대출 방식으로 발행된다. 회사채에 관해서는 제3장 '채권의 가치 평가'에서 더 자세히 설명되어 있다.

예제 4.14 이자우선상환대출

홍길동씨는 연 10%금리, 10년 만기, 이자우선상환조건으로 1,000만원을 대출받았다. 홍길동씨가 매년 지급해야 할 이자와 원금의 현가는 얼마인가?

【해설】

홍길동씨는 매년 100만원씩 10년 간 이자를 지불한 후, 10년 후 만기 시에 원금 1,000만원을 상환해야 한다. 다음 장에서 다루게 될 '채권의 현가'를 구하는 방법을 이용하면 더 쉽게 문제를 풀 수 있다. 여기에서는 연금과 일시금의 현가를 구하는 방법으로 문제를 풀어보도록 한다.

연금 = 연간이자 = 100만원 = 1,000만원×10%

기간 = 지불횟수 = 10

---

5) 정무권 · 이준서 공역 (2010). 「ROSS의 핵심 재무관리」, HS MEDIA, pp. 136-141.

이자율 = 10%

원금 = 1,000만원

이자와 원금의 현가 = 연금(이자)의 현가 + 일시불(원금)의 현가

$$PV = \sum_{n=1}^{10} \frac{100\text{만원}}{(1+0.1)^n} + \frac{1,000\text{만원}}{(1+0.1)^{10}}$$

$$= 100\text{만원} \times (PVIFA_{10\%,\,10\text{년}}) + 1,000\text{만원} \times (PVIF_{10\%,\,10\text{년}})$$

$$= 100 \times (6.1446) + 1,000 \times (0.3855)$$

$$= 614.46 + 385.50$$

$$= 999.96$$

정답 : 홍길동씨가 매년 지급해야 할 이자와 원금의 현가는 999.96만원이다.

여기서, $PVIFA_{10\%,\,10\text{년}} = 6.1446$은 부록의 [부표 1] 연금의 현가이자요소의 일부인 아래 표로부터 구한다.

연금의 현가이자요소

$$PVIFA_{k\%,\,n} = \frac{1}{k} - \frac{1}{k(1+k)^n}$$

n \ $k\%$	10%	12%	14%	15%	16%
6	4.3553	4.1114	3.8887	3.7845	3.6847
7	4.8684	4.5638	4.2883	4.1604	4.0386
8	5.3349	4.9676	4.6389	4.4873	4.3436
9	5.7590	5.3282	4.9464	4.7716	4.6065
10	*6.1446*	5.6502	5.2161	5.0188	4.8332

그리고 $PVIF_{10\%,\,10년} = 0.3855$는 부록의 [부표 2] 현가이자요소의 일부인 아래 표로부터 구한다.

현가이자요소

$$PVIF_{k\%,\,n} = \frac{1}{(1+k)^n}$$

n \ $k\%$	6%	7%	8%	9%	10%
6	0.7050	0.6663	0.6302	0.5963	0.5645
7	0.6651	0.6227	0.5835	0.5470	0.5132
8	0.6274	0.5820	0.5403	0.5019	0.4665
9	0.5919	0.5439	0.5002	0.4604	0.4241
10	0.5584	0.5083	0.4632	0.4224	*0.3855*

3.2 분할상환대출(Amortized Loans)

순수할인대출이나 이자우선상환대출을 받았을 경우에는, 원금을 일시에 상환해야 된다. 하지만 대출자가 대출금의 원리금을 대출기간 동안 상환해야 하는 **분할상환대출**에서는 원금을 일시에 상환하지 않는다.

분할상환대출 중 가장 간단한 방법은 차입자가 매기간 이자에 일정 원금을 더해서 상환하는 원리금 균등상환 대출이다. 이 방식은 기업의 중기 자금 대출 시 일반적으로 사용되는 방법이다.

참고로, **분할상환대출**에서, *'amortized'*는 죽음(deaths)을 의미하는 라틴어의 *'mors'*에서 유래된 것이다. 따라서 '**분할상환대출**'(Amortized Loans)은 대출기간 동안 원리금의 상환을 통해, 대출금의 상환의무가 저절로 소멸되는('killed off') 대출방법'으로 정의할 수 있다.

예제 4.15 분할상환대출

금성사는 은행으로부터 1,000만원을 원리금 균등상환 대출 조건으로 대출받았다. 대출기간은 3년이며, 연이자율은 6%이다. 분할상환표(loan amortization schedule)를 작성하라.

【해설】

(a) 원리금 균등상환액(B) 구하기

$$\text{연금의 현가} = \frac{PMT}{(1+k)^1} + \frac{PMT}{(1+k)^2} + \frac{PMT}{(1+k)^3}$$

$$1{,}000\text{만원} = \frac{PMT}{(1.06)^1} + \frac{PMT}{(1.06)^2} + \frac{PMT}{(1.06)^3}$$

$$= PMT\left[\frac{1}{1.06} + \frac{1}{(1.06)^2} + \frac{1}{(1.06)^3}\right]$$

$$= PMT \times (PVIFA_{6\%,\,3\text{년}})$$

$$= PMT \times (2.6730)$$

$$\therefore PMT = 1{,}000\text{만원} / 2.6730 = 374.11\text{만원}.$$

재무계산기를 TVM기능을 이용하면 동일한 결과를 더 쉽고 빠르게 얻을 수 있다. 재무계산기의 계산과정을 요약하면 아래와 같다.

m	N	I/Y	PV	FV	PMT
1	3	6	1,000	0	?= -374.11

(b) 이자상환액 구하기

이자지급액(C) = 기초잔액(A) × 이자율(6%).

예를 들어, 첫 번째 기간의 이자지급액 = 기초잔액 1,000만원 × 6% = 60만원.

(c) 원금상환액 구하기

원금지급액(D) = 상환금(B) - 이자지급액(C).

예를 들어,

첫 번째 기간의 원금지급액 = 상환금 374.11 - 이자지급액 60만원

= 314.11만원이다.

(d) 기말 대출잔액 구하기

기말잔액(E) = 기초잔액(A) - 원금상환액(D).

예를 들어,

첫 번째 기간의 기말잔액 = A - D

= 1,000만원 - 314.11만원

= 685.89만원.

위 (a)에서 (d)까지의 단계를 되풀이하면, 아래와 같은 분할상환표를 구할 수 있다.

분할상환표

기간	기초 대출잔액 A	균등상환액 B	이자상환액 C=Ax6%	원금상환액 D=B−C	기말 대출잔액 E=A−D
1	1,000.00	374.11	60.00	314.11	685.89
2	685.89	374.11	41.15	332.96	352.93
3	352.93	374.11	21.18	352.93	0.00
합계		1,122.33	122.33	1,000.00	

위의 분할상환표는 매년 상환액은 374.11만원으로 동일하지만, 원금의 상환비율은 점차 증가하며 이자의 상환비율은 점차 감소함을 보여준다.

재무계산기의 [AMORT 워크시트] 기능을 통해서, "원리금 균등상환 대출"에서 특정 기간 동안의 대출원금에 대한 대출잔액 및 원금상환액과 이자상환액을 계산할 수 있다.

CALCULATOR CLUE

절 차	키 입력	화면표시
워크시트 내용 삭제	2ND [CLR TVM]	[0.00]
복리빈도 설정(연 1회)	2ND [P/Y] 1 ENTER 2ND [QUIT]	[0.00]
N(기간 수) 입력	3 N	[N = 3.00◁]
I/Y(연이율) 입력	6 I/Y	[I/Y = 6.00◁]
PV(현가) 입력	1,000 PV	[PV = 1,000.00◁]
PMT(연말 상환금액) 계산	CPT PMT	[PMT = -314.11*]
AMORT 워크시트설정	2nd [AMORT]	[P1 = 1.00] 주
AMORT 워크시트 내용 삭제	2nd [CLR WORK]	[P1 = 1.00]
마지막 기간을 1로 설정	1 ENTER ↓	[P1 = 1.00◁] 주
1차년도 대출상환 데이터 확인	1 ENTER	[P2 = 1.00◁] 주
	↓	[BAL = 685.89*] 주
	↓	[PRN = -314.11*] 주
	↓	[INT = -60.00*] 주
첫 번째 기간을 2로 설정	↓ 2 ENTER	[P1 = 2.00◁]
마지막 기간을 2로 설정	↓ 2 ENTER	[P2 = 2.00◁]
2차년도 대출상환 데이터 확인	↓	[BAL = 352.93*]
	↓	[PRN = -332.96*]
	↓	[INT = -41.15*]
첫 번째 기간을 3으로 설정	↓ 3 ENTER	[P1 = 3.00◁]

마지막 기간을 3으로 설정	↓ 3 ENTER	[P2 = 3.00◁]
3차년도 대출상환 데이터 확인	↓	[BAL = 0.00*]
	↓	[PRN = -352.93*]
	↓	[INT = -21.18*]

주 : P1 = 지급범위 내의 첫 번째 지급(The 1st payment in the range)
P2 = 지급범위 내의 두 번째 지급(The 2nd payment in the range)
BAL = 잔고 (BALance)
PRN = 원금 (PRiNcipal)
INT = 이자(INTerest).

예제 4.16 분할상환대출

아시아은행으로부터 $30,000를 대출받았다. 대출기간은 3년이며, 연이자율 16%라고 한다. 그리고 매년 균등 금액을 원리금으로 상환해야 한다고 한다.

(a) 3년간의 분할상환표를 구하라.

(b) 3년째 원금지급액을 구하라.

(c) 3년간 지불해야 하는 이자총액을 구하라.

【해설】

(a) 3년간의 분할상환표

재무계산기로부터 구한 할부상환 데이터를 정리하면 아래와 같은 분할상환표를 작성할 수 있다.

분할상환표

기간	기초 잔액	상환금	이자지급액	원금지급액	기말잔액
1	30,000.00	13,357.74	4,800.00	8,557.74	21,442.26
2	21,442.26	13,357.74	3,430.76	9,926.97	11,515.29
3	11,515.29	13,357.74	1,842.45	11,515.29	0.00
합계		40,073.22	10,073.21	29,999.70	

(b) 3년째 원금지급액은 $11,515.29.

(c) 3년간 지불해야 하는 이자총액은 $10,073.21.

4. 주택연금

주택연금이란 주택을 담보로 금융기관에서 일정 기간 동안 일정 금액을 연금 형태로 지급받는 장기주택저당대출이다. 일명 **역모기지**(reverse mortgage loan)라고도 한다. 특별한 소득원이 없는 고령자가 주택을 담보로 사망할 때까지 자택에 거주하면서 노후 생활자금을 연금형태로 지급받는다. 계약자가 사망하면 금융기관은 주택을 처분하여 그 동안의 대출금과 이자를 상환받는다.

예제 4.17 주택연금(월복리)

최근 은퇴한 A씨는 현재 부산시 수영구 소재 시가 5억원 상당의 아파트에 거주하고 있다. 특별한 소득이 없는 A씨는 은퇴 후 생활비용을 조달하기 위해 아파트를 담보로 3억원의 주택연금을 이용하기로 하였다. A씨가 향후 20년 간 매월 받게 될 연금은 얼마인가? 주택연금에 적용될 연이자율은 6%라고 한다.

【해설】

재무계산기의 TVM기능을 이용하여 아래 (a)와 (b) 방법으로 주택연금을 구할 수 있다. 물론 결과는 동일하다. 여기에서는 (a) 방법 선택 시 재무계산기 사용법을 설명하기로 한다. (b) 방법 선택 시 재무계산기 사용법은 학구파 독자를 위한 숙제로 남겨 둔다.

(a) 복리빈도(m=12), 연이자율(I/Y=6%)

m	N	I/Y	PV	FV	PMT
12	240	6%	−300,000,000	0	?

CALCULATOR CLUE

절 차	키 입력	화면표시
워크시트 내용 삭제	[2ND] [CLR TVM]	[0.00]
m(월복리) 설정	[2ND] [P/Y] 12 [ENTER] [2ND] [QUIT]	[0.00]
N(기간 수) 입력	240 [N]	[N = 240.00◁]
I/Y(연이율) 입력	6 [I/Y]	[I/Y = 6.00◁]
PV(현가) 입력	300,000,000 [+/−] [PV]	[PV = −300,000,000.00◁]
FV(미래가) 입력	0 [FV]	[FV = 0.00◁]
PMT(연금) 계산	[CPT] [PMT]	[PMT = −2,149,293.18*]

정답 : A씨는 향후 20년 간 매월 2,149,293원씩 주택연금을 수령할 수 있다.

(b) 복리빈도(m=1), 월이자율(I/Y=6%/12)

m	N	I/Y	PV	FV	PMT
1	240	6%/12=0.5%	−300,000,000	0	?

읽을거리 4.2 집값 더 떨어지기 전에 … 주택연금 드는 사람들

은퇴자 기홍철(69)씨는 지난해 1월 경기도 구리에 있는 152㎡(46평) 아파트를 주택금융공사에 담보로 맡기고 1년 반째 월 167만원씩 주택연금(역모기지)을 받고 있다. 국민연금(53만원)과 개인연금(22만원)을 합하면 연금으로만 월 242만원이 매달 통장에 들어온다.

주택연금을 받기 전까지만 해도 세금, 아파트 관리비, 경조사 비용에 늘 쪼들렸지만 주택연금에 가입해 집을 내려놓으니 현금 흐름이 눈에 띄게 좋아졌다. 그는 "남는 돈으로 색소폰 레슨을 받기 시작했고, 은행 적금도 들고 있다"고 말했다.

만약 그가 지금 주택연금에 가입한다면 어떻게 달라질까. 1년 반 전에 5억1500만원이었던 아파트 감정가는 5억500만원으로 1000만원 떨어졌다. 게다가 지난해에는 연금액이 연 3.5%씩 주택가격이 오른다는 가정 아래 책정됐지만, 올해 2월부터는 연 3.3% 상승하는 것으로 주택연금 제도 자체가 바뀌었다. 이런 요인 탓에 기씨가 올해 연금을 가입한다면 월 연금액이 162만원으로 줄어든다. 한 달에 5만원 차이지만 평생 지속되는 차이인 만큼 무시하기 힘든 돈이다.

◇ "주택연금 활용하면 집값 하락 위험 피할 수 있다"

집값이 더 떨어진 뒤에 주택연금에 가입할 경우 연금액이 더 줄어들 수 있다. 최근 주택연금 가입자가 급증하는 이유 중 하나이다. 작년 한 해 동안 주택연금 신규 가입자가 2936명이었는데, 올 들어서는 6월까지에만 2379명이 신규 가입했다. 주택연금이 처음 도입된 2007년 7월 이후 올해 6월까지 모두 9665명이 가입해 이달 중 1만 번째 가입자가 나올 것으로 주택금융공사는 보고 있다.

조선닷컴주택금융공사 관계자는 "올 들어 가팔라지기 시작한 집값 하락 추세에 따른 불안 심리가 주택연금 가입자를 늘리는 데 일조했다"고 분석했다. 지난 2월 주택 가격 하락을 반영해 연금액이 줄어드는 방향으로 제도가 바뀐다는 발표가 나오자 한 달 동안 가입자가 710명으로 수직 상승했다. 작년 월평균 가입자(244명)의 3배 정도다.

주택연금 제도가 시행된 뒤 5년 동안 집값 하락을 반영해 연금액을 줄인 경우는 지난 2월 한 번밖에 없었다. 하지만 집값 하락이 가속화되면 연금 액수 조정이 더 잦아질 수도 있다.

최근 감사원이 주택연금의 예상 집값 상승률이 너무 높게 책정돼 있다고 지적한 것은 이런 관측에 무게를 실어준다. 주택연금이 2007년 도입된 뒤 올해 4월까지 전국의 주택가격은 연평균 1.6% 떨어졌는데, 매년 집값이 3.3%씩 오를 것으로 가정해 연금을 지급하는 것은 문제가 있다는 지적이었다. 감사원은 제도가 바뀌지 않는다면 주택연금 누적손실액이 2040년까지 4679억원에 달할 것으로 분석했다. 감사원은 손실이 나면 재정으로 메워야 하는 만큼 리스크 관리를 철저히 하라고 주택금융공사에 주문했다. 하지만 연금 액수가 조정되기 전에 주택연금에 가입한 사람들에 대해서는 기존 계약이 그대로 유지된다.

주택연금 가입자가 급증한 요인은 이 밖에도 몇 가지가 있다. 노후 생활을 자녀에게 의존하지 않겠다는 생각이 확산된 점, 주택 경기 침체로 집이 상속 재산으로서의 매력이 떨어진 점도 주택연금 인기에 한몫했다. 박승창 주택금융공사 주택연금부장은 "부동산 경기 침체로 은퇴자들이 집을 내놓아도 요즘은 잘 팔리지 않는다"며 "주택연금을 이용하면 자기가 살던 집에서 계속 살면서 부동산 하락에 따른 리스크도 피할 수 있다"고 말했다.

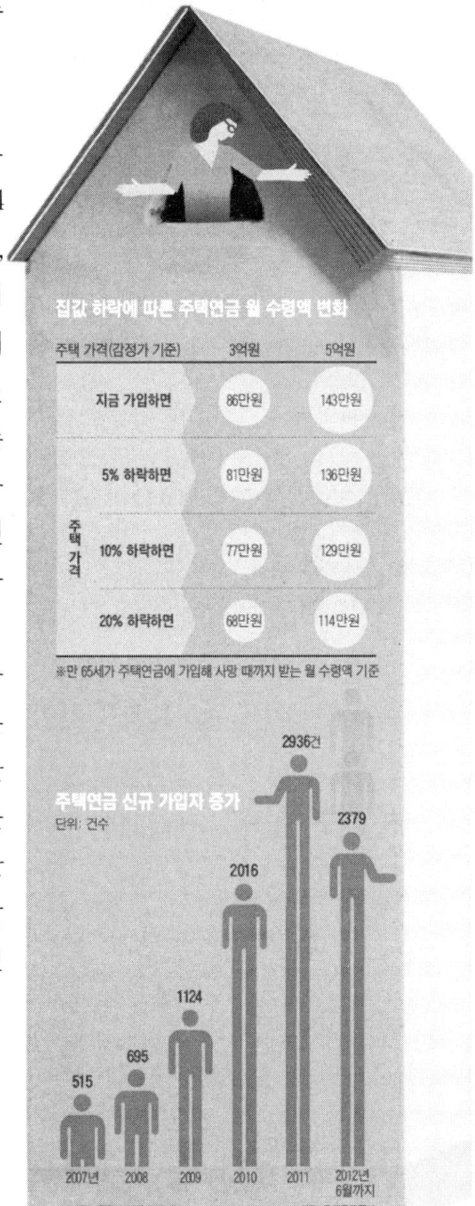

◇ 집값 떨어지면 연금액도 줄어

통계청의 '2011년 가계금융조사'에 따르면 우리나라 전체 가구 자산의 74%가 부동산에 잠겨 있다. 가구주가 50대인 경우 부동산 자산 비율이 76%, 60대 이상인 경우 83%에 달했다. 금융자산의 비중이 낮으면 은퇴 후 현금 흐름이 급격히 나빠질 수밖에 없다. 고여 있는 부동산 자산을 현금 자산으로 바꿀 수 있는 방법 중 하나가 주택연금이다. 살고 있는 주택을 담보로 잡고 주택 소유자와 배우자가 죽을 때까지 연금을 받는 방식이다. 그런데 담보로 맡겨야 하는 부동산 가격이 하락하면 연금액은 그만큼 줄어들 수밖에 없다.

예를 들어 만 65세 은퇴자가 5억원짜리 아파트로 주택연금에 가입하는 경우 월 143만원을 죽을 때까지 받는다. 만약 집값이 5% 떨어지면 연금은 월 136만원으로, 10% 떨어지면 월 129만원으로 연금 수령액이 쪼그라든다.

출처 : 김정훈(2012). "집값 더 떨어지기 전에 … 주택연금 드는 사람들." 「조선경제」 2012년 8월 7일자.

---

5. 국민연금(National Pension)

국민연금제도(National Pension System)는 노령, 장애, 사망 등으로 소득활동을 못하게 될 때 본인이나 그 유가족에게 연금을 지급하여 안정된 생활을 유지할 수 있도록 국가에서 시행하는 장기적인 소득보장제도이다.[6)]

5.1 국민연금 가입대상

국내에 거주하는 18세 이상 60세 미만의 국민은 국민연금 가입대상이 된다. 단, 공무원, 군인, 사립학교 교직원, 별정 우체국직원 등 타공적연금가입자는 가입대상에서 제외된다.

5.2 국민연금 혜택

국민연금에 가입하여 보험료를 납부하면 다음과 같은 혜택을 누릴 수 있다.

6) 국민연금 홈페이지(www.nps.or.kr), 국민연금 콜센터(국번없이 1355).

(1) 노령연금

보험료 납부 기간이 10년 이상이면, 아래의 연령에 도달하는 때부터 평생 노령연금을 받을 수 있다.

노령연금 수령 연령

출생연도	1953~1956	1957~1960	1961~1964	1965~1968	1969년 이후
연금수령 연령	61세	62세	63세	64세	65세

(2) 장애연금

가입 중 발생한 질병이나 부상으로 인해 신체 또는 정신상의 장애가 남은 때, 그 장애가 존속하는 동안 장애연금을 받을 수 있다.

(3) 유족연금

가입 중 사망하거나 노령연금 혹은 장애2급 이상의 장애연금을 받던 중 사망한 경우에는 그 유족이 유족연금을 받을 수 있다.

(4) 반환일시금

보험료납부기간이 10년 미만으로 출생연도별 노령연금을 받을 수 있는 연령에 도달한 경우, 혹은 국외이주 또는 국적상실 등으로 더 이상 국민연금 가입대상이 아닌 경우에는 납부한 연금보험료에 이자를 더한 반환일시금을 받을 수 있다.

(5) 기타 혜택

① 연금액은 매년 물가상승분을 반영해서 인상되므로 그 실질가치가 항상 보전된다.

② 연금 혹은 반환일시금을 받을 권리는 양도, 압류하거나 담보로 제공될 수 없다. 또한 지급된 급여에 대해서 일정한 금액(150만원) 이하의 연금액은 압류할 수 없다(2008년 1월 1일부터 시행 중).

5.3 연금보험료 국고보조지원 제도

(1) 농어업인

연금보험료를 성실히 납부하는 지역(임의계속)가입자인 농어업인(농어업인 확인서 제출 필요)에 대해서는 본인 연금보험료의 50%(2014년 최대 월 38,250원)를 국가에서 지원해 준다.

(2) 영세사업장 근로자

2012년 7월부터 연금보험료를 성실히 납부하는 10인 미만 소규모 사업장에 근무하는 저임금 근로자(2014년 기준 월 평균 135만원 미만)에 대해서는 사용자 및 근로자 부담분 각각의 1/2을 국가에서 지원해 준다. (사용자의 보험료 지원 신청 필요함)

읽을거리 4.3 '강남 3구' 국민연금 임의가입자 '금천·종로·중구'의 6배

부유층이 많이 사는 서울 강남 3구의 국민연금 임의가입자가 서울의 다른 지역보다 최고 6배 많은 것으로 조사됐다.

국민연금공단이 17일 김현숙 새누리당 의원에게 제출한 서울시 구별 임의가입자 현황 자료(지난해 말 기준)를 보면 서울 강남·송파·서초 3개구에서 국민연금 의무가입자가 아닌데도 임의로 가입한 사람은 모두 1만1110명이었다.

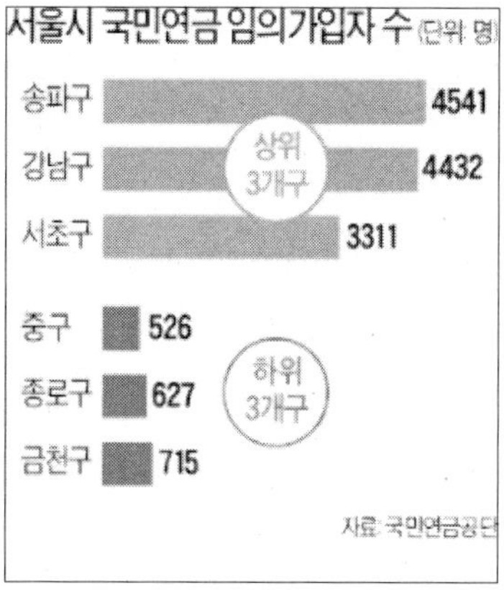

송파구 4105명, 강남구 3869명, 서초구 3136명으로 서울시 25개구 중 나란히 1, 2, 3위를 기록했다. 같은 기간 하위 3개구인 중구(526명) 종로구(627명) 금천구(715명)의 임의가입자를 더한 1868명에 견줘 6배나 많다. 서울시 전체 임의가입자 4만5732명의 24.3%가 강남 3구에 살고 있는 셈이다.

강남 3구의 임의가입자 수가 많은 것은 고소득층 전업주부들이 국민연금을 재테크 수단으로 활용하고 있기 때문이다. 전업주부나 학생 등 소득과 직장이 없는 사람은 국민연금에 의무적으로 가입할 필요가 없지만 임의가입제도를 통해 자의적으로 가입할 수 있다. 현재 국민연금 수익률은 사적연금보다 훨씬 높다.

예컨대 올 1월 국민연금과 퇴직연금에 각각 가입해 25년간 연금보험료를 내고 이후 20년간 연금을 받는다고 가정할 때 3000만원 연봉자의 국민연금 수익률은 7.26%에 달하지만 퇴직연금 수익률은 3.40%밖에 되지 않는다.

출처 : 고은이(2014). "'강남 3구' 국민연금 임의가입자 '금천 · 종로 · 중구'의 6배," 「한국경제」 2014년 10월 18일자 A4면.

예제 4.18 국민연금 : 일시불 및 연금의 현가와 미래가 계산(월복리)

박영희씨는 2014년 9월 27일, 국민연금공단[7]으로부터 국민연금 가입내역안내서를 우편으로 받았다(아래 [그림 4.1] 참조). 안내서 내용을 정리하면 다음과 같다 :

"고객님은 2011년 2월 14일 국민연금에 처음 가입하여 현재 지역가입자이며 매월 납부하는 연금보험료는 89,100원입니다. 연금보험료의 납부총액은 지난 42개월간 누적 3,742,200원입니다. 향후 수령하게 될 예상연금월액은 매월 198,000원입니다. 고객님의 예상연금은 현재 연금보험료로 만 60세까지 총 140개월을 납부하였을 경우를 기준으

7) 국민연금공단 : 홈페이지 www.nps.or.kr, 콜센터 국번없이 1355.

로 계산하였습니다. 연금은 2025년 10월(만 63세)에 신청하여 다음달 25일부터 매월 받게 됩니다.”

연간 평균물가상승율은 3%이며, 박영희씨는 만 83세 생일에 사망하는 것으로 가정한다.

(a) 시간선(time line)을 그려라.
(b) 만 60세가 되는 시점(2022년 10월)에서 연금보험료의 납부총액을 구하라.
(c) 만 63세가 되는 시점(2025년 10월)에서 연금수령액의 예상총액을 구하라.
(d) 만 60세가 되는 시점(2022년 10월)에서 연금수령액의 예상총액을 구하라.
(e) 만 60세가 되는 시점(2022년 10월)에서, 박영희씨는 납부한 것에 비해 몇 배를 돌려받을 수 있는가? 소숫점 두 자리수까지 답하라.
(f) 위 계산에 근거하여, 당신은 가족이나 친지 그리고 친구에게 국민연금 가입을 권유할 것인가?

【해설】

(a) 시간선(time line) 그리기

아래 국민연금가입내역 요약표를 이용해서 시간선을 그릴 수 있다.

국민연금가입내역 요약표

	2011. 2 ~ 2014. 9 (가입) (현재)	2014. 10 ~ 2022. 9 (만60세)	2022. 10~ 2025. 10 (만63세)	2025. 11 ~ 2045. 10 (만 83세)
N	42	98	36	240
PMT	-89,100	-89,100	0	198,000

(b) 만 60세 시점(2022년 10월)에서 연금보험료의 납부총액 계산

① 수식을 이용한 연금의 미래가 계산

Given : $PV=0, PMT=89,100$원, $N=140, I/Y=3\%$ ⇨ FVA_{140}?

$$FVA_n = PMT \times (FVIFA_{k\%,\,n}) \\ = PMT \times \left\{ \frac{(1+k)^n - 1}{k} \right\}$$

$$FVA_{140} = 89,100 \times \left\{ \frac{(1+\frac{0.03}{12})^{140} - 1}{\frac{0.03}{12}} \right\} \\ = 89,100 \times (167.3791) \\ = 14,913,482.25$$

정답 : 만 60세가 되는 시점(2022년 10월)에서 연금보험료의 납부총액은 14,913,482원이다.

② 재무계산기를 이용한 연금의 미래가 계산

m	N	I/Y	PV	PMT	FV
12	140개월	3%	0	89,100원	?

CALCULATOR CLUE

절 차	키 입력	화면표시
워크시트 내용 삭제	[2ND] [CLR TVM]	[0.00]
월복리 설정	[2ND] [P/Y] 12 [ENTER] [2ND] [QUIT]	[0.00]
PV(현가) 입력	0 [PV]	[PV = 0.00◁]
I/Y(연이율) 입력	3 [I/Y]	[I/Y = 3.00◁]
N(기간) 입력	140 [N]	[N = 140.00◁]
PMT(연금) 입력	89,100 [+/−] [PMT]	[PMT = −89,100.00◁]
FV(미래가) 계산	[CPT] [FV]	[FV = 14,913,482.25*]

정답 : 만 60세가 되는 시점(2023년 10월)에서 연금보험료의 납부총액은 14,913,482원이다.

[그림 4.1] 국민연금 가입내역안내서

가입내역안내서

고객님의 현재 가입상태

성 명 (기준일 : 2014.09.27)

고객님은 2011.02.14 국민연금에 처음 가입하여
현재 지역가입자 이며
매월 납부하는 연금보험료는 89,100 원 입니다.

연금보험료 총 납부내역

가입종별	납부 총액(월수)	미납 총액(월수)	비 고
합 계	3,742,200 원(42 개월)	0 원(0 개월)	
사업장가입자	0 원(0 개월)	0 원(0 개월)	
지 역 가 입 자	891,000 원(10 개월)	0 원(0 개월)	
임 의 가 입 자	2,851,200 원(32 개월)	0 원(0 개월)	
임의계속가입자	0 원(0 개월)	0 원(0 개월)	

납부 및 미납 총액에는 보험료 원금만 표시되며, 미납보험료 납부 시 연체금이 부과됩니다.(미납총액(월수)에는 반환일시금의 산정기간에 포함된 미납보험료, 소멸된 미납보험료, 관리종결된 미납보험료를 제외하였으므로 실제 미납금액과 다를 수 있습니다.)
연금보험료 납부의무자는 개인가입자(지역/임의/임의계속)는 본인이고, 사업장가입자는 해당 사업장 사용자입니다.
연금보험료는 기준소득월액의 9%이며 사업장 가입자는 사용자와 근로자가 각각 4.5%씩 부담합니다.

향후 받게 될 예상연금월액

예상연금월액(현재가치 기준)	
매월	198,000 원

고객님의 예상연금은 현재 연금보험료로 만 60세까지 총 140개월 을 납부하였을 때를 기준으로 계산하였습니다.
연금은 2025년 10월 (만 63세) 에 신청하여 다음달 25일부터 매월 받게 됩니다.

- 현재 납부하시는 보험료를 만 60세까지 계속하여 납부할 경우 매월 받게될 연금액으로 향후 계속 가입여부 및 소득 변경에 따라 예상연금액이 달라짐
- 다만, 60세가 되어도 10년(연금을 받을 수 있는 최소 가입기간)을 채울 수 없는 고객님은 임의계속가입 신청을 하여 10년을 납부하는 것으로 가정함
- **현재 소득이 없어 보험료를 납부하지 않는 고객님(납부예외자)은 연금보험료를 현재부터 매월 89,100원씩 납부하는 것으로 가정함**
- 두 곳 이상의 사업장에서 연금보험료를 납부하는 고객님(둘 이상 적용 사업장 가입자)은 각 사업장의 납부 보험료를 합산함
- 향후 연금수령시 경우에 따라 소득세가 부과 될 수 있음

※ 좌측의 예상연금월액은 현재 시점의 금액이므로 실제 연금을 받게 되실 때는 가입기간 동안의 물가상승률을 반영하므로 훨씬 많은 금액이 지급됨

■ 1998년 국민연금법 개정으로 귀하께서 노령연금 등을 받을 수 있는 연령이 만63세(조기노령연금은 58세부터 청구가능)로 상향되었습니다. 다만, 가입기간 10년 미만인 경우 반환일시금은 만60세 도달시 청구할 수 있습니다. 위와 관련 고객님을 위한 맞춤형상담 노후설계서비스를 제공하고 있으니 보다 충실한 상담을 위해서는 가까운 국민연금공단 지사나 콜센터에 문의하시기 바랍니다.

■ 40~50대는 자녀교육비 마련과 은퇴 이후를 준비하는 시기로 각각의 재무목표 달성을 위한 구체적인 계획 수립과 균형적인 실천의지가 요구됩니다.

■ <4050 실천전략>

① 전업주부는 하루빨리 국민연금에 가입하기
② 전문가의 도움을 받아 체계적인 노후 설계를 통해 은퇴 후를 준비하기
③ 자산과 부채규모를 적정하게 조정하기 ④ 수익성과 안정성을 고려한 자금 운용하기

국민연금공단 이사장 [국민연금공단이사장인]

www.nps.or.kr
Call Center : 1355

[SELF TEST]

아래의 경우에도 동일한 결과를 얻을 수 있음을 보여라.

m	N	I/Y	PV	PMT	FV
1	140개월	0.03/12%	0	89,100원	?

(c) 만 63세 시점(2025년 10월)에서 연금수령액의 예상총액 계산

① 수식을 이용한 연금의 현가 계산

Given : $FV=0$, $PMT=198,000$원, $N=20$년$\times 12=240$, $I/Y=3\%$

⇨ $PVA_{\text{만 63세 (2025년 10월)}}$?

$$PVA = PMT \times (PVIFA_{k\%,\, n}) \\ = PMT \times \left\{ \frac{1}{k} - \frac{1}{k(1+k)^n} \right\}$$

$$PVA = 198,000 \times \left\{ \frac{1}{\frac{0.03}{12}} - \frac{1}{(\frac{0.03}{12})\left(1+(\frac{0.03}{12})\right)^{240}} \right\} \\ = 198,000 \times (180.3109) \\ = 35,701,561.05$$

정답 : 만 63세가 되는 시점(2025년 10월)에서 연금수령액의 예상총액은 35,701,561원이다.

② 재무계산기를 이용하여 연금의 현가 계산

m	N	I/Y	FV	PMT	PV
12	240개월	3%	0	198,000원	?

CALCULATOR CLUE

절 차	키 입력	화면표시
워크시트 내용삭제	[2ND] [CLR TVM]	[0.00]
월복리 설정	[2ND] [P/Y] 12 [ENTER] [2ND] [QUIT]	[0.00]
FV(미래가) 입력	0 [FV]	[FV = 0.00◁]
I/Y(연이율) 입력	3 [I/Y]	[I/Y = 3.00◁]
N(기간) 입력	240 [N]	[N = 240.00◁]
PMT(연금) 입력	198,000 [PMT]	[PMT = 198,000.00◁]
PV(현가) 계산	[CPT] [PV]	[PV = -35,701,561.05*]

정답 : 만 63세가 되는 시점(2025년 10월)에서 연금수령액의 예상총액은 35,701,561원이다.

[SELF TEST]

아래의 경우에도 위와 동일한 결과를 얻을 수 있음을 보여라.

m	N	I/Y	FV	PMT	PV
1	240개월	0.03/12%	0	198,000원	?

(d) 만 60세 시점(2022년 10월)에서 연금수령액의 예상총액 계산

① 수식을 이용한 일시불의 현가 계산

Given : $FV = 35,701,561.05$원, $PMT = 0$원, $N = 3$년 $\times 12 = 36$개월, $I/Y = 0.03/12$

⇨ $PV_{\text{만 60세 (2022년 10월)}}$?

$$PV = FV(1+\frac{k}{m})^{-n\times m}$$
$$= 35,701,561.05\ (1+\frac{0.03}{12})^{-3년\times 12}$$
$$= 35,701,561.05\times(0.9140)$$
$$= 32,632,434.84$$

정답 : 만 60세가 되는 시점(2022년 10월)에서 연금수령액의 예상총액은 32,632,435원이다.

② 재무계산기를 이용한 일시불의 현가 계산

m	N	I/Y	FV	PMT	PV
12	36개월	3%	35,701,561.05원	0원	?

CALCULATOR CLUE

절 차	키 입력	화면표시
워크시트 내용 삭제	[2ND] [CLR TVM]	[0.00]
월복리 설정	[2ND] [P/Y] 12 [ENTER] [2ND] [QUIT]	[0.00]
FV(미래가) 입력	35,701,561.05 [FV]	[FV 35,701,561.05◁]
I/Y(연이율) 입력	3 [I/Y]	[I/Y = 3.00◁]
N(기간) 입력	36 [N]	[N = 240.00◁]
PMT(연금) 입력	0 [PMT]	[PMT = 0.00◁]
PV(현가) 계산	[CPT] [PV]	[PV = -32,632,434.84*]

정답 : 만 60세가 되는 시점(2022년 10월)에서 연금수령액의 예상총액은 32,632,435원이다.

[SELF TEST]

다음과 같이 해도 위와 동일한 결과를 얻을 수 있음을 보여라.

m	N	I/Y	FV	PMT	PV
1	36	0.03/12%	35,701,561.05	0원	?

(e) 만 60세가 되는 시점(2022년 10월)에서, 박영희씨는 납부한 것에 비해 몇 배를 돌려받을 수 있는가? 소숫점 두 자리수까지 답하라.

$$\frac{\text{만60세 시점에서 연금수령액의 예상총액}}{\text{만60세 시점에서 연금보험료의 납부총액}}$$

$$= \frac{32,632,434.84}{14,913,482.25}$$

$$= 2.1881.$$

정답 : 만 60세가 되는 시점(2022년 10월)에서, 박영희씨는 납부한 것에 비해 약 2.19배를 돌려받을 수 있다.

(f) 위 계산에 근거하여, 당신은 가족이나 친지 그리고 친구에게 국민연금 가입을 권유할 것인가?

정답 : 물론입니다! 만 60세가 되는 시점(2022년 10월)에서, 박영희씨는 납부한 것에 비해 약 2.19배나 돌려받을 수 있기 때문입니다.

읽을거리 4.4 국민연금 수익률 年4% 세계 꼴찌

작년 16% 올린 노르웨이 국부펀드의 4분의 1
손발 꽁꽁묶인 자산운용 … 채권에만 60% 투자

◇ 수익률 위기 국민연금 (上) / 수익률 꼴찌 추락한 국민연금 ◇

국민의 노후 자금을 책임지는 국민연금이 지난해 주요국 11개 연기금 가운데 절대수익률 평가에서 꼴찌를 기록한 것으로 나타났다. 430조원을 운용하는 국민연금의 수익률 추락은 국민의 노후 생활에 직접적으로 영향을 줄 수밖에 없어 대책 마련이 시급한 것으로 지적된다.

매일경제신문과 공공기관자산운용평가단(단장 조성일 중앙대 교수)이 최근 국민연금과 주요 국가의 연기금을 조사・평가한 결과 국민연금의 지난해 운용수익률은 4.20%로 나타났다. 노르웨이 국부펀드, 미국 캘리포니아 공무원연금 등 11개 주요 글로벌 연기금 가운데 가장 낮았다. 국민연금은 2012년에는 6.99%의 운용수익률을 기록한 바 있다.

노르웨이 국부펀드는 지난해 15.9%로 1위를 차지했고 캘리포니아 공무원연금은 13.2%, 캐나다 온타리오 교직원 연금 10.9% 등의 순으로 국민연금보다 2배 이상 높은 수익률을 기록했다.

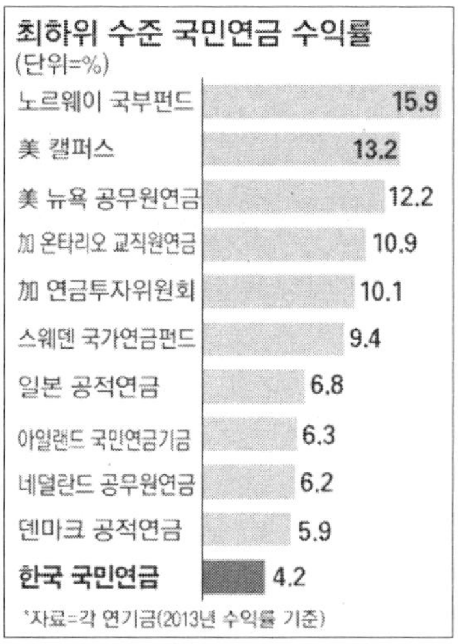

국민연금 수익률이 이처럼 저조한 것은 글로벌 연기금들이 수익률을 0.1%포인트라도 더 끌어올리기 위한 투자 영토 확대 전쟁을 벌이고 있지만 국민연금은 여러 가지 자산운용 제한에 손발이 묶여 채권 위주 투자에서 벗어나지 못하고 있기 때문으로 분석된다. 자산 가운데 60%가 채권에 투자돼 있고, 대체투자는 총자산의 10%에 불과하다. 글로벌 연기금들이 자국 주식을 넘어 해외 주식, 부동산, 헤지펀드, 인프라스트럭처까지 돈이 될 만한 곳은 어디든 뛰어드는 것과 대조적이다.

국민연금 자산운용 제약에는 기금운용본부가 독립적

으로 자산을 운용할 수 없는 지배구조 탓이 가장 크다.

출처 : 기획취재팀(2014). "국민연금 수익률 年4% 세계 꼴찌." 「매일경제」 2014년 9월 11일자 A1면.

6. 장기저축급여

한국교직원공제회(이하 '공제회')[8]는 교육가족을 위해 저축, 대출, 보험, 복지부조금, 복지시설, 생활문화복지서비스 등을 제공하고 있다. 공제회는 장기저축급여, 목돈급여, 퇴직생활급여 등의 저축상품을 운영하고 있다. 아래에서 실제 사례를 통해 장기저축급여를 설명해 보기로 하자.

예제 4.19 장기저축급여 : 연금과 일시불의 미래가 계산(월복리)

A대학에 재직 중인 B교수는 한국교직원공제회의 회원으로서 장기저축급여를 매월 납입하고 있다. 2014년 9월 27일, 한국교직원공제회의 홈페이지에서 직접 확인한 내용은 다음과 같다.

【가입사항】

○ 회원가입 : 1991년 10월
○ 최종납입월 : 2014년 9월
○ 가입기간 : 23년 0개월

8) 한국교직원공제회 : www.ktcu.or.kr, 콜센터 1577-3400.

〈납입내역〉 (단위 : 구좌, 1구좌=600원)

납입 기간	구좌수	1구좌=600원	납입 회수	부담 원금
1991. 10~1999. 8	80	600원	95	48,000원× 95회= 4,560,000원
1999. 9~2007. 12	300	600원	100	180,000원×100회=18,000,000원
2008. 1~2014. 9	700	600원	81	420,000원× 81회=34,020,000원
				합계 56,580,000원

〈급여금사항 회원정보〉

지급구분	퇴직가정
사유기준	2014/09/27
부담원금	56,580,000원
부가금	33,012,120원
급여금	89,592,120원
대여상계	
차감지급계	89,592,120원

(a) 2014년 9월을 기준으로, 1991년 10월부터 1999년 8월까지 납입연금의 현가를 재무계산기를 이용해서 계산하라. 연평균물가상승율은 3%라고 한다.

(b) 2014년 9월을 기준으로, 1999년 9월부터 2007년 12월까지 납입연금의 현가를 재무계산기를 이용해서 구하라. 연평균물가상승율은 3%로 가정한다.

(c) 2014년 9월을 기준으로, 2008년 1월부터 2014년 9월까지 납입연금의 현가를 수식을 이용해서 구하라. 연평균물가상승율을 3%로 가정한다.

(d) 2014년 9월 27일 퇴직을 가정했을 때, 급여금을 구하라. 연평균물가상승율을 3%로 가정한다. [힌트 : 급여금(d)=(a)+(b)+(c)].

(e) (d)에서 구한 급여금과 <급여금사항 회원정보>에서 산정된 급여금을 비교하라.

【해설】

(a) 2014년 9월을 기준으로, 1991년 10월부터 1999년 8월까지 납입연금의 현가를 재무 계산기로 계산

장기저축급여 납입내역 요약

기간	1991. 10.~1999. 8.	1999. 9.~2007. 12.	2008. 1.~2014. 9.
납입회수(N)	95	100	81
월납입금(PMT)	48,000원	180,000원	420,000원
연이자율(I/Y)	3%	3%	3%

2014년 9월을 기준으로, 1991년 10월부터 1999년 8월까지 납입연금의 현가를 재무 계산기로 계산하기 위해서는 아래 두 단계를 거쳐야 한다.

(i) 1991년 10월부터 1999년 8월까지 납입연금의 미래가를 구한다.
(ii) 위 미래가를 1999년 8월 기준 일시불의 현가로 잡고, 2014년 9월 기준 미래가를 구한다.

(i) 1991년 10월부터 1999년 8월까지 납입연금의 미래가를 구해보자. 이것은 1999년 8월 시점에서 보통연금의 미래가를 계산하는 과정이다.

Given : PMT=48,000; N=95; I/Y=3.0; PV=0 ⇨ FVA(연금의 미래가)?

m	N	I/Y	PV	FV	PMT
12	95	3.0%	0	?	-48,000

CALCULATOR CLUE

절 차	키 입력	화면표시
워크시트 내용 삭제	[2ND] [CLR TVM]	[0.00]
월복리 설정	[2ND] [P/Y] 12 [ENTER] [2ND] [QUIT]	[0.00]
N(기간 수) 입력	95 [N]	[N = 3.00◁]
I/Y(연이율) 입력	3 [I/Y]	[I/Y = 4.00◁]
PV(현가) 입력	0 [PV]	[PV = 0.00◁]
PMT(연금) 입력	48000 [+/-] [PMT]	[PMT = -48,000.00◁]
FV(미래가) 계산	[CPT] [FV]	[FV = 5,139,825.00*]

재무계산기로부터 [FV = 5,139,825.00*].

∴ 1999년 8월 시점에서 보통연금의 미래가는 5,139,825원이다.

[SELF TEST]

아래와 같이 수식을 이용해도 재무계산기와 동일한 결과인 5,139,825원을 얻을 수 있음을 보여라.

[Recall] 연금의 미래가 계산

$$FVA_n = PMT \times (1+k)^{n-1} + PMT \times (1+k)^{n-2} + \cdots + PMT \times (1+k)^0$$

$$= PMT \times \{(1+k)^{n-1} + (1+k)^{n-2} + \cdots + (1+k)^0\}$$

$$= PMT \times \sum_{t=1}^{n} (1+k)^{n-t}$$

$$= PMT \times \left\{ \frac{(1+k)^n - 1}{k} \right\}$$

$$= PMT \times (FVIFA_{k\%,n})$$

$$\therefore FVA_n = PMT \times \sum_{t=1}^{n} (1+k)^{n-t}$$

$$= PMT \times \left\{ \frac{(1+k)^n - 1}{k} \right\}$$

$$= 48{,}000 \times \left\{ \frac{(1+0.03/12)^{95} - 1}{0.03/12} \right\}$$

$$= 48{,}000 \times (107.0797)$$

$$= 5{,}139{,}825.004$$

(ii) 위 미래가를 1999년 8월 기준 일시불의 현가로 잡고, 2014년 9월 기준 미래가를 구한다. 위 (i)에서 계산한 보통연금의 미래가가 여기에서는 보통연금의 현가가 된다.

Given : PV=5,139,825.00; PMT=0; N=181; I/Y=3.0 ⇨ FV(일시불의 미래가)?

m	N	I/Y	PV	PMT	FV
12	1 81	3.0%	5,139,825.00	0	?

CALCULATOR CLUE

절 차	키 입력	화면표시
워크시트 내용 삭제	[2ND] [CLR TVM]	[0.00]
월복리 설정	[2ND] [P/Y] 12 [ENTER] [2ND] [QUIT]	[0.00]
N(기간 수) 입력	181 [N]	[N = 181.00◁]
I/Y(연이율) 입력	3 [I/Y]	[I/Y = 4.00◁]

PV(현가) 입력	5,139,825 [PV]	[PV = 5,139,825.00◁]
PMT(연금) 입력	0 [PMT]	[PMT = 0.00◁]
FV(미래가) 계산	[CPT] [FV]	[FV = -8,076,465.58*]

재무계산기로부터 [FV = -8,076,465.58*].

∴ 2014년 9월을 기준으로, 1991년 10월부터 1999년 8월까지 납입연금의 현가는 8,076,465.58원이다.

(b) 2014년 9월을 기준으로, 1999년 9월부터 2007년 12월까지 납입연금의 현가를 재무계산기를 이용해서 구하라. 연평균물가상승율은 3%로 가정한다.

위 (a)에서처럼, 2014년 9월을 기준으로, 1999년 9월부터 2007년 12월까지 납입연금의 현가를 재무계산기로 계산하기 위해서는 아래 두 단계를 거쳐야 한다.

(i) 1999년 9월부터 2007년 12월까지 납입연금의 미래가를 구한다.

Given : PMT=180,000; N=100; I/Y=3.0; PV=0 ⇨ FVA(연금의 미래가)?

m	N	I/Y	PV	FV	PMT
12	100	3.0%	0	?	-180,000

재무계산기로부터 [FV = 20,420,991.99*].

(ii) 위 미래가를 2007년 12월 기준 일시불의 현가로 잡고, 2014년 9월 기준 미래가를 구한다. 위 (i)에서 계산한 보통연금의 미래가가 여기에서는 현가가 됨에 주의한다.

Given : PV=20,420,991.99; PMT=0; N=81; I/Y=3.0 ⇨ FV(일시불의 미래가)?

m	N	I/Y	PV	PMT	FV
12	81	3.0%	20,420,991.99	0	?

재무계산기로부터 [FV = 24,998,371.60*].

∴ 2014년 9월을 기준으로, 1999년 9월부터 2007년 12월까지 납입연금의 현가는 24,998,371.60원이다.

(c) 2014년 9월을 기준으로, 2008년 1월부터 2014년 9월까지 납입연금의 현가를 <u>수식을 이용해서</u> 구하라. 연평균물가상승율을 3%로 가정한다.

$$FVA_n = PMT \times \sum_{t=1}^{n}(1+k)^{n-t}$$

$$= PMT \times \left\{\frac{(1+k)^n - 1}{k}\right\}$$

$$= 420,000 \times \left\{\frac{(1+0.03/12)^{81} - 1}{0.03/12}\right\}$$

$$= 420,000 \times (89.6603)$$

$$= 37,657,317.32$$

∴ 2014년 9월을 기준으로, 2008년 1월부터 2014년 9월까지 납입연금의 현가는 37,657,317원이다.

(d) 2014년 9월 27일 퇴직을 가정했을 때, 급여금을 구하라. 연평균물가상승율을 3%로 가정한다. [힌트 : 급여금(d) = (a) + (b) + (c)].

급여금(d) = (a) + (b) + (c)

= 8,076,465.58원 + 24,998,371.60원 + 37,657,317.32원

= 70,732,154.50원.

∴ 2014년 9월 27일 퇴직을 가정했을 때, 급여금은 70,732,155원이다.

(e) (d)에서 구한 급여금과 <급여금사항 회원정보>에서 산정된 급여금을 비교하라.

2014년 9월 27일 퇴직을 가정했을 때, (d)에서 구한 급여금(연이율 3% 가정)은 70,732,155원이다. 2014년 9월 27일 퇴직을 가정했을 때, <급여금사항 회원정보>에서 산정된 급여금은 89,592,120원이다. 즉, <급여금사항 회원정보>에서 산정된 급여금이 연이율 3%로 계산된 급여금보다 훨씬 크다. 이는 장기저축급여의 연수익률이 3%를 훨씬 상회한다는 것을 의미한다.

예제 4.20 연금과 일시불의 미래가 계산(월복리)

앞 [예제 4.19]에서 <급여금사항 회원정보>에 의하면, 2014년 9월 27일 퇴직을 가정했을 때, A교수가 한국교원공제회로부터 수령할 수 있는 급여금은 89,592,120원이다. 급여금의 연수익률의 근사치를 소수점 한 자리수까지 구하라.

【해설】

2014년 9월 27일 기준, 총납입원금의 현가를 급여금과 가장 가깝게 해 주는 연이율이 급여금 연수익률의 근사치이다. 연이율 대입의 시행착오법에 의해 다음 표를 작성할 수 있다.

총납입원금의 현가 (2014년 9월 27일 기준) (단위 : 원)

연이율	(a)	(b)	(c)	(d)
3.0%	8,076,466	24,998,372	37,657,317	70,732,155
3.5%	8,886,577	26,416,113	38,311,988	73,614,678
4.5%	10,761,616	27,508,005	39,666,004	79,935,625
5.5%	13,036,920	32,977,554	41,082,089	87,096,563
5.6%	13,289,640	33,347,070	41,227,231	87,863,941
5.8%	13,810,017	34,099,054	41,519,483	89,428,554
6.0%	14,350,976	34,868,656	41,814,382	91,034,014

여기서,

(a) 2014년 9월 기준, 1991년 10월부터 1999년 8월까지 납입연금의 현가

(b) 2014년 9월 기준, 1999년 9월부터 2007년 12월까지 납입연금의 현가

(c) 2014년 9월 기준, 2008년 1월부터 2014년 9월까지 납입연금의 현가

(d) 2014년 9월 27일 퇴직가정 총급여금.

정답 : 위 표의 (d)행에서, 급여금 89,592,120원과 가장 가까운 금액은 89,428,554원이다. 따라서 급여금의 연수익률의 근사치는 5.8%이다.

요 약

1. 연금의 미래가와 현가

○ 보통연금의 미래가 : $FVA_n = PMT \times (FVIFA_{k\%,n})$

○ 선불연금의 미래가 : $FVA_n(\text{선불연금}) = PMT \times (FVIFA_{k\%,n}) \times (1+k)$

○ 보통연금의 현가 : $PVA_n = PMT \times (PVIFA_{k\%,n})$

○ 선불연금의 현가 : $PVA_n(\text{선불연금}) = PMT \times (PVIFA_{k\%,n}) \times (1+k)$

2. 연금의 기간과 이자율 계산

○ 연금의 현가와 미래가 공식 및 재무계산기를 이용해서 계산함.

3. 대출 : 이자우선상환대출, 분할상환대출

○ 연금의 현가와 미래가 공식 및 재무계산기를 이용해서 계산함.

4. 주택연금 : 일명 역모기지(reverse mortgage)

5. 국민연금(national pension)

연습문제

[연습문제 4.1]　연금의 미래가 계산(연복리)

연말마다 100만원씩, 5년 간 불입하는 보통연금의 미래가는 얼마인가? 연이율은 6%이다.

[연습문제 4.2]　연금의 현가 계산(연복리)

연말마다 100만원씩 5년 간 불입하는 보통연금의 현가는 얼마인가? 연이율은 6%이다.

[연습문제 4.3]　선불연금의 현가 계산(연복리)

연초마다 100만원씩 5년간 지불되는 선불연금의 현가를 재무계산기를 이용해서 구하라. 연이율은 6%이다.

[연습문제 4.4]　선불연금의 미래가 계산(연복리)

아래와 같이 연초마다 100만원씩, 5년간 지불되는 선불연금의 미래가치를 재무계산기로 구하라. 연이율은 6%이라고 한다.

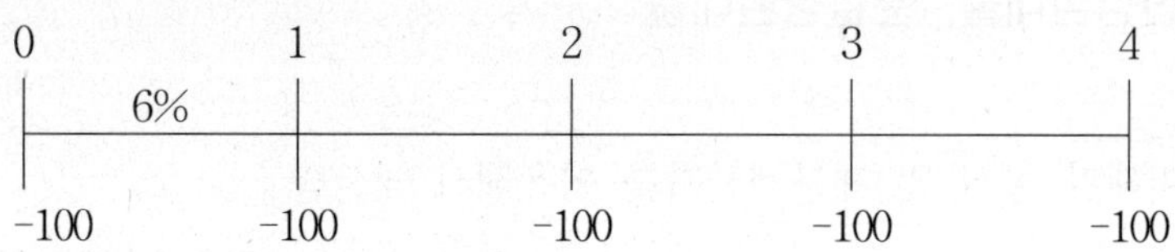

[연습문제 4.5]　연금의 기간 계산(월복리)

은행으로부터 $12,000를 대출받았다. 매월 말 원리금 상환액은 $374.00이며, 월이자율은 1.4%라고 한다. 몇 달 후에 대출금을 전액 상환할 수 있을까?

[연습문제 4.6] 분할상환표 작성(연복리)

대한은행으로부터 연이율 10%, 기간 3년으로 $1,000를 대출받았다. 대출금의 원리금 상환은 연말에 1회씩 총 3회에 걸쳐 이루어진다. 매 연말에 지불해야 할 상환금, 이자, 원금, 그리고 연말 대출금 잔액을 포함한 분할상환표를 구하라.

[연습문제 4.7] 분할상환표 작성(연복리)

은행으로부터 $24,000를 대출받았다. 대출기간은 3년이며 연이자율은 16%이라고 한다. 그리고 매년 일정한 금액을 원리금으로 상환해야 한다고 한다.

(a) 3년간의 분할상환표

(b) 3년째 이자 지급액

(c) 3년간 지불해야 하는 이자 총액을 구하라.

[연습문제 4.8] 영구연금, 일시불, 불규칙 현금흐름 〈CPA 2006 기출〉

다음 세 가지 경품의 현재가치를 할인율 10%를 적용하여 계산하였더니 모두 100원으로 동일하게 나타났다.

경품 1 : 현재부터 W원을 매년 영구히 받는다. 경품 2 : 1년 후에 상금 X원을 받는다. 경품 3 : 1년 후에 상금 Y원, 2년 후에 상금 X원을 받는다.

변수 W, X, Y에 관한 다음 관계식 중 옳지 않은 것은?

① $100 < X + Y$　　② $X > Y$　　③ $W < 10$

④ $Y < 10$　　⑤ $Y > W$

[연습문제 4.9] 연금의 현가 계산 〈CPA 1996 기출〉[9)]

미래 씨는 정년퇴임을 한 후 그 동안 적립해오던 연금을 지급받기 위해 연금공단 연금지급 조건을 문의한 바, 연금공단으로부터 다음과 같은 회신을 받았다.

---

9) 본서에서 인용한 CPA 기출문제는 이영우(2010)의 「객관식 재무관리」와 이영우(2011)의 「고급재무관리연습」(웅진패스원)을 많이 참고하였음.

현재까지 적립된 연금총액 : 1억원
연금지급방법

연간이자율이 10%이고 현금흐름에 따르는 위험은 없다고 가정할 경우, 미래 씨는 어떤 연금지급방법을 선택해야 하는가?

① 현재 일시 전액지급

② 5년도 말에 1억6천만원 지급

③ 매년도 말에 1천만원씩 영구히 지급

④ 매년도 말에 2천만원씩 10년간 지급

⑤ 2년도 말에 5천만원을 지급하고, 그 후 매년도 말에 1천만원씩 영구히 지급

[연습문제 4.10] 연금의 현가 계산(연복리)

향후 5년 간 시장이자율이 6%로 유지될 것으로 예상된다. 매년 10,000원씩 5년 간 수령하는 연금의 현가는 얼마인가?

① 42,124원 ② 11,913원 ③ 31,848원 ④ 26,735원

[연습문제 4.11] 연금의 미래가 계산(연복리)

향후 5년 간 시장이자율이 6%로 유지될 것으로 예상된다. 매년 10,000원씩 5년 만기 적금에 가입했다. 5년 후 수령하게 될 원금과 이자의 합계 금액은 얼마인가?

① 42,123원 ② 11,910원 ③ 31,847원 ④ 56,371원

[연습문제 4.12] 연금의 미래가 계산(일복리)

직장인 '부경' 양은 매일 오전과 오후 두 차례에 걸쳐 사무실 근처 커피전문점에서 에스프레소 커피를 마신다. 그녀가 1년 동안 매일 커피 두 잔씩을 마실 경우, 지불해야 할 커피 값의 1년 후 미래가는 얼마인가? 수식과 재무계산기를 이용하여 원단위로 답하라. 연이자율은 3.2%이며, 커피 한 잔 가격은 5,100원이라고 한다.

[연습문제 4.13] 연금의 미래가 계산(월복리)[10]

조○○ 군은 대학 1학년을 마치고 2014년 3월 육군으로 입대하여 논산훈련소를 거쳐 경기도의 모 부대로 배치받았다. 조 이등병은 자대배치 직후인 2014년 5월부터 월급을 절약해서 매월 5만원씩 적금을 불입하고 있으며, 2015년 12월 전역할 때까지 이를 계속할 예정이다. 연이자율은 3%, 의무복무기간은 21개월이며 월복리가 적용된다고 한다. (a) 수식과 (b) 재무계산기를 이용해서, 조 병장의 만기 전역 시 적금수령액을 원 단위로 각각 계산한 후 그 결과를 비교해보라.

[연습문제 4.14] 연금의 미래가 계산(월복리)

맞벌이 신혼부부가 부모 도움이나 대출 없이 전세 아파트를 마련하려면 2013년 말 현재 서울 시내는 28년, 수도권은 21년 걸리는 것으로 나타났다. 해당 지역의 중간 가격 전세 아파트를 기준으로, 32세 신랑과 29세 신부가 월 425만원씩 벌고 그중 83만원씩 저축할 때 얘기다.

위 신혼부부가 월 425만원 벌어서 세금 보험료 식비 난방비 등 필수 지출을 빼고 월 82만6천원씩 저축할 경우, <u>서울 아파트 중간가격 전셋값</u>인 2억8209만원을 마련하는 데 28.5년이 소요될 것으로 예상된다. 이 때 신랑은 61세, 신부는 58세가 되어 있을 것이다.

한편, 위 신혼부부가 월 425만원 벌어서 세금 보험료 식비 난방비 등 필수 지출을 빼고 월 82만6천원씩 저축할 경우, <u>수도권 아파트 중간 가격 전셋값</u>인 2억863만원을 마련하는 데 21.1년이 걸릴 것으로 예상된다. 이 때 신랑은 53세, 신부는 50세가 될 것이다.[11]

(a) 위 기사에 의하면, "월 82만6천원씩 저축할 경우, <u>서울 아파트 중간가격 전셋값</u>인 2억8209만원을 마련하는 데 28.5년이 소요될 것으로 예상된다"고 한다. 만일 연이율 3%, 월복리로 저축한다면, 소요기간은 몇 년이 단축될까? 소숫점 첫째자리까지 답하라.

---

10) 이 연습문제는 A대학에 근무하는 조○○ 교수님 자제분의 군복무 실화(實話)에 근거하고 있다.

11) 이송원・주희연(2014). "맞벌이 부부, 서울서 전세 아파트 마련 28년 걸려," 「조선일보」 2014년 10월 29일자, A4면.

(b) 위 기사에 의하면,“월 82만6천원씩 저축할 경우, 수도권 아파트 중간 가격 전셋값인 2억863만원을 마련하는 데 21.1년이 걸릴 것으로 예상된다”고 한다. 만일 연이율 3%, 월복리로 저축한다면, 소요기간은 얼마나 단축될까? 소숫점 첫째자리까지 답하라.

[연습문제 4.15] 연금의 미래가 계산(월복리)

매월 1,000원씩 월말에 30년 만기 적금을 불입하고 있다. 연간수익률이 5%라면, 만기 시 불입액의 몇 배를 찾을 수 있을까? 월복리가 적용된다고 한다.

[연습문제 4.16] 일시불 및 연금의 현가와 미래가 계산(월복리)

2014년 9월 27일 현재, 김길수씨의 국민연금가입내역은 다음과 같다 :

“고객님은 2011년 2월 14일 국민연금에 처음 가입하여 현재 지역가입자이며 매월 납부하는 연금보험료는 89,100원입니다. 연금보험료의 납부총액은 지난 42개월간 누적 3,742,200원입니다. 향후 수령하게 될 예상연금월액은 매월 198,000원입니다. 고객님의 예상연금은 현재 연금보험료로 만 60세까지 총 140개월을 납부하였을 경우를 기준으로 계산하였습니다. 연금은 2025년 10월(만 63세)에 신청하여 다음달 25일부터 매월 받게 됩니다.”

연간 평균물가상승율은 3%이며, 김길수씨는 만 85세 생일에 사망하는 것으로 가정한다.

(a) 시간선(time line)을 그려라.
(b) 현재 시점(2014년 9월)에서 연금보험료의 납부총액을 재무계산기를 이용해서 원 단위로 답하라.
(c) 현재 시점(2014년 9월)에서 연금수령액의 예상총액을 재무계산기를 이용해서 원 단위로 답하라.
(d) 현재 시점(2014년 9월) 기준으로, 김길수씨는 납부한 것에 비해 몇 배를 돌려받을 수 있는가? 소숫점 두 자리수까지 답하라.
(e) 위 계산에 근거하여, 당신은 가족이나 친지 그리고 친구에게 국민연금 가입을 권유할 것인가?

[연습문제 4.17] 연금과 일시불의 미래가 계산(월복리)

B대학에 재직 중인 C교수는 한국교직원공제회의 회원으로서 장기저축급여를 매월 납입하고 있다. 2014년 9월 27일, 한국교직원공제회의 홈페이지에서 직접 확인한 내용은 다음과 같다.[12)]

〈가입사항〉

○ 회원가입 : 1991년 10월
○ 최종납입월 : 2014년 9월
○ 가입기간 : 23년 0개월

〈납입내역〉 (단위 : 구좌, 1구좌=600원)

납입 기간	구좌수	1구좌=600원	납입 회수	부담 원금
1991. 10~1999. 8	80	600원	95	48,000원× 95회= 4,560,000원
1999. 9~2007. 12	300	600원	100	180,000원×100회= 18,000,000원
2008. 1~2014. 9	700	600원	81	420,000원× 81회= 34,020,000원
				합계 56,580,000원

〈급여금사항 회원정보〉

지급구분	퇴직가정
사유기준	2014/09/27
부담원금	56,580,000원
부가금	33,012,120원
급여금	89,592,120원
대여상계	
차감지급계	89,592,120원

12) 한국교직원공제회 : www.ktcu.or.kr, 콜센터 1577-3400.

(a) 2014년 9월을 기준으로, 1991년 10월부터 1999년 8월까지 납입연금의 현가를 재무계산기를 이용해서 계산하라. 연평균물가상승율은 4.5%라고 한다.

(b) 2014년 9월을 기준으로, 1999년 9월부터 2007년 12월까지 납입연금의 현가를 재무계산기를 이용해서 구하라. 연평균물가상승율은 4.5%로 가정한다.

(c) 2014년 9월을 기준으로, 2008년 1월부터 2014년 9월까지 납입연금의 현가를 수식을 이용해서 구하라. 연평균물가상승율을 4.5%로 가정한다.

(d) 2014년 9월 27일 퇴직을 가정했을 때, 급여금을 구하라. 연평균물가상승율을 4.5%로 가정한다. [힌트 : 급여금(d) = (a)+(b)+(c)].

(e) (d)에서 구한 급여금과 <급여금사항 회원정보>에서 산정된 급여금을 비교하라.

제5장 채권의 가치평가

<시> **미라보 다리** 기욤 아폴리네르

미라보 다리*

기욤 아폴리네르

미라보 다리 아래로 센강이 흐른다
우리 사랑을
나는 다시 되새겨야만하나
기쁨은 언제나 슬픔 뒤에 왔지
밤은 찾아오고 종소리는 시간을 알리네
그렇게 세월은 흘러가지만 나는 (여전히 다리 아래) 머물러 있네

* 프랑스 시인 기욤 아폴리네르(1880-1918)가 1912년 '파리의 야회'지 2월호에 발표한 시. 5년간 뜨겁게 사랑을 불태웠던 화가 마리 로랑생(1885-1956)과의 결별을 아쉬워하는 시인의 마음을 표현한 것이다. 아폴리네르가 로랑생을 처음 만난 것은 1907년 피카소가 거처하던 몽마르트언덕의 '바토 라부라르'에서였다.

출처 : 정석범(2012). "아폴리네르, 미라보 다리 아래서 옛 사랑을 추억하다." 「한국경제」 2012년 7월 28일자 A22면.

1. 채권의 가치평가(Bond Pricing)[1]

1.1 연복리인 경우 채권의 가치

채권(Bond)은 발행자(issuer)가 소유주(holder)에게 일정 기간 동안 특정 금액의 지불을 약속하는 유가증권이다. 채권은 채무자의 채권자에 대한 채무자의 "I Owe You (IOU)" 증권이다.

채권의 가치평가에 관련된 주요 변수들을 기호로 정리하면 다음과 같다.

I = 표면이자(coupons) = 표면이자율(coupon rate) × 채권의 액면(face value)

M = 채권의 액면(face value)

k_d = 채권의 수익률(yield), 혹은 만기수익률(yield to maturity: YTM)

n = 만기일까지 잔존기간(number of years until the bond matures)

$PVIFA_{k_d,\ n}$ = 연금의 현가이자요소

$PVIF_{k_d,\ n}$ = 일시금의 현가이자요소

채권의 가치는 모든 표면이자(coupons)의 현가와 액면가(face value)의 현가의 합으로 이루어진다. 즉, 채권의 현금흐름은 연금부분(표면이자)과 일시불부분(만기시 지급되는 액면)으로 구성되어 있다. 기호를 이용해서, 채권의 현금흐름을 도식화하면 아래 [그림 5.1]과 같다.

[그림 5.1] 채권의 현금흐름

연도	0 (k_d%)	1	2	3	4	5	6	7	···	n
표면이자		I	I	I	I	I	I	I		I
액면										M
합계		I	I	I	I	I	I	I		$I+M$

---

1) 채권에 대한 유용한 정보를 제공하는 채권관련 사이트는 finance.yahoo.com/bonds이다.

이를 수식화하면, 아래 식 (5.1)과 같다.

$$\text{채권의 가치} = \sum_{t=1}^{n} \frac{\text{표면이자}}{(1+k_d)^t} + \frac{\text{액면}}{(1+k_d)^n}$$

$$V = \sum_{t=1}^{n} I\left(\frac{1}{1+k_d}\right)^t + M\left(\frac{1}{1+k_d}\right)^n \quad \cdots\cdots (5.1)$$

$$= I(PVIFA_{k_d, n}) + M(PVIF_{k_d, n})$$

예제 5.1 채권의 현재가치 계산(연복리, 등채권, par bond)[2)]

2011년 5월, GE사는 표면이자율 15%, 잔존기간 15년, 액면 $1000, 채권수익률 15%로 회사채 GE 등채권(par bond)를 발행하였다. (a) 수식과 (b) 재무계산기를 이용해서, 이 채권의 현가를 계산하라.

【해설】

(a) 수식을 이용한 채권의 현가 계산

채권의 현금흐름

연도	0	1	2	3	4	5	6	7	· · ·	15
	15%									
표면이자		$150	$150	$150	$150	$150	$150	$150	· · ·	$ 150
액면										1,000
합계		$150	$150	$150	$150	$150	$150	$150	· · ·	$1,150

2) 온라인으로 채권가격을 계산할 수 있는 사이트는 personal.fidelity.com이다.

$$\text{채권의 가치} = \sum_{t=1}^{n} \frac{\text{표면이자}}{(1+k_d)^t} + \frac{\text{액면}}{(1+k_d)^n}$$

$$= \sum_{t=1}^{15} (\$150)\left(\frac{1}{1+.15}\right)^t + (\$1,000)\left(\frac{1}{1+.15}\right)^{15}$$

$$= (\$150)(PVIFA_{15\%,15}) + (\$1,000)(PVIF_{15\%,15})$$

$$= (\$150)(5.8474) + (\$1,000)(0.1229)$$

$$= \$877.11 + \$122.90$$

$$= \$1,000.00$$

$\therefore$ 채권의 가치 $= \$1,000.00$

여기서, 연금의 현가이자요소인 $PVIFA_{15\%,15} = 5.8474$와 일시불의 현가이자요소인 $PVIF_{15\%,15} = 0.1229$는 아래 표 '연금의 현가이자요소'와 '일시불의 현가이자요소'를 이용해서 구한다.

연금의 현가이자요소

$$PVIFA_{k\%,n} = \sum_{t=1}^{n} \frac{1}{(1+k)^t} = \frac{1}{k} - \frac{1}{k(1+k)^n}$$

n \ $k\%$	10%	12%	14%	15%	16%
11	6.4951	5.9377	5.4527	5.2337	5.0286
12	6.8137	6.1944	5.6603	5.4206	5.1971
13	7.1034	6.4235	5.8424	5.5831	5.3423
14	7.3667	6.6282	6.0021	5.7245	5.4675
15	7.6061	6.8109	6.1422	*5.8474*	5.5755

현가이자요소

$$PVIF_{k\%,n} = \frac{1}{(1+k)^n}$$

n \ $k\%$	10%	14%	15%	16%	18%
11	0.3505	0.2366	0.2149	0.1954	0.1619
12	0.3186	0.2076	0.1869	0.1685	0.1372
13	0.2897	0.1821	0.1625	0.1452	0.1163
14	0.2633	0.1597	0.1413	0.1252	0.0985
15	0.2394	0.1401	*0.1229*	0.1079	0.0835

(b) 재무계산기를 이용한 채권의 현가 계산

m	N	I/Y	PV	FV	PMT
1	15	15%	?	$1,000	$150

CALCULATOR CLUE

절 차	키 누르기	화면표시
워크시트 내용 삭제	[2ND] [CLR TVM]	[0.00]
m(복리빈도) 설정	[2ND] [P/Y] 1 [ENTER] [2ND] [QUIT]	[0.00]
N(기간 수) 입력	15 [N]	[N = 15.00◁]
I/Y(채권수익률) 입력	15.00 [I/Y]	[I/Y = 15.00◁]
FV(채권액면) 입력	1,000 [FV]	[FV = 1000.00◁]
PMT(표면이자) 입력	150 [PMT]	[PMT = 150.00◁]
PV(채권가격) 계산	[CPT] [PV]	[PV = -1,000.00*]

수식과 재무계산기를 이용해서 구한 GE사 채권의 현가는 $1,000로, 이는 채권의 액면과 동일하다. 그 이유는 채권수익률과 표면이자율이 15%로 동일하기 때문이다. 이처럼, 액면가에 거래되는 채권을 **등채권(par bond)**이라고 한다.

예제 5.2 채권의 현재가치(연복리, 할증채권, premium bond)

위 [예제 5.1]에서, GE사의 등채권(par bond) 발행 후 1년이 경과하였다. 지난 1년 동안 경제사정이 악화되어, 채권수익률이 15%에서 10%로 하락하였다. 하지만 GE사는 위 [예제 5.1]에서와 동일 조건으로 GE 할증채(premium bond)를 발행하기로 결정하였다. 즉, 표면이자율 15%, 잔존기간 15년, 액면 $1,000은 동일하다. (a)수식과 (b) 재무계산기를 이용해서 GE 할증채의 현가를 계산하라.

【해설】

(a) 부표를 이용한 할증채의 현가 계산

$$
\begin{aligned}
\text{채권가치} &= \sum_{t=1}^{14} (\$150)\left(\frac{1}{1+.10}\right)^{t} + (\$1,000)\left(\frac{1}{1+.10}\right)^{14} \\
&= (\$150)\,(PVIFA_{10\%,\,14}) + (\$1,000)(PVIF_{10\%,\,14}) \\
&= (\$150)\,(7.3667) + (\$1,000)(0.2633) \\
&= \$1,105.01 + \$263.30 \\
&= \$1,368.31
\end{aligned}
$$

여기서, $PVIFA_{10\%,\,14} = 7.3667$와 $PVIF_{10\%,14} = 0.2633$는 부록의 [부표 2] 연금의 현가이자요소와 [부표 1] 현가이자요소의 일부인 아래 표들로부터 각각 구한다.

현가이자요소

$$PVIF_{k\%,\,n} = \frac{1}{(1+k)^n}$$

n \ $k\%$	6%	7%	8%	9%	10%
11	0.5268	0.4751	0.4289	0.3875	0.3505
12	0.4970	0.4440	0.3971	0.3555	0.3186
13	0.4688	0.4150	0.3677	0.3262	0.2897
14	0.4423	0.3878	0.3405	0.2992	*0.2633*
15	0.4173	0.3624	0.3152	0.2745	0.2394

연금의 현가이자요소

$$PVIFA_{k\%,\,n} = \sum_{t=1}^{n} \frac{1}{(1+k)^t} = \frac{1}{k} - \frac{1}{k(1+k)^n}$$

n \ $k\%$	10%	12%	14%	15%
11	6.4951	5.9377	5.4527	5.2337
12	6.8137	6.1944	5.6603	5.4206
13	7.1034	6.4235	5.8424	5.5831
14	*7.3667*	6.6282	6.0021	5.7245
15	7.6061	6.8109	6.1422	5.8474

(b) 재무계산기를 이용한 할증채의 현가 계산

m	N	I/Y	PV	FV	PMT
1	14	10%	?	\$1,000	\$150

CALCULATOR CLUE

절 차	키 누르기	화면표시
워크시트 내용 삭제	[2ND] [CLR TVM]	[0.00]
연복리 설정	[2ND] [P/Y] 1 [ENTER] [2ND] [QUIT]	[0.00]
N(기간 수) 입력	14 [N]	[N = 14.00◁]
I/Y(채권수익률) 입력	10.00 [I/Y]	[I/Y = 10.00◁]
FV(채권액면) 입력	1,000 [FV]	[FV = 1000.00◁]
PMT(표면이자) 입력	150 [PMT]	[PMT = 150.00◁]
PV(채권가격) 계산	[CPT] [PV]	[PV = -1,368.33*]주

주) 수식으로 구한 GE premium bond의 현가는 $1,368.31이고, 재무계산기를 이용해서 구한 현가는 $1,368.33으로, 두 계산 결과 간에는 약간의 반올림 오차가 존재한다.

GE사 할증채권의 현가는 $1,368.33로, 이는 채권의 액면 $1,000보다 크다. 그 이유는 채권수익률 10%가 표면이자율 15%보다 작기 때문이다. 이처럼, 액면보다 비싸게 팔리는 채권을 할증채권(premium bond)이라고 한다.

예제 5.3 채권의 현재가치(반년복리, 할증채권, premium bond)

위 [예제 5.2]에서, GE사의 연복리 할증채권 발행 후 1년이 경과하였다. 지난 1년 동안 경제사정이 악화되어, 채권수익률이 15%에서 10%로 하락하였다. GE사는 위 [예제 5.2]에서와 동일 조건으로 GE 할증채를 발행하였지만 복리빈도만은 연복리에서 반년복리로 변경하였다. 즉, 반년복리, 표면이자율 15%, 잔존기간 15년, 액면 $1,000이다. 재무계산기를 이용해서 GE 할증채의 현가를 계산하라.

【해설】

(a) 재무계산기를 이용한 할증채의 현가 계산(반년복리)

m	N	I/Y	PV	FV	PMT
1	28	5%	?	$1,000	$75

CALCULATOR CLUE

절 차	키 누르기	화면표시
워크시트 내용 삭제	[2ND] [CLR TVM]	[0.00]
연복리 설정	[2ND] [P/Y] 1 [ENTER] [2ND] [QUIT]	[0.00]
N(기간 수) 입력	28 [N]	[N = 28.00◁]
I/Y(채권수익률) 입력	5 [I/Y]	[I/Y = 5.00◁]
FV(채권액면) 입력	1,000 [FV]	[FV = 1000.00◁]
PMT(표면이자) 입력	75 [PMT]	[PMT = 75.00◁]
PV(채권가격) 계산	[CPT] [PV]	[PV = -1,372.45*]

[SELF TEST]

(b) 재무계산기를 이용한 할증채의 현가 계산(반년복리)

m	N	I/Y	PV	FV	PMT
2	28	10%	?	$1,000	$75

(b) 방법으로 계산해도 결과는 (a)와 동일함을 보여라.

예제 5.4 채권의 현재가치(분기별복리, 할증채권, premium bond)

위 [예제 5.1]에서, GE사의 등채권(par bond) 발행 후 1년이 경과하였다. 지난 1년 동안 경제사정이 악화되어, 채권수익률이 15%에서 10%로 하락하였다. GE사는 위 [예제 5.1]에서와 동일 조건으로 GE 할증채를 발행하였지만 복리빈도만은 연복리에서 분기별복리로 변경하였다. 즉, 분기별복리, 표면이자율 15%, 잔존기간 15년, 액면가격 $1,000이다.

(a) 재무계산기를 이용해서 GE 할증채의 현가를 계산하라.

(b) 복리빈도(연복리, 반년복리, 분기별복리) 변화에 따른 채권가격을 비교하라.

【해설】

(a) 재무계산기를 이용한 할증채의 현가 계산(분기별복리)

m	N	I/Y	PV	FV	PMT
1	56	2.5%	?	$1,000	$37.5

CALCULATOR CLUE

절 차	키 누르기	화면표시
워크시트 내용 삭제	[2ND] [CLR TVM]	[0.00]
연복리 설정	[2ND] [P/Y] 1 [ENTER] [2ND] [QUIT]	[0.00]
N(기간 수) 입력	56 [N]	[N = 56.00◁]
I/Y(채권수익률) 입력	2.5 [I/Y]	[I/Y = 2.50◁]
FV(채권액면) 입력	1,000 [FV]	[FV = 1000.00◁]
PMT(표면이자) 입력	37.5 [PMT]	[PMT = 37.50◁]
PV(채권가격) 계산	[CPT] [PV]	[PV = -1,374.56*]

(b) 복리빈도(연복리, 반년복리, 분기별복리) 변화에 따른 채권가격 비교

복리빈도 변화에 따른 채권가격은 각각 $1,368.33(연복리), $1,372.45(반년복리), $1,374.56(분기별복리)이다. 이를 통해 복리빈도를 증가시키면, 채권가격도 증가함을 알 수 있다.

예제 5.5 채권의 현재가치(연복리, 할인채권, discount bond)

위 [예제 5.1]에서, GE사의 par bond 발행 후 1년이 경과하였다. 지난 1년 동안 경제사정이 호전되어, 채권수익률이 15%에서 20%로 상승하였다. 하지만 GE사는 위 [예제 5.1]에서와 동일 조건으로 GE 할인채(discount bond)를 발행하기로 결정하였다. 즉, 표면이자율 15%, 잔존기간 15년, 액면 $1,000은 동일하다. 이 할인채권의 현가를 (a) 복리표와 (b) 재무계산기를 이용해서 각각 계산하라.

【해설】

(a) 복리표를 이용한 할인채권의 현가 계산

$$\text{채권의 현가} = \sum_{t=1}^{14} (\$150)\left(\frac{1}{1+.20}\right)^t + (\$1,000)\left(\frac{1}{1+.20}\right)^{14}$$

$$= (\$150)\,(PVIFA_{20\%,\,14\text{년}}) + (\$1,000)(PVIF_{20\%,\,14\text{년}})$$

$$= (\$150)\,(4.6106) + (\$1,000)(0.0779)$$

$$= \$691.59 + \$77.90$$

$$= \$769.49.$$

여기서, $PVIFA_{20\%,14} = 4.6106$ 는 부록의 [부표 2] 연금의 현가이자요소의 일부인 아래 표에서 구할 수 있다.

연금의 현가이자요소

$$PVIFA_{k\%,n} = \sum_{t=1}^{n} \frac{1}{(1+k)^t} = \frac{1}{k} - \frac{1}{k(1+k)^n}$$

n \ $k\%$	15%	16%	18%	20%	24%
11	5.2337	5.0286	4.6560	4.3271	3.7757
12	5.4206	5.1971	4.7932	4.4392	3.8514
13	5.5831	5.3423	4.9095	4.5327	3.9124
14	5.7245	5.4675	5.0081	*4.6106*	3.9616
15	5.8474	5.5755	5.0916	4.6755	4.0013

그리고 $PVIF_{20\%,14} = 0.0779$ 는 부록의 [부표 1] 현가이자요소의 일부인 아래 표에서 구할 수 있다.

현가이자요소

$$PVIF_{k\%,n} = \frac{1}{(1+k)^n}$$

n \ $k\%$	16%	18%	20%	24%	28%
11	0.1954	0.1619	0.1346	0.0938	0.0662
12	0.1685	0.1372	0.1122	0.0757	0.0517
13	0.1452	0.1163	0.0935	0.0610	0.0404
14	0.1252	0.0985	*0.0779*	0.0492	0.0316
15	0.1079	0.0835	0.0649	0.0397	0.0247

(b) 재무계산기를 이용한 할인채권의 현가 계산

m	N	I/Y	PV	FV	PMT
1	14	20%	?	\$1,000	\$150

CALCULATOR CLUE

절 차	키 누르기	화면표시
워크시트 내용 삭제	2ND [CLR TVM]	[0.00]
m(복리빈도) 설정	2ND [P/Y] 1 ENTER 2ND [QUIT]	[0.00]
N(기간 수) 입력	14 N	[N = 14.00◁]
I/Y(채권수익률) 입력	20.00 I/Y	[I/Y = 2.00◁]
FV(채권액면) 입력	1,000 FV	[FV = 1,000.00◁]
PMT(표면이자) 입력	150 PMT	[PMT = 150.00◁]
PV(채권가격) 계산	CPT PV	[PV = -769.47*] 주

주) 복리표를 이용해서 계산한 GE discount bond의 현가는 $769.49이고, 재무계산기를 이용해서 구한 현가는 $769.47로, 두 계산 결과 간에는 약간의 반올림 오차가 존재한다.

[그림 5.2] 시간의 흐름에 따른 등채권 할증채권 할인채권의 가격변화

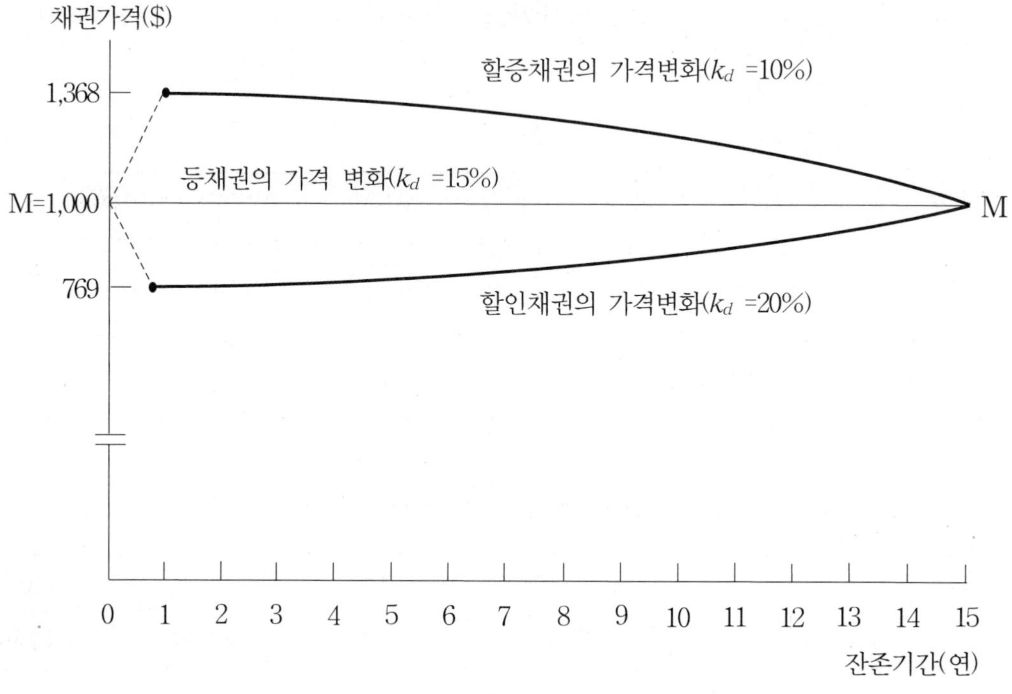

GE discount bond의 현가는 $769.47로, 이는 채권의 액면 $1,000보다 작다. 그 이유는 채권수익률(20%)이 표면이자율(15%)보다 높기 때문이다. 이처럼, 액면가보다 낮은 가격에 팔리는 채권을 **할인채권**(discount bond)이라고 한다.

[그림 5.2]는 시간의 흐름에 따른 등채권 할증채권 할인채권의 가격변화를 보여주고 있다. 등채권의 수익률은 15%로 불변이며, 할증채권의 수익률은 10%로 하락해서 그 수준에서 유지되며, 할인채권의 수익률은 20%로 상승해서 그 수준에서 유지된다고 가정한다.

[그림 5.2]는 다음과 같은 다섯 가지의 중요한 의미를 지닌다.

첫째, 채권수익률(k_d)가 표면이자율과 같아지면, 채권은 액면가에 팔린다. 일반적으로 채권의 발행 시, 표면이자율이 시장수익률로 설정되기 때문에 채권은 액면가에 판매된다.

둘째, 이자율은 시간의 흐름에 따라 변하지만 표면이자율은 채권발행 후 변하지 않는다. 시장이자율이 표면이자율보다 높을 경우, 채권은 액면가보다 낮은 가격에 거래된다. 이러한 채권을 할인채권이라고 한다.

셋째, 시장이자율이 표면이자율보다 낮을 경우, 채권은 액면가보다 높은 가격에 거래된다. 이러한 채권을 할증채권이라고 한다.

넷째, 따라서 시장이자율이 상승하면 채권가격은 하락한다. 반면, 시장이자율이 하락하면 채권가격은 상승한다.

다섯째, 회사채를 발행한 기업의 재무상태가 건전하다면, 채권의 시장가격은 만기일에 접근할수록 액면가에 수렴하는 경향이 있다.

1.2 반년 복리인 경우 채권의 가치

연복리인 경우, 채권의 가치는 아래 수식 (5.1)과 같다.

$$V = \sum_{t=1}^{n} I\left(\frac{1}{1+k_d}\right)^t + M\left(\frac{1}{1+k_d}\right)^n \quad \cdots\cdots (5.1)$$

$$= I(PVIFA_{k_d, n}) + M(PVIF_{k_d, n})$$

일부 채권은 표면이자를 일 년에 한 번 지불하지만, 대부분의 채권은 일년에 두 번 표면이자를 지불한다. 반년 복리인 경우의 채권가격을 계산하기 위해서는 위 식 (5.1)을 다음과 같이 수정해야 한다.

첫째, 연간표면이자율을 2로 나누어, 반년 복리 표면이자율을 구한다.

둘째, 만기일까지의 잔존기간(n)을 2로 곱해서, 반년 복리기간수를 구한다.

셋째, 채권수익률(k_d)을 2로 나누어 반년 복리 채권수익률을 구한다.

이러한 수정과정을 거쳐, 반년 복리 채권가격을 구할 수 있는 식 (5.2)가 도출된다.

$$V = \sum_{t=1}^{2n} \frac{I}{2}\left(\frac{1}{1+\frac{k_d}{2}}\right)^t + M\left(\frac{1}{1+\frac{k_d}{2}}\right)^{2n} \quad \cdots\cdots (5.2)$$

$$= \frac{I}{2}\,(PVIFA_{k_d/2,\,2n}) + M\,(PVIF_{k_d/2,\,2n})$$

예제 5.6 채권가격 계산(반년 복리)

GE사는 표면이자율 15%, 잔존기간 15년, 액면 $1,000, 채권수익률 10%로 회사채를 발행하였다. 표면이자는 반년 마다 지급된다고 한다. (a) 복리표와 (b) 재무계산기를 이용해서, 이 채권의 현가를 구하라.

【해설】

(a) 복리표를 이용한 채권의 현가 계산

$$= \$75(PVIFA_{5\%,\,30\text{기간}}) + \$1,000(PVIF_{5\%,\,30\text{기간}})$$
$$= \$75(15.3725) + \$1,000(0.2314)$$
$$= \$1,152.94 + \$231.40$$
$$= \$1,384.34.$$

$\therefore$ 채권의 가격 = $1,384.34

여기서, 연금의 현가이자요소인 $PVIFA_{5\%, 30기간}$ = 15.3725와 일시불의 현가이자요소인 $PVIF_{5\%, 30기간}$ = 0.2314은 아래 표를 이용하여 구한다.

연금의 현가이자요소

$$PVIFA_{k\%, n} = \sum_{t=1}^{n} \frac{1}{(1+k)^t} = \frac{1}{k} - \frac{1}{k(1+k)^n}$$

n \ k%	1%	2%	3%	4%	5%
26	22.7952	20.1210	17.8768	15.9828	14.3752
27	23.5596	20.7069	18.3270	16.3296	14.6430
28	24.3164	21.2813	18.7641	16.6631	14.8981
29	25.0658	21.8444	19.1885	16.9837	15.1411
30	25.8077	22.3965	19.6004	17.2920	*15.3725*

현가이자요소

$$PVIF_{k\%, n} = \frac{1}{(1+k)^n}$$

n \ k%	1%	2%	3%	4%	5%
26	0.7720	0.5976	0.4637	0.3607	0.2812
27	0.7644	0.5859	0.4502	0.3468	0.2678
28	0.7568	0.5744	0.4371	0.3335	0.2551
29	0.7493	0.5631	0.4243	0.3207	0.2429
30	0.7419	0.5521	0.4120	0.3083	*0.2314*

(b) 재무계산기를 이용한 채권의 현가 계산

m	N	I/Y	PV	FV	PMT
1	15*2=30	10%/2=5%	?	$1,000	$150/2=$75

CALCULATOR CLUE

절 차	키 입력	화면표시
워크시트 내용 삭제	2ND [CLR TVM]	[0.00]
m(복리빈도) 설정	2ND [P/Y] 1 ENTER 2ND [QUIT]	[0.00]
N(기간 수) 입력	30 N	[N 30.00◁]
I/Y(채권수익률) 입력	5 I/Y	[I/Y = 5.00◁]
FV(채권액면) 입력	1,000 FV	[FV = 1000.00◁]
PMT(표면이자) 입력	75 PMT	[PMT = 75.00◁]
PV(채권가격) 계산	CPT PV	[PV = -1,384.31*]

주 1) 수식 혹은 재무계산기를 이용한 경우, 채권가격 간에는 약간의 반올림 오차가 존재한다.
주 2) PMT = $150/2 = $75
I/Y = 10%/2 = 5%
N = 15년(채권의 잔존기간) x 2 = 30.

예제 5.7 채권가격 계산(연복리)

(주)부경은 쿠폰율과 가격 이외에는 모든 점이 동일한 두 종류의 채권 발행을 검토하고 있다. 두 채권의 만기는 15년이다. 첫 번째 채권은 쿠폰율이 10%로 965.38달러에 거래된다. 두 번째 채권의 쿠폰율은 12%이다. 두 번째 채권의 가격을 구하라. 채권의 액면가격은 1,000달러이며, 연복리를 가정한다.

【해설】

(a) 첫 번째 채권의 수익률 계산(연복리 가정)

m	N	FV	PV	PMT	I/Y
1	15	1,000	-965.38	100	?

CALCULATOR CLUE

절 차	키 누르기	화면표시
워크시트 내용 삭제	2ND [CLR TVM]	[0.00]
연복리 설정	2ND [P/Y] 1 ENTER 2ND [QUIT]	[0.00]
N(기간 수) 입력	15 N	[N = 15.00◁]
PV(현가) 입력	965.38 +/- PV	[PV = -965.38◁]
FV(채권액면) 입력	1,000 FV	[FV = 1000.00◁]
PMT(표면이자) 입력	100 PMT	[PMT = 100.00◁]
I/Y(채권수익률) 계산	CPT I/Y	[I/Y = 10.47*]

재무계산기로부터 [I/Y = 10.47*].

(b) 두 번째 채권의 가격 계산(연복리 가정)

m	N	I/Y	FV	PMT	PV
1	15	10.47	1,000	120	?

CALCULATOR CLUE

절 차	키 누르기	화면표시
워크시트 내용 삭제	2ND [CLR TVM]	[0.00]
연복리 설정	2ND [P/Y] 1 ENTER 2ND [QUIT]	[0.00]
N(기간 수) 입력	15 N	[N = 15.00◁]
I/Y(채권수익률) 입력	10.47 I/Y	[I/Y = 10.47◁]
FV(채권액면) 입력	1,000 FV	[FV = 1000.00◁]
PMT(표면이자) 입력	120 PMT	[PMT = 120.00◁]
PV(채권가격) 계산	CPT PV	[PV = -1,113.32*]

재무계산기로부터 [PV = -1,113.32*].

정답 : 두 번째 채권의 가격은 1,133.32달러이다.

1.3 반년 복리인 경우 무이표채권의 가치

채권은 일반적으로 투자자들이 액면가로 채권을 구매할 수 있을 정도 수준의 표면이자율로 발행된다. 그러나 때로는 표면이자를 전혀 지급하지 않는 **무이표채권**(zero-coupon bond)이 발행되기도 한다. 이 경우, 투자자는 만기에 액면가를 지급받게 되지만 만기까지 별도의 이자지급은 없다. 이 채권의 표면이자율은 0이다. 이런 채권은 액면가보다 훨씬 낮은 가격으로 발행되면, 투자자의 수익은 전부 발행가과 만기에 지급될 액면가의 차이에서 얻어진다.[3]

반년 복리 무이표채권에서 표면이자 = $I = 0$이므로,

$$V = \sum_{t=1}^{2n} \frac{I}{2}\left(\frac{1}{1+\frac{k_d}{2}}\right)^t + M\left(\frac{1}{1+\frac{k_d}{2}}\right)^{2n}$$

$$= 0 + M\left(\frac{1}{1+\frac{k_d}{2}}\right)^{2n}$$

$$= M\,(PVIF_{k_d/2,\,2n})$$

$$\therefore V = M\,(PVIF_{k_d/2,\,2n}) \quad \cdots\cdots (5.3)$$

위 식 (5.3)에서처럼, 무이표채권의 가격은 액면가의 현가와 같다.

---

3) 이영기 · 남상구 공역 (2008). 「투자론」, McGraw-Hill Korea, p. 512.

예제 5.8 무이표채권의 가격(반년 복리)

삼양사는 잔존기간 15년, 액면 10,000원, 채권수익률 10%, 반년 복리로 무이표회사채를 발행하였다. (a) 복리표와 (b) 재무계산기를 이용해서 이 채권의 현가를 각각 계산하라.

【해설】

(a) 복리표를 이용한 무이표채의 현가 계산

$$V = M\left(\frac{1}{1+\frac{k_d}{2}}\right)^{2n} \quad \cdots\cdots (5.3)$$

$$= M\,(PVIF_{k_d/2,\,2n})$$

$$V \;=\; 10,000\left(\frac{1}{1+\frac{.10}{2}}\right)^{2\times 15}$$

$$= 10,000\left(\frac{1}{1.05}\right)^{30}$$

$$= 10,000(PVIF_{5\%,30})$$

$$= 10,000\,(0.2314)$$

$$= 2,314$$

$\therefore$ 무이채권의 가격 $= 2,314$원.

여기서, 현가이자요소인 $PVIF_{5\%,\,30기간} = 0.2314$는 부록의 [부표 1] 현가이자요소의 일부인 아래 표를 이용해서 구한다.

현가이자요소

$$PVIF_{k\%, n} = \frac{1}{(1+k)^n}$$

n \ $k\%$	1%	2%	3%	4%	5%
26	0.7720	0.5976	0.4637	0.3607	0.2812
27	0.7644	0.5859	0.4502	0.3468	0.2678
28	0.7568	0.5744	0.4371	0.3335	0.2551
29	0.7493	0.5631	0.4243	0.3207	0.2429
30	0.7419	0.5521	0.4120	0.3083	*0.2314*

(b) 재무계산기를 이용한 무이표채의 현가 계산

m	N	I/Y	PV	FV	PMT
1	15*2=30	10%/2=5%	?	10,000원	0

CALCULATOR CLUE

절 차	키 입력	화면표시
워크시트 내용 삭제	[2ND] [CLR TVM]	[0.00]
m(복리빈도) 설정	[2ND] [P/Y] 1 [ENTER] [2ND] [QUIT]	[0.00]
N(기간 수) 입력	30 [N]	[N = 30.00◁]
I/Y(채권수익률) 입력	5 [I/Y]	[I/Y = 5.00◁]
FV(채권액면) 입력	10,000 [FV]	[FV = 10,000.00◁]
PMT(표면이자) 입력	0 [PMT]	[PMT = 0.00◁]
PV(채권가격) 계산	[CPT] [PV]	[PV = -2,313.77*]

주1) 수식 혹은 재무계산기를 이용한 경우의 채권가격 간 약간의 반올림 오차가 존재함.

주2) [N] = 15년×2 = 30

[I/Y] = 10%/2 = 5%.

정답 : 삼양사 무이표채권의 가격은 2,314원이다.

예제 5.9 무이표채권의 가격(반년 복리)

2525년 12월의 어느 날인 오늘, 미래사는 만기일이 2538년 6월인 무이표채권을 발행하였다. 채권수익률 10%, 액면가 10,000원, 반년 복리(3월과 9월)를 가정한다. 이 무이표채권의 현가를 구하라.

【해설】

(a) 기간 수 계산(가장 힘든 부분!)

우선 2525년 12월과 2538년 6월 사이, 반년 복리빈도를 계산한다.

2525년 12월부터 12월까지 빈도 = 0
2526년 1월부터 2537년 12월 사이 빈도 = (2537 - 2526 + 1)×2 = 24
2538년 1월부터 2538년 6월 사이 빈도 = 1
∴ 빈도의 합 = 0 + 24 + 1 = 25.
∴ N = 25.

(b) 재무계산기를 이용한 무이표채권의 가격 계산

m	N	I/Y	PV	FV	PMT
1	25	10%/2=5%	?	10,000	0

CALCULATOR CLUE

절 차	키 입력	화면표시
워크시트 내용 삭제	[2ND] [CLR TVM]	[0.00]
m(복리빈도) 설정	[2ND] [P/Y] 1 [ENTER] [2ND] [QUIT]	[0.00]
N(기간) 입력	25 [N]	[N = 25.00◁]
I/Y(채권수익률) 입력	5 [I/Y]	[I/Y = 5.00◁]

FV(채권액면) 입력	10,000 [FV]	[FV = 10,000.00◁]
PMT(표면이자) 입력	0 [PMT]	[PMT = 0.00◁]
PV(채권가격) 계산	[CPT] [PV]	[PV = -2,953.02*]

정답 : 미래사의 무이표채권의 가격은 2,953원이다.

예제 5.10 채권의 이론가격 〈CPA 2001 수정〉

액면금액 10,000원, 3년만기, 표면이자율 연 16%로 발행된 회사채가 있다. 이자는 매분기별로 지급하며, 만기수익률은 연 12%라고 한다. 현재를 기준으로 만기일까지는 7개월이 남아있다고 한다.

(a) 채권의 현금흐름을 시간선으로 도시하라.

(b) 복리표를 이용하여 채권의 현재가치를 구하라.

(c) 재무계산기를 이용하여 채권의 현재가치를 구하라.

【해설】

잔존기간이 7개월 남은 현시점(29월)에서 3년 만기(36월)까지, 분기별 이자지급 채권의 현금흐름을 시간선으로 도시하면 아래와 같다. 0월은 채권의 발행시점이고, 29월이 현재시점이다. 채권의 이론가격은 현재시점인 29월을 중심으로 계산되어야 한다.

여기서, 표면이자 = 액면금액×표면이자율×$\frac{1}{4}$ = 10,000원×0.16×$\frac{1}{4}$ = 400원

(a) 채권의 현금흐름을 시간선으로 도시하기

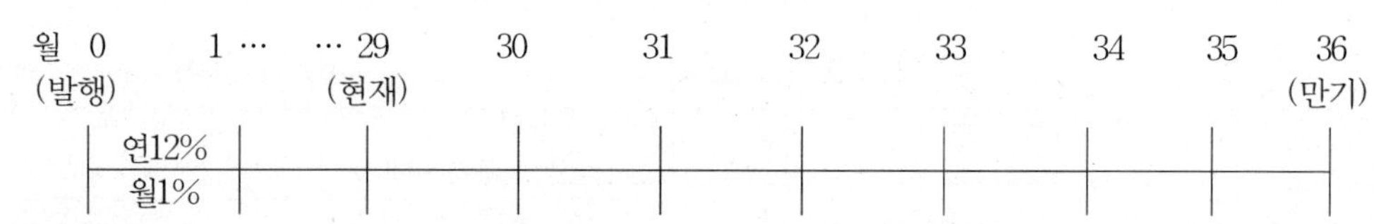

	30	33	36
표면이자	400	400	400
액면			10,000
합계	400	400	10,400

(b) 복리표를 이용한 채권의 현재가치 계산

채권의 현재가치

$$= \sum_{t=1}^{n} \frac{\text{표면이자}}{(1+k_d)^t} + \frac{\text{액면}}{(1+k_d)^n}$$

$$= 400(PVIF_{1\%,1\text{개월}}) + 400(PVIF_{1\%,4\text{개월}}) + 10,400(PVIF_{1\%,7\text{개월}})$$
$$= 400(.9901) + 400(.9610) + 10,400(.9327)$$
$$= 396.0400 + 384.4000 + 9,700.0800$$
$$= 10,480.5200$$

정답 : 채권의 현재가치는 10,480.52원이다.

여기서, 월채권수익률 = 12%/12 = 1% = 0.01.

(c) 재무계산기를 이용한 채권의 현재가치 계산

Given : CF0=0; C01=400, F01=1; C04=400, F04=1; C07=10,400, F07=1;
I/Y=1%
⇨ PV(불규칙적인 현금흐름)?

CALCULATOR CLUE

절 차	키 입력	화면표시
현금흐름워크시트 선택	CF	[CF0 = 0.00]
워크시트 내용 삭제	2ND [CLR WORK]	[CF0 = 0.00]
초기 현금흐름 입력	0 ENTER	[CF0 = 0.00◁]
첫 번째 현금흐름 입력	↓ 400 ENTER	[C01 = 400.00◁]
첫 번째 현금흐름 빈도 입력	↓ 1 ENTER	[F01 = 1.00◁]
두 번째 현금흐름 입력	↓ 0 ENTER	[C02 = 0.00◁]
두 번째 현금흐름 빈도 입력	↓ 0 ENTER	[F02 = 0.00◁]

세 번째 현금흐름 입력	↓ 0 ENTER	[C03 = 0.00◁]
세 번째 현금흐름 빈도 입력	↓ 0 ENTER	[F03 = 0.00◁]
네 번째 현금흐름 입력	↓ 400 ENTER	[C04 = 400.00◁]
네 번째 현금흐름 빈도 입력	↓ 1 ENTER	[F04 = 1.00◁]
다섯 번째 현금흐름 입력	↓ 0 ENTER	[C05 = 0.00◁]
다섯 번째 현금흐름 빈도 입력	↓ 0 ENTER	[F05 = 0.00◁]
여섯 번째 현금흐름 입력	↓ 0 ENTER	[C06 = 400.00◁]
여섯 번째 현금흐름 빈도 입력	↓ 0 ENTER	[F06 = 0.00◁]
일곱 번째 현금흐름 입력	↓ 10,400 ENTER	[C07 = 10,400.00◁]
일곱 번째 현금흐름 빈도 입력	↓ 1 ENTER	[F07 = 1.00◁]
NPV(순현재가치) 선택	NPV	[I = 0.00]
이자율 입력	1 ENTER	[I = 1.00◁]
NPV(순현재가치) 계산	↓ CPT	[NPV = 10,480.70*]

주) C01 : 첫 번째 현금흐름, F01 = 첫 번째 현금흐름의 빈도.

정답 : 채권의 현재가치는 10,480.70원이다.

예제 5.11 채권의 현가 계산(연속복리)

5년만기 회사채의 수익률은 11%이다. 이 채권의 표면이자율은 8%, 채권의 액면가는 $100이며, 연말에 표면이자를 지급한다고 한다. 연속복리를 가정할 때, 이 채권의 현가를 계산하시오.

【해설】

m	N	I/Y	PV	FV	PMT
∞	5	11%	?	$100	$8

연간 r의 연속복리로 T 년간 투자했을 때 현가는 다음과 같다.

$$PV = FV \times \frac{1}{e^{rT}} = FV \times e^{-rT}$$

$$\begin{aligned}\text{채권의 현가} &= 8e^{-0.11\times1} + 8e^{-0.11\times2} + 8e^{-0.11\times3} + 8e^{-0.11\times4} + 108e^{-0.11\times5} \\ &= 7.1667 + 6.4202 + 5.7514 + 5.1523 + 62.3106 \\ &= 86.80\end{aligned}$$

정답 : 채권의 현가는 $86.80이다.

읽을거리 5.1 대한항공 '은행 보증 없는' 영구채 발행

내달 중순 2000억~3000억

은행보증 못받아 금리 더주고

순수한 영구채 발행으로 '선회'

주요기업 2013년 6월 영구채 발행 계획

구분	발행규모	시기
대한항공	2천억-3천억원	6월 중순
포스코	5천억-6천억원	6월 중
SK텔레콤	3천억-4천억원	6월 중

주요 국내 영구채 발행 사례 (단위: 억원, %)

구분	한국남동발전	한국서부발전	현대상선
발행일	2012년 12월 7일	2012년 10월 18일	2012년 12월 27일
발행방식	사모	사모	사모
금액	1700	1000	200
만기	30년	30년	30년

콜옵션 행사시점	10년	5년	5년
발행금리	4.38	3.89	7.05
일반회사채 발행금리	3.24	3.13	5.13

출처 : 한국거래소.

대한항공이 내달 중순 2000억~3000억원의 영구채(하이브리드채권)를 발행한다. 두산인프라코어와는 달리 은행 보증을 받지 않고 순수한 영구채 발행을 시도한다.

17일 증권업계에 따르면 대한항공은 동양증권 KB투자증권을 주관사로 선정하고 영구채 발행 작업에 착수했다. 발행액은 2000억원을 목표로 하되 기관 등의 매수 수요가 클 경우 3000억원까지 늘리는 방안을 추진하기로 했다. 내달 중순 발행을 완료한다는 계획이다. 영구채는 특정 시점 후 조기 상환하거나 만기를 연장할 수 있는 채권이다.

증권업계 관계자는 "대한항공은 당초 두산인프라코어처럼 은행들의 보증을 받아 영구채 발행을 추진하려고 했지만 최소 3개 은행의 보증을 받는 것도 힘든 상황이라 금리를 더 주고 순수한 영구채를 발행하는 쪽으로 선회했다"고 말했다.

대한항공의 일반 회사채 신용등급이 'A0 긍정적'인 점을 감안할 때 대한항공의 영구채는 A- 또는 BBB+급이 될 것으로 증권업계는 예상하고 있다.

A급인 대한항공이 은행 보증 없이 수천억원에 달하는 영구채 발행에 성공할지에 대해선 전망이 엇갈리고 있다. 대표주관을 맡은 KB투자증권 관계자는 "상대적 고금리를 원하는 수요가 있어서 발행이 가능할 것으로 예상한다"고 말했다.

하지만 다른 대형 증권사 채권담당 부장은 "영구채 신용등급은 AAA급 초우량 회사들은 1단계 정도 신용등급이 떨어지지만 A급들은 2단계까지 떨어질 것이란 분석이 나온다"며 "대한항공 영구채는 BBB+가 될 가능성도 있는데 기관들에 의해 대규모로 소화가 될지는 의문"이라고 했다.

한편 국내 최대 철강업체인 포스코는 다음달 씨티글로벌마켓 · 우리투자 · KB투자증권 주관으로 5000억~6000억원, 최대 이동통신업체인 SK텔레콤은 KDB대우증권과 바클레이즈 주관으로 3000억~4000억원어치 영구채를 발행한다는 계획이다.

출처 : 이상열 · 하헌형(2013), "대한항공 '은행 보증 없는' 영구채 발행,"「한국경제」 2013년 5월 18일자 A11면.

2. 채권수익률(Yield to Maturity of Bond)[4]

2.1 무이표채권의 수익률(YTM of Zero Coupon Bond)

예제 5.12 무이표채권의 수익률(연복리)

무이표채권 한 주의 가격은 $200이다. 이 채권은 14년 후에 액면가인 $1,000를 지불한다. 만일 오늘 이 채권을 구입한다면, 채권수익률은 얼마인가? 연 복리를 가정한다.

【해설】

m	N	I/Y	PV	FV	PMT
1	14	?	$-200	$1,000	0

CALCULATOR CLUE

절 차	키 누르기	화면표시
워크시트 내용 삭제	[2ND] [CLR TVM]	[0.00]
m(복리빈도) 설정	[2ND] [P/Y] 1 [ENTER] [2ND] [QUIT]	[0.00]
N(기간 수) 입력	14 [N]	[N = 14.00◁]
FV(액면가) 입력	1,000 [FV]	[FV = 1,000.00◁]
PV(채권가격) 입력	200 [+/-] [PV]	[PV = -200.00◁]
PMT(표면이자) 입력	0 [PMT]	[PMT = 0.00◁]
I/Y(채권수익률) 계산	[CPT] [I/Y]	[I/Y = 12.18*]

정답 : 무이표채권 수익률은 12.18%이다.

---

4) 온라인으로 미국이자율을 확인할 수 있는 사이트는 money.cnn.com/markets/bondcenter와 www.bankrate.com이다.

예제 5.13 무이표채권의 수익률(반년 복리)

오늘은 2525년 6월의 어느 날이다. (주)부경은 만기일이 2539년 12월인 무이표채권을 발행하였다. 채권공시가격은 액면가 10,000원의 26%이며, 반년 복리(3월과 9월)를 가정한다. 이 채권의 연수익률을 구하라.

(a) 기간 수 계산(가장 힘든 부분!)

먼저, 2525년 6월과 2539년 12월 사이 반년 복리빈도를 계산한다.

2525년 6월부터 12월 사이 빈도 = 1 (9월)
2526년 1월부터 2539년 12월 사이 빈도 = (2539 - 2526 + 1)×2 = 28
∴ 빈도의 합 = 1 + 28 = 29.
∴ N = 29.

(b) 재무계산기를 이용한 무이표채권의 수익률 계산

m	N	I/Y	PV	FV	PMT
1	29	?	−2,600원	10,000원	0

CALCULATOR CLUE

절 차	키 누르기	화면표시
워크시트 내용 삭제	2ND [CLR TVM]	[0.00]
m(복리복리) 설정	2ND [P/Y] 1 ENTER 2ND [QUIT]	[0.00]
N(기간 수) 입력	29 N	[N = 29.00◁]
FV(액면가) 입력	10,000 FV	[FV = 10,000.00◁]

PV(채권가격) 입력	2,600 [+/-] [PV]	[PV = -2,600.00◁]
PMT(표면이자) 입력	0 [PMT]	[PMT = 0.00◁]
I/Y(채권수익률) 계산	[CPT] [I/Y]	[I/Y = 4.75*]

정답 : 재무계산기의 [I/Y = 4.75*]로부터, 무이표채권의 반년수익률을 구한다.
따라서 무이표채권의 연수익률은 4.75%×2 = 9.5%이다.

예제 5.14 채권의 현가 계산 〈CPA 2009 수정〉

정부에서 발행한 두 종류의 채권이 시장에서 거래되고 있다. 즉 만기가 1년이고 액면가가 50만원인 무이표채(A)와, 만기가 3년이고 액면가가 100만원이며 쿠폰이자율(coupon rate)이 10%인 채권(B)이 거래되고 있다. 만기 t년(t=1,2,3)인 무위험 현물이자율의 형태는 $R(t) = 0.05 + 0.02 \times (t-1)$이다. 1년 현물이자율은 0.05(5%), 2년 현물이자율은 0.07(7%), 3년 현물이자율은 0.09(9%)이다.

(a) 채권의 현금흐름을 도시하라.

(b) A, B가 각기 하나씩 포함된 채권 포트폴리오의 만기수익률(yield)을 구하라.

【해설】

(a) 채권의 현금흐름

	0	1	2	3
채권 A		50		
채권 B		10	10	10+100
채권 A+B		60	10	110
할인율		5%	7%	9%

(b) A, B가 각기 하나씩 포함된 채권 포트폴리오의 만기수익률(yield) 계산

채권 A, B가 한 개씩 포함된 채권포트폴리오의 현재가치(PV_{pfl}) :

$$PV_{pfl} = \frac{(50+10)}{1.05} + \frac{10}{1.07^2} + \frac{110}{1.09^3} = 150.8174$$

포트폴리오의 만기수익률(R) :

$$150.8174 = \frac{60}{1+R} + \frac{10}{(1+R)^2} + \frac{110}{(1+R)^3}$$

포트폴리오의 만기수익률(R)은 내부수익률(Internal Rate of Return: IRR)과 동일하다. 따라서 재무계산기를 이용해서 IRR을 구하면 된다.

포트폴리오의 현금흐름

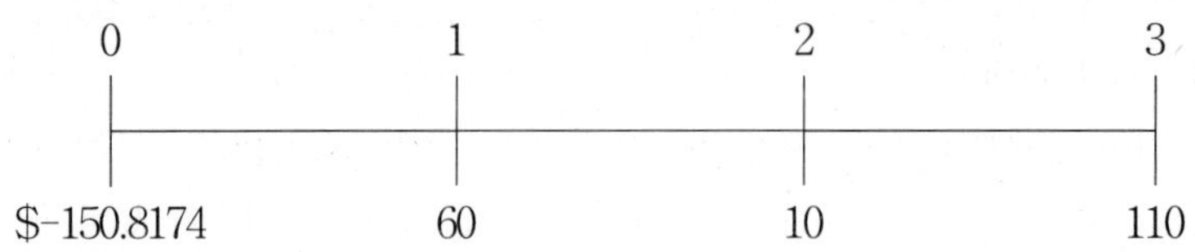

정답 : 아래와 같이 재무계산기로부터 [IRR= 8.2050*]. 따라서 포트폴리오의 만기수익률(R)은 8.21%이다.

【참고】 재무계산기를 이용한 내부수익률 계산

Given : $CF0 = -150.8174$, $C01 = 60$, $F01 = 1$, $C02 = 10$, $F02 = 1$, $C03 = 110$, $F03 = 1$

⇨ IRR(내부수익률)?

CALCULATOR CLUE

절 차	키 입력	화면표시
현금흐름워크시트 선택	CF	[CFo = 0.0000]
워크시트 내용 삭제	2ND [CLR WORK]	[CFo = 0.0000]
초기 현금흐름 입력	150.8174 +/- ENTER	[CF0 = -150.8174◁]
첫 번째 현금흐름 입력	↓ 60 ENTER	[C01 = 60.0000◁]
첫 번째 현금흐름 빈도수 입력	↓ 1 ENTER	[F01 = 1.0000◁]
두 번째 현금흐름 입력	↓ 10 ENTER	[C02 = 10.0000◁]
두 번째 현금흐름 빈도수 입력	↓ 1 ENTER	[F02 = 1.0000◁]
세 번째 현금흐름 입력	↓ 110 ENTER	[C03 = 110.0000◁]
세 번째 현금흐름 빈도수 입력	↓ 1 ENTER	[F03 = 1.0000◁]
IRR(내부수익률) 선택	IRR	[*IRR* = 0.0000]
IRR 계산	CPT	[*IRR* = 8.2050*]

재무계산기로부터 [*IRR* = 8.2050*]. 따라서 *IRR* = 8.2050.

2.2 채권수익률(Yield to Maturity of Bond)

예제 5.15 채권수익률(연간 복리)

ABC사는 잔존기간 8년, 액면금액 $1,000, 표면이자율(coupon rate) 12.5%인 채권을 보유하고 있다. 이 채권은 연간 1회 표면이자를 지급하며, 현재가격이 $1,145.68이라고 한다. 이 채권의 수익률을 구하라.

【해설】

m	N	I/Y	PV	FV	PMT
1	8	?	$-1,145.68	$1,000	$125

CALCULATOR CLUE

절 차	키 누르기	화면표시
워크시트 내용 삭제	2ND [CLR TVM]	[0.00]
m(복리빈도) 설정	2ND [P/Y] 1 ENTER 2ND [QUIT]	[0.00]
N(기간 수) 입력	8 N	[N = 8.00◁]
FV(액면가) 입력	1,000 FV	[FV = 1,000.00◁]
PV(채권가격) 입력	1,145.68 +/- PV	[PV= -1,145.68◁]
PMT(이표) 입력	125 PMT	[PMT = 125.00◁]
I/Y(채권수익률) 계산	CPT I/Y	[I/Y = 9.79*]

정답 : 재무계산기로부터 [I/Y = 9.79*]. 따라서 채권수익률은 9.79%이다.

2.3 콜조항부 채권수익률(Yield to Maturity of Callable Bond)

지금까지는 만기일에 원리금 상환이 이루어지는 채권을 취급하였다. 하지만 현실세계에서는 **콜조항**(call provision)을 가진 회사채들이 종종 발행된다. 콜조항은 기업이 특정 기간 중에 명시된 가격으로 액면가의 전액 혹은 일부를 조기에 상환할 수 있도록 허용한 조항이다. 콜조항을 지닌 채권의 가격은 일반적으로 채권의 액면가보다 높다. 콜조항을 지닌 채권의 가격과 채권액면 간의 차이를 **콜프리미엄**(call premium)이라고 한다. 콜프리미엄의 크기는 시간의 흐름에 따라 점차 감소하다가, 채권만기일에는 0으로 감소하게 된다.

콜조항을 내포하고 있는 채권의 수익률을 계산해보자. 이 경우, 앞에서 언급했던 채권수익률은 채권가격 계산 시 더 이상 적절한 이자율이 아니다.

예를 들어, ㈜부경이 액면가 10,000원, 표면이자율 15%의 **콜조항부채권**(callable bond)을 발행하였다고 한다. 만일 시장이자율이 15%에서 10%로 하락한다면, 부경은 이자율 15% 채권을 **콜**(call in)하고 그것을 이자율 10% 채권으로 대체할 것이다. 이를 통해 부경은 매년 채권 한 주당 1,500원-1,000원 = 500원만큼 이자지급을 절약할 수 있을 것이다. 이처럼 콜조항부 채권(혹은 수의상환채권)은 채권발행사에게는 도움이 되지만, 채권투자자에게는 오히려 손해가 된다.

만일 현재 이자율이 채권의 표면이자율보다 훨씬 낮다면, 콜조항부 채권은 콜될 가능성이 높아진다. 이 경우, 채권보유자는 기존의 채권수익률 대신에 **콜조항부 채권수익률**(ytc : yield to call)로서 채권수익률을 추정해야 한다.

$$채권가격 = \sum_{t=1}^{N} I\left(\frac{1}{1+ytc}\right)^t + (콜가격)\left(\frac{1}{1+ytc}\right)^N \quad \cdots\cdots (5.4)$$

여기서, N = 회사가 채권을 상환청구할 수 있을 때까지의 잔존기간
콜가격(call price) = 콜 청구 시 회사가 지불해야 하는 가격
흔히 액면가+일년 간 이자율로 책정됨
ytc = 콜조항부 채권수익률.

예제 5.16 콜조항부 채권의 수익률

2000년 부산시는 광안대교 건축자금을 조달하기 위해 30년 만기 무이표-콜조항부 채권을 발행하였다. 이 채권의 수익률은 11.5%이며, 이자소득에 대해서는 면세된다고 한다. 현재 채권가격은 381.7원이며, 30년 후 채권보유자는 액면가 10,000원을 돌려받을 수 있다고 한다. 2년 후인 2002년 이자율이 심하게 하락하였고, 이 채권에 대한 수익률도 11.5%에서 8%로 하락하였다. 이에 따라 채권가격은 381.7원에서 895.5원으로 상승하였다. 2002년 당시, 이 채권의 수익률은 얼마였을까?

【해설】

$$채권가격 = \sum_{t=1}^{N} I\left(\frac{1}{1+ytc}\right)^t + (콜가격)\left(\frac{1}{1+ytc}\right)^N$$

$$= (콜가격)\left(\frac{1}{1+ytc}\right)^N$$

$$895.5 = \frac{10,000}{(1+ytc)^{30-2}}$$

재무계산기를 이용해서 ytc를 구한다.

m	N	I/Y	PV	FV	PMT
1	28	?	-895.5원	10,000원	0

CALCULATOR CLUE

절 차	키 누르기	화면표시
워크시트 내용 삭제	[2ND] [CLR TVM]	[0.00]
m(복리빈도) 설정	[2ND] [P/Y] 1 [ENTER] [2ND] [QUIT]	[0.00]
N(기간 수) 입력	28 [N]	[N = 28.00◁]
FV(액면가) 입력	10,000 [FV]	[FV = 10,000.00◁]
PV(채권가격) 입력	895.5 [+/-] [PV]	[PV = -895.50◁]
PMT(표면이자) 입력	0 [PMT]	[PMT = 0.00◁]
I/Y(채권수익률) 계산	[CPT] [I/Y]	[I/Y = 8.99*]

정답 : 콜조항부 채권수익률(ytc)은 8.99%이다.

읽을거리 5.2 국채시장 '3대 상식' 재정위기로 깨졌다

국제 금융시장에서 금리에 대한 기존의 상식을 뒤엎는 '금리 왜곡 현상'이 곳곳에서 벌어지고 있다. 미국과 독일 등 상대적으로 안전하다고 여겨지는 국가에서 단기국채 금리가 마이너스까지 떨어지는 현상이 대표적이다. 유럽과 신흥국에서는 단기채 금리가 장기채보다 높아지는 역전현상이 벌어지고 있다. 이와 함께 회사채 금리가 정부가 보증한 국채보다 낮아지는 기현상도 나타나고 있다.

미국에서 1개월과 3개월물 국채 유통 수익률은 수시로 마이너스권을 맴돌고 있다. 1개월물 국채는 19일 -0.02%까지 내려간 데 이어 23일에는 -0.01%를 기록했다. 23일 -0.005%를 기록한 3개월물 금리는 지난 10월 말 -0.015%로 저점을 기록한 이후 마이너스권을 자주 오간다. 독일의 3개월물 국채 금리도 23일 -0.08%를 기록했다. 19일에는 -0.17%까지 내려가기도 했다.

유통 수익률이 마이너스라는 것은 해당 국채를 만기까지 보유하고 있을 때 받게 되는 원리금보다도 더 비싸게 거래됐다는 말이다. 예컨대 금리가 -1%라면 만기 원리금 100달러짜리 채권을 시장에서 101달러에 거래했다는 뜻이다. 이 국채를 만기까지 보유하면 1달러의 손해가 불가피하다. 차라리 현금을 갖고 있는 것보다 못한 것이다.

상식에 맞지 않는 이런 거래가 왜 일어나는 것일까. 그 이유는 안전자산으로 평가받는 미국과 독일 등 일부 국가의 국채로 국제 투자자금이 몰려들기 때문이다. 글로벌 시장에서 유동성은 풍부하고, 위험자산 기피 현상은 극도로 강해지면서 일부 선진국 단기

국채가 인기몰이를 하고 있는 것이다.

국채 금리가 마이너스까지 떨어졌다고 해서, 즉 원금보다 비싸게 주고 국채를 샀다고 해서 투자자들이 당장 손해를 보는 것은 아니다. 해당 채권을 시장에서 산 가격보다 더 비싸게(더 낮은 마이너스 금리로) 팔아 차익을 실현할 수 있기 때문이다. 채권시장에는 만기 때까지 보유하지 않고 유통시장에서 매매차익을 노리는 투자자들이 많아 이런 거래가 가능하다. 물론 다른 투자자에게 매도하지 못해 만기까지 들고 있다면 손해는 불가피하다.

윤여삼 대우증권 수석연구원은 "주요 선진국 국채는 곧바로 현금화가 가능한 데다 시장에서 매매차익을 거둘 수 있기 때문에 마이너스 금리에도 불구하고 투자자가 몰려드는 것"이라고 분석했다.

위험자산 기피 현상은 재정위기를 겪고 있는 유럽과 상당수 신흥국에서 단기채 금리가 장기채보다 높아지는 기현상으로 나타나고 있다. 채권은 만기가 길어질수록 리스크도 덩달아 높아지기 때문에 금리가 높게 형성되는 것이 일반적이다.

인도시장에서 지난 23일 1년물 국채 금리는 8.44%에 마감해 10년물 국채 금리(8.36%)보다 오히려 높았다. 같은 날 태국에서는 3개월물 국채 금리가 3.15%로 3년물(2.99%)보다 높게 마감했다. 재정위기를 겪고 있는 포르투갈에서도 이날 10년물 국채 금리는 13.2%를 기록한 반면 2년물 국채 금리는 15.5%까지 치솟는 등 장·단기 금리 역전현상이 뚜렷했다.

만기와 관계없이 채권을 팔고 빠져나가려는 국제 투자자금의 이탈이 가속화되면서 나타난 현상이다. 거래가 많아 현금화에 용이한 단기채를 장기채보다도 우선적으로 싼 가격(고금리)에 무차별적으로 팔고 있다는 분석이다.

유럽 금융위기 진원지에서는 해당 국가 정부가 보증한 국채보다 회사채가 더 비싸지는(금리가 낮아지는) 현상도 나타나고 있다. 니혼게이자이신문(닛케이)은 이탈리아전력공사(ENEL)의 5년물 회사채 수익률이 5%대 초반에 거래돼 6%대인 이탈리아 5년물 국채 수익률을 밑돌고 있다고 전했다. 스페인 휴대전화 회사인 텔레포니의 3년물 회사채 수익률도 3.2% 선으로 스페인 3년물 국채보다 0.4% 포인트 정도 낮다.

금리의 상식적인 공식마저 무시되는 국제 금융시장의 이런 왜곡은 자금은 풍부하게 풀려 있는 반면 안심하고 투자할 대상이 극도로 부족하기 때문이다. 닛케이는 미국의 리먼브러더스 쇼크 해결 과정에서 주요국이 금융완화 정책을 펼친 탓에 전 세계 달러 유통량이 6조달러를 넘어섰다고 분석했다. 최근 5년간 2.5배 증가한 규모다. 일본의 한 금융 전문가는 "아시아, 중동, 유럽 등지의 신흥국들이 풍부한 해외자금을 활용해 생산

설비 확충을 추진해 왔지만 최근의 금리 왜곡 현상으로 성장 분야에 충분한 자금이 유입되지 못하고 있다"며 "세계 경제 전체의 침체가 염려되는 상황"이라고 말했다.

출처 : 임상균 · 정혁훈(2011). "국채시장 '3대 상식' 재정위기로 깨졌다," 「매일경제」 2011년 12월 26일자.

3. 이자율위험

3.1 이자율위험의 개념

채권의 이자율위험(interest rate risk of bond)이란 이자율 변동으로 인해, 투자자가 당초 예상했던 수익률을 얻을 수 없는 가능성을 말한다. 채권투자자는 **가격위험**(price risk)과 **재투자위험**(reinvestment risk)이라는 두 가지 종류의 이자율위험에 직면하게 된다.

가격위험이란 이자율변동으로 인해, 채권투자자가 예상했던 가격으로 채권을 판매하지 못하는 위험이다. 이자율상승은 채권가격의 하락을, 그리고 이자율하락은 채권가격의 상승을 야기시킨다.

재투자위험이란 이자율변동으로 인해, 채권투자자가 예상했던 수익률로 표면이자를 재투자할 수 없는 위험을 말한다. 이자율하락은 재투자된 표면이자의 미래가를 감소시킨다. 반면, 이자율상승은 표면이자의 미래가를 증가시킨다. 가격위험과 재투자위험은 이자율변동에 따라, 반대방향으로 증감되기 때문에 잠재적으로 서로 상쇄된다.

채권의 이자율위험은 채권가격의 이자율변화에 대한 민감도에 의해 결정된다. 그리고 민감도는 만기와 표면이자율의 두 가지 요소에 의해 결정된다.

다른 조건이 동일할 때, 이자율위험은 만기와는 정(+)의 관계, 그리고 표면이자율과는 부(−)의 관계를 지닌다. 즉, 이자율위험은 만기가 길면 길수록, 그리고 표면이자율이 낮으면 낮을수록 더 증대된다.

3.2 이자율위험과 만기 간 정(+)의 관계

이자율위험과 만기 간 정(+)의 관계를 확인하기 위해, 이자율변동에 따른 1년 만기 채권의 가격을 계산해 보자. 표면이자율은 15%, 액면가는 $1,000이며 연 복리로 계산된다고 한다. 이자율이 10%, 15%, 20%로 변화할 때 채권가격은 아래와 같이 부표를 이용해서 구할 수 있다.

(1) 이자율이 10%일 때($k_d = 10\%$)

$$\begin{aligned} V &= \$150(PVIFA_{10\%,\,1년}) + \$1,000(PVIF_{10\%,\,1년}) \\ &= \$150(0.9091) + \$1,000(0.9091) \\ &= \$136.37 + \$909.10 \\ &= \$1,045.47. \end{aligned}$$

(2) 이자율이 15%일 때($k_d = 15$)

$$\begin{aligned} V &= \$150(PVIFA_{15\%,\,1년}) + \$1,000(PVIF_{15\%,\,1년}) \\ &= \$150(0.8696) + \$1,000(0.8696) \\ &= \$130.44 + \$869.60 \\ &\doteq \$1,000. \end{aligned}$$

(3) 이자율이 20%일 때($k_d = 20\%$)

$$\begin{aligned} V &= \$150(PVIFA_{20\%,\,1년}) + \$1,000(PVIF_{20\%,\,1년}) \\ &= \$150(0.8333) + \$1,000(0.8333) \\ &= \$125.00 + \$833.30 \\ &= \$958.30. \end{aligned}$$

다른 조건은 동일하며 만기만 14년으로 길어진 채권에 대해서도 이자율변동에 따른 채권가격을 구할 수 있다. 이들을 정리하면 다음 [표 5.3]을 얻는다.

[표 5.3] 채권의 이자율과 만기 변화에 따른 채권가격

이자율(k_d)	만기	
	1년	14년
5%	$1,095.24	$1,989.86
10	1,045.45	1,368.33
15	1,000.00	1,000.00
20	958.33	769.47
25	920.00	617.59

주) 채권가격은 재무계산기를 이용해서 계산된 것임.

위 표에서 이자율변화에 따른 가격변화는 14년 만기채권의 경우가 1년 만기채권보다 훨씬 큼을 확인할 수 있다. 기울기가 크다는 것은 작은 이자율의 변화에 대해 채권가치는 큰 폭으로 변화한다는 것을 의미한다. 반면, 1년 만기 채권의 가치는 이자율변화에 상대적으로 덜 민감하게 반응한다.

3.3 이자율위험과 표면이자율 간 부(-)의 관계

이자율위험은 표면이자율이 낮을수록 더 커진다.

$$\text{채권의 가치} = \sum_{t=1}^{n} \frac{\text{표면이자}}{(1+k_d)^t} + \frac{\text{액면}}{(1+k_d)^n}$$

$$= \sum_{t=1}^{n} I\left(\frac{1}{1+k_d}\right)^t + M\left(\frac{1}{1+k_d}\right)^n \quad \cdots\cdots (5.1)$$

$$= I(PVIFA_{k_d,n}) + M(PVIF_{k_d,n})$$

위 식 (5.1)을 이용해서 설명했던 것처럼, 채권의 가치는 표면이자와 액면의 현재가치에 의해 결정된다. 동일한 만기의 상이한 표면이자를 지급하는 두 개의 채권에 대해, 더 낮은 표면이자를 지급하는 채권의 가치는 만기에 지급하는 액면가에 더 큰 영향을 받는다. 환언하자면, 다른 조건이 동일한 경우, 낮은 표면이자를 지급하는 채권이 이자율변화에 더 민감하게 반응한다. 그 이유는 낮은 표면이자를 갖는 채권의 가치는 총상환기간을 고려할 때, 초반 현금흐름이 적기 때문이다. 반대로, 높은 표면이자를 갖는 채권의 가치는 초반 현금흐름이 크기 때문에, 이자율변화에 덜 민감하다.

요 약

1. 채권의 가치평가

○ 채권의 가치 $= \sum_{t=1}^{n} \frac{\text{표면이자}}{(1+k_d)^t} + \frac{\text{액면}}{(1+k_d)^n}$

연복리 : $V = \sum_{t=1}^{n} I\left(\frac{1}{1+k_d}\right)^t + M\left(\frac{1}{1+k_d}\right)^n$

$= I(PVIFA_{k_d, n}) + M(PVIF_{k_d, n})$

반년복리 : $V = \sum_{t=1}^{2n} \frac{I}{2}\left(\frac{1}{1+\frac{k_d}{2}}\right)^t + M\left(\frac{1}{1+\frac{k_d}{2}}\right)^{2n}$

$= \frac{I}{2}(PVIFA_{k_d/2, 2n}) + M(PVIF_{k_d/2, 2n})$

무이표채 : $V = M\left(\frac{1}{1+\frac{k_d}{2}}\right)^{2n} = M(PVIF_{k_d/2, 2n})$

2. 채권의 수익률

○ 콜조항부 채권수익률(ytc) : $V = \sum_{t=1}^{N} I\left(\frac{1}{1+ytc}\right)^t + (\text{콜가격})\left(\frac{1}{1+ytc}\right)^N$

연습문제

[연습문제 5.1] 채권수익률 계산(반년복리)

오늘은 2525년 6월의 어느 날이다. ㈜부경은 만기일이 2540년 12월인 회사채를 발행하였다. 채권공시가격은 액면가 10,000원의 40%이며, 표면이자율은 8%라고 한다. 현금흐름은 반년복리(3월과 9월)로 계산된다고 한다.

(a) 기간 수를 계산하라.

(b) 채권의 현금흐름을 시간선으로 도시하라.

(c) 재무계산기를 이용하여 채권수익률을 구하라.

[연습문제 5.2] 채권가격 계산(반년 복리)

㈜부경은 쿠폰율과 가격 이외에는 모든 점이 동일한 두 종류의 채권 발행을 검토하고 있다. 두 채권의 만기는 15년이다. 첫 번째 채권은 쿠폰율이 10%로 970.38달러에 거래된다. 두 번째 채권의 쿠폰율은 12%이다. 두 번째 채권의 가격을 구하라. 채권의 액면가격은 1,000달러이며, 반년 복리를 가정한다.

[연습문제 5.3] 채권의 이론가격 계산 〈CPA 2001 기출〉

액면금액 10,000원, 3년 만기, 표면이자율 연 16%(이자는 매분기말 지급)로 발행된 회사채가 있다. 만기일까지의 잔존기간이 5개월 남은 현시점에서 이 회사채의 만기수익률이 연 12%이면, 이 채권의 이론가격은? (가장 근사치를 고를 것)

① 9,890원 ② 10,000원 ③ 10,110원

④ 10,290원 ⑤ 10,390원

[연습문제 5.4] 채권의 현가 계산 〈CPA 2009 기출〉

정부에서 발행한 두 종류의 채권이 시장에서 거래되고 있다. 즉 만기가 1년이고 액면가가 50만원인 무이표채(A)와, 만기가 2년이고 액면가가 100만원이며 쿠폰이자율(coupon rate)이 10%인 채권(B)이 거래되고 있다. 만기 t년(t=1,2)인 무위험 현물이자율의 형태는 $R(t)=0.05+0.02\times(t-1)$이다. 즉 1년 현물이자율은 0.05(5%), 2년 현물이자율은 0.07(7%)이다. 이 때 A, B가 각기 하나씩 포함된 채권 포트폴리오의 만기수익률(yield)에 가장 가까운 값을 구하라. 만기수익률 산출을 위한 각 계산 단계에서 항상 소수 넷째 자리까지 구한 후 이를 반올림하여 소수 셋째 자리로 확정하여 사용하여라.

① 0.055 ② 0.059 ③ 0.061 ④ 0.065 ⑤ 0.07

[연습문제 5.5] 채권가격 계산(반년 복리)

(주)부경은 일년 전에 만기 11년 채권을 표면이자율 8.25%로 발행하였다. 채권의 액면가격은 1,000원이다. 이 채권은 6개월마다 표면이자를 지급하며, 채권수익률이 7.10%이라고 한다. 이 채권의 현재가격을 구하라.

[연습문제 5.6] 채권의 현재가치(반년 복리, 할증채권)

(주)부경은 위 [5.9]에서와 동일 조건으로 할증채를 발행하였지만 복리빈도만은 연복리에서 반년복리로 변경하였다. 즉, 반년복리, 표면이자율 15%, 잔존기간 15년, 채권수익률 12%, 액면 1,000원이다. 재무계산기를 이용해서 이 할증채의 현가를 계산하라.

[연습문제 5.7] 채권의 현가 계산(분기별 복리, 할증채권)

(주)부경은 위 [5.4]에서와 동일 조건으로 할증채를 발행하였지만 복리빈도만은 연복리에서 분기별 복리로 변경하였다. 즉, 분기별 복리, 표면이자율 15%, 잔존기간 15년, 채권수익률 12%, 액면 1,000원이다.

(a) 재무계산기를 이용해서 이 할증채의 현가를 계산하라.

(b) 위 [3.4]~[3.6]의 결과를 이용해서 복리빈도의 변화에 따른 채권의 현가를 비교하라.

[연습문제 5.8] 채권수익률 계산(반년 복리)

오늘은 2525년 6월의 어느 날이다. (주)부산은 만기일이 2539년 12월인 채권을 발행하였다. 채권공시가격은 액면가(10,000원)의 40%이며, 표면이자율은 8%라고 한다. 그리고 현금흐름은 반년 복리(3월과 9월)로 계산된다고 한다. 이 채권의 수익률을 구하라.

[연습문제 5.9] 채권의 현가 계산(연속복리)

3년만기 회사채의 수익률은 10%이다. 이 채권의 표면이자율은 8%, 채권의 액면가는 $100이며, 6개월마다 표면이자를 지급한다고 한다. 연속복리를 가정할 때, 이 채권의 현가를 계산하시오.

제6장 보통주의 가치평가

<시> **봄비** 고은

1. 보통주의 현재가치
2. 다양한 형태의 주식에 대한 가치평가
3. 배당할인모형의 매개변수 측정

연습문제

[읽을거리 6.1] SNS 기업, 주가 추락때 하는 말 "저크트 "
[읽을거리 6.2] 중국증시 빗장 푼 후강퉁(沪港通)
[읽을거리 6.3] 기부 문화 이끄는 주식 차등의결권(差等議決權)

봄비

고은

이 밤중에 오시나부다
오시는 듯
아니 오시는 듯
오시나부다

어느 아기의 귀가
이 봄비 오시는 소리 들으시나부다

봄비에 젖어든 땅
그 땅 속
잠든 일개미들이 자다 깨어
어수선하시나부다
이제 막 깬 알에서 나온 일개미들이 깨어나
이 세상이
무서운 줄을 처음으로 아시나부다

봄비 이 밤중에 오시나부다 오로지 내 무능의 고요 죄스러워라

1. 보통주의 현재가치

보통주(Common Stock)의 현재가치는 모든 기대되는 미래배당금의 현재가치와 동일하다. 즉, '보통주의 현재가치=PV(기대미래배당금)'로 요약할 수 있다. 이러한 관계를 좀더 구체적으로 살펴보기로 하자.

어느 투자자가 주식을 P_0에 매입해서 1년 간 보유한다고 가정하자. 이 경우, 보통주의 현가는 1년 후 기대배당금의 현가와 1년 후 주식가격의 현가의 합이다.

$$P_0 = \frac{D_1}{1+k_s} + \frac{P_1}{1+k_s} \quad \cdots\cdots (6.1)$$

여기서, P_0 = 보통주의 현재가치

D_1 = 1년 후 **배당금**(Dividend)

P_1 = 1년 후 보통주의 가격

k_s = 주식의 적정할인율

1년 후 주식매입자는 다음 식 (6.2)에 의해 주식가격을 결정할 것이다.

$$P_1 = \frac{D_2}{1+k_s} + \frac{P_2}{1+k_s} \quad \cdots\cdots (6.2)$$

식 (6.2)에 있는 P_1값을 식 (6.1)에 대입하면,

$$P_0 = \frac{1}{1+k_s} \times \left[D_1 + \left(\frac{D_2 + P_2}{1+k_s}\right)\right] = \frac{D_1}{1+k_s} + \frac{D_2}{(1+k_s)^2} + \frac{P_2}{(1+k_s)^2}$$

$$P_0 = \frac{D_1}{1+k_s} + \frac{D_2}{(1+k_s)^2} + \frac{P_2}{(1+k_s)^2} \quad \cdots\cdots (6.3)$$

이러한 과정을 연속적으로 반복하면, 현재의 주식가치는 다음과 같은 식으로 정리된다.

$$P_0 = \frac{D_1}{1+k_s} + \frac{D_2}{(1+k_s)^2} + \frac{D_3}{(1+k_s)^3} + \cdots = \sum_{t=1}^{\infty} \frac{D_t}{(1+k_s)^t}$$

$$\therefore P_0 = \sum_{t=1}^{\infty} \frac{D_t}{(1+k_s)^t} \quad \cdots\cdots (6.4)$$

식 (6.4)는 주식의 가치는 영구적으로 계속되는 기대배당금의 현가의 합과 동일해야 함을 보여준다. 그래서 이 식을 **주식가격의 배당금할인모델**(Dividend Discount Model: DDM)로 부른다.

읽을거리 6.1 SNS 기업, 주가 추락때 하는 말 "저크트"

'저크트(Zucked).'

CNBC가 1일(현지시간) 소개한 신조어다. 소셜네트워크서비스(SNS) 기업 주가가 지난 몇 년간 치솟았다가 최근 급락한 것을 일컫는 것이다. 페이스북 창업자 **마크 저커버그**(Mark Zuckerberg)의 이름에서 따왔다. SNS 주가 하락으로 손해를 본 투자자들이 "저커버그꼴 됐다(I got Zucked)"고 투덜대면서부터다.

CNBC는 "SNS 주가 급락으로 SNS 기업 설립자들의 재산이 빠르게 사라지고 있다"며 가장 많은 재산을 잃은 SNS 기업 설립자 5명을 소개했다.

가장 먼저 이름을 올린 사람은 저커버그. 저커버그가 소유한 페이스북 주식의 가치는 지난 5월 200억달러에서 현재 108억달러까지 떨어졌다. 두 달 만에 90억달러를 잃은 것이다. 포브스 기준 세계 29번째 부자였다가 최근엔 72위 밖으로 밀려났다. CNBC는 "한때 SNS 붐의 아이콘이었던 저커버그가 이젠 SNS 버블의 상징이 됐다"고 평가했다.

저커버그와 함께 페이스북을 설립한 더스틴 모스코비츠도 두 달 동안 20억달러를 날렸다. 페이스북 주가는 이날 전날보다 3.8% 급락한 20.88달러를 기록, 공모가 대비 43% 수준으로 떨어졌다.

지난해 가을 8억달러 부자였던 앤드루 메이슨 그루폰 최고경영자(CEO)의 현재 보유 주식 가치는 3억달러 정도인 것으로 알려졌다. 온라인 상품 거래업체인 그루폰이 상장 이후 주가가 76% 급락한 탓이다. 공동 설립자인 에릭 레프코프스키의 그루폰 지분 가치는 상장 당시 40억달러에서 8억달러로 뚝 떨어졌다.

인터넷 게임업체 징가를 설립한 마크 핀커스가 갖고 있는 징가 주식의 현재 가치는 2억7000만달러 수준. 주가가 최고점을 찍었을 때는 10억달러가 넘었다. 핀커스는 올해 초 1600만주에 달하는 주식을 팔아치우기도 했다.

매각 당시 징가 주가가 12달러(현재는 3달러)였다는 점에서 핀커스가 주가 급락을 예상했다는 지적도 나왔다.

출처 : 고은이(2012). "SNS 기업, 주가 추락때 하는 말 '저크트'," 「한국경제」 2012년 8월 3일자.

---

2. 다양한 형태의 주식에 대한 가치평가

2.1 항상성장주식(Constant Growth Stock)의 주가

배당금(Dividend)이 매년 g비율로 성장하는 보통주의 현가를 구하기 위해서는 우선 배당금의 미래가를 구한 후, 이들을 할인하여 합치면 된다.

항상성장주식의 t기 배당금은 다음과 같이 나타낼 수 있다.

$$D_t = D(1+g)^t \quad \cdots\cdots (6.5)$$

이를 식 (6.4)에 대입하면,

$$P_0 = \frac{D_0(1+g)}{1+k_s} + \frac{D_0(1+g)^2}{(1+k_s)^2} + \frac{D_0(1+g)^3}{(1+k_s)^3} + \cdots$$

여기서 P_0는 초항 $\dfrac{D_0(1+g)}{1+k_s} = \dfrac{D_1}{1+k_s}$, 등비 $\dfrac{1+g}{1+k_s}$ 인 무한등비수열이다. 이 식을 단순화시키면, 항상성장 기업의 주식가치를 구할 수 있다.

$$P = \frac{\text{초항}}{1-\text{공비}} = \frac{\dfrac{D_1}{1+k_s}}{1-\left(\dfrac{1+g}{1+k_s}\right)} = \frac{D_1}{k_s - g}$$

단, $k_s > g$

따라서 항상성장 기업의 주식가치는 아래 식과 같다.

$$P_0 = \frac{D_1}{k_s - g} \quad \cdots\cdots (6.6)$$

예제 6.1 항상성장 보통주의 현재가치

애플사는 \$1.82의 배당금을 연초에 지불하였다. 투자자들은 애플사의 배당금이 매년 10%씩 성장할 것으로 예상하고 있다. 주식의 적정할인률이 16%라면, 애플사 주식의 현재가치는 얼마인가?

【해설】

$$P_0 = \frac{D_0(1+g)}{k_s - g} = \frac{D_1}{k_s - g} = \frac{\$1.82(1+0.10)}{0.16-0.10} = \frac{\$2.00}{0.06} = \$33.33.$$

정답 : 애플사 주식의 현재가치는 \$33.33이다.

2.2 차등성장주식(Different Expected Growth Rate Stock)

차등성장하는 회사의 주식가치는 미래기대배당금의 현가의 합이다.

$$D_t = D_0(1+g_t)^t$$

$$P_0 = \frac{D_0(1+g_1)}{1+k_s} + \frac{D_0(1+g_2)^2}{(1+k_s)^2} + \frac{D_0(1+g_3)^3}{(1+k_s)^3} + \cdots$$

현재부터 향후 3년간 급성장하다가 4년째부터 g%로 항상성장한다고 가정하면, 차등성장의 주식가치 P_0는 다음과 같다.

$$\begin{aligned} P_0 &= \frac{D_0(1+g_1)}{1+k_s} + \frac{D_0(1+g_2)^2}{(1+k_s)^2} + \frac{D_0(1+g_3)^3}{(1+k_s)^3} + \frac{D_0(1+g)^4}{(1+k_s)^4} + \cdots \\ &= \frac{D_0(1+g_1)}{1+k_s} + \frac{D_0(1+g_2)^2}{(1+k_s)^2} + \frac{D_0(1+g_3)^3}{(1+k_s)^3} + \frac{D_4}{k_s - g} \\ &= \frac{D_0(1+g_1)}{1+k_s} + \frac{D_0(1+g_2)^2}{(1+k_s)^2} + \frac{D_0(1+g_3)^3}{(1+k_s)^3} + P_3 \end{aligned}$$

$$\therefore P_0 = \frac{D_0(1+g_1)}{1+k_s} + \frac{D_0(1+g_2)^2}{(1+k_s)^2} + \frac{D_0(1+g_3)^3}{(1+k_s)^3} + P_3$$

예제 6.2 차등성장 보통주의 주가

㈜삼성전자의 배당금은 향후 3년간 30%씩 성장하다가, 4년후부터는 10%로 고정될 것으로 예상된다. 삼성전자는 연초에 배당금으로 1,820원씩 지불하였다고 한다. 주식의 적정할인율은 16%로 가정한다. 삼성전자 주식의 현재가치는 얼마인가?

【해설】

(a) 향후 3년간 기대배당금의 현가의 합을 계산

① 1년후부터 3년후까지의 배당금 D_t 을 구한다.

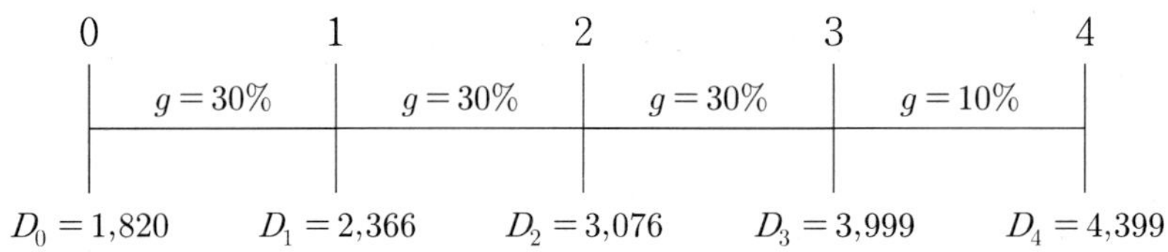

$$D_1 = D_0(1+0.3) = 1,820(1.3) = 2,366$$
$$D_2 = D_1(1+0.3) = 2,366(1.3) = 3,076$$
$$D_3 = D_2(1+0.3) = 3,076(1.3) = 3,999$$
$$D_4 = D_3(1+0.1) = 3,999(1.1) = 4,399$$

② 기대배당금의 현가($PV\ \ D_t$)를 구한다.

$$PV\,D_1 = D_1 \times PVIF_{16\%,\,1년} = 2,366 \times 0.8621 = 2,040$$
$$PV\,D_2 = D_2 \times PVIF_{16\%,\,2년} = 3,076 \times 0.7432 = 2,286$$
$$PV\,D_3 = D_3 \times PVIF_{16\%,\,3년} = 3,999 \times 0.6407 = 2,562$$

③ 기대배당금의 현가의 합을 구한다.

∴ 향후 3년간 기대배당금의 현가의 합 $= 2,040 + 2,286 + 2,562 = 6,888$.

(b) P_3 와 P_3 의 현가를 계산

$$P_3 = \frac{D_4}{k-g} = \frac{4,399}{0.16-0.10} = 73,317.$$

$$PV\ P_3 = 73{,}317(PVIF_{16\%,\,3\text{년}}) = 73{,}317 \times (0.6407) = 46{,}974.$$

여기서, $PVIF_{16\%,\,t\text{년}}$ 의 값은 부록의 [부표 1] 현가이자요소(PVIF)의 일부인 아래 표를 이용해서 구한다. 물론 재무계산기로도 가능하다.

현가이자요소

$$PVIF_{k\%,\,n\text{년}} = \frac{1}{(1+k)^n}$$

n \ $k\%$	12%	14%	15%	16%	18%
1	0.8929	0.8772	0.8696	*0.8621*	0.8475
2	0.7972	0.7695	0.7561	*0.7432*	0.7182
3	0.7118	0.6750	0.6575	*0.6407*	0.6086
4	0.6355	0.5921	0.5718	0.5523	0.5158
5	0.5674	0.5194	0.4972	0.4761	0.4371

(c) 주식의 현가 계산

P_0 = 향후 3년간 배당금의 현가의 합 + $PV\ P_3$

= 6,888 + 46,974

= 53,862.

정답 : 차등성장하는 ㈜삼성전자의 주가는 53,862원이다.

[Business Humor]

Changed Parrot(정신차린 앵무새)

David received a parrot for his birthday. This parrot was fully grown with bad attitude and worse vocabulary. He tried hard to change the bird's attitude and was constantly saying polite words, or playing soft music. Nothing worked. He yelled at the bird. It got worse.

Finally, in a moment of desperation, David put the parrot in the freezer. For a few moments he heard the bird squawking, kicking and screaming. And then suddenly all was quiet.

David was frightened and quickly opened the freezer door. The parrot calmly stepped out and said:

"I'm sorry that I offended you with my bad language. I ask for your forgiveness … …."

David was astounded at the bird's change in attitude and was about to ask what changed him when the parrot continued: "Pardon me. May I ask what that chicken did?"

데이비드는 생일선물로 앵무새를 받았다. 그런데 다 자란 그 앵무새는 행실이 고약하고 내뱉는 소리마다 상스러운 것이었다. 그는 부단히 점잖은 말만을 사용하고 부드러운 음악을 들려주면서 앵무새의 행실이 좋아지게 해보려고 무던히 애썼다. 하지만 아무 소용이 없었다. 고함을 쳤더니 녀석의 버릇은 더 나빠졌다.

급기야 절망적인 심정에서 그는 녀석을 냉장고에 집어넣었다. 잠시 꽥꽥거리며 문을 걷어차기도 하고 고함을 질러대기도 하더니 갑자기 조용해지는 것이었다. 데이비드는 덜컥 겁이 나서 얼른 냉장고 문을 열었다. 앵무새는 얌전히 걸어 나오더니 말하는 것이었다 :

"내가 못된 말만 사용해서 화나시게 해서 죄송합니다. 용서해주세요… …."

녀석의 태도가 달라진 것을 보고 어리둥절해져서 그 까닭을 물으려는데 앵무새의 말이 이어졌다 : “죄송합니다만 저 닭은 무슨 짓을 했던 건지 물어봐도 될까요?”

△ parrot : 앵무새
△ in a moment of desperation : 절망적인 순간에
△ squawk : 꽥꽥 소리지르다
△ offend : 성나게 하다
△ astound : 깜짝 놀라게 하다

출처 : http://blog.hankyung.com/koh0906.

3. 배당할인모형의 매개변수 측정

기업의 가치를 결정하는 변수인 이익성장률과 적정할인율을 어떻게 측정하는 지를 살펴보자.

3.1 이익성장률 측정

$$\begin{aligned}\text{내년 이익} &= \text{금년 이익} + \text{이익의 증가} \\ &= \text{금년 이익} + \text{금년 유보이익} \times \text{자기자본이익률} \quad \cdots\cdots (6.8)\end{aligned}$$

식 (6.8)의 양변을 금년 이익으로 나누면,

$$\frac{\text{내년이익}}{\text{금년이익}} = \frac{\text{금년이익}}{\text{금년이익}} + \left(\frac{\text{금년유보이익}}{\text{금년이익}}\right) \times \text{자기자본이익률}$$

위 식의 좌변을 1 + 이익성장율(g)로 나타내면,

$$1+g = 1+b \times ROE$$

따라서 이익성장율은 다름과 같다.

$$g = b \times ROE \quad \cdots\cdots (6.9)$$

여기서,

이익성장률(growth rate) = g

유보이익(retained earnings)

자기자본이익률(return on equity) = ROE

유보비율(retention ratio) = b.

예제 6.4 이익성장율 측정

㈜현대자동차는 당기순이익이 3조라고 공시했으며, 이익의 20%를 사내 유보할 예정이다. 과거 자기자본이익률(ROE)은 15%였으며, 이 이익률은 계속될 것으로 기대된다. 이 기업의 향후 이익성장율을 구하라.

【해설】

$g = b \times ROE = 0.20 \times 0.15 = 0.03.$

정답 : ㈜현대자동차의 향후 이익성장률은 3%로 예상된다.

예제 6.5 통계학 워크시트를 이용한 배당금 성장률의 추정[1)]

2527년 연말인 어제 BMW사는 €3.30의 연배당금을 지급하였다. 주식의 적정할인률은 16%로 가정한다. 배당금은 항상지수성장모형(constant exponential growth model)에 의해 부드럽게 성장하며, 연도별 배당금은 아래 표와 같다.

1) Downs, T. W. (2005). *Lessons About The Structure of Finance,* 2nd ed., Pearson Custom Publishing, pp. 261-267.

연도	배당금
2521	€1.80
2522	1.80
2523	2.60
2524	2.20
2525	2.70
2526	3.20
2527	*3.30*

(a) 배당금성장율의 추정치를 구하라.

(b) 내년(2528년)의 배당금지급액의 추정치를 구하라.

(c) 주식의 내재가치를 구하라.

【해설】

(a) 배당금성장율의 추정치 계산

재무계산기의 통계학워크시트에서, 기간과 배당금을 변수 X, 변수 Y 자리에 입력한다. 재무계산기에 변수 X를 입력할 때, 기간(1~7) 대신에 연도(2521~2527)를 입력해도 동일한 결과를 얻는다. 통계학에서는 “회귀분석선 $\ln(Y) = a + bX$을 이용해서 a와 b를 추정한다”고 한다. 회귀분석선에서, $b = 1 + g$임을 이용해서 배당금성장률의 추정치 g를 구한다.

【참고】

재무계산기의 **통계학워크시트(Statistics Worksheet)**에서 자료입력을 위해서는 [2ND] [DATA]를, 그리고 통계학적 계산방법을 선택하려면 [2ND] [STAT]를 각각 누르며 된다. 통계학워크시트를 이용할 때 필요한 키의 위치는 아래 이미지와 같다.

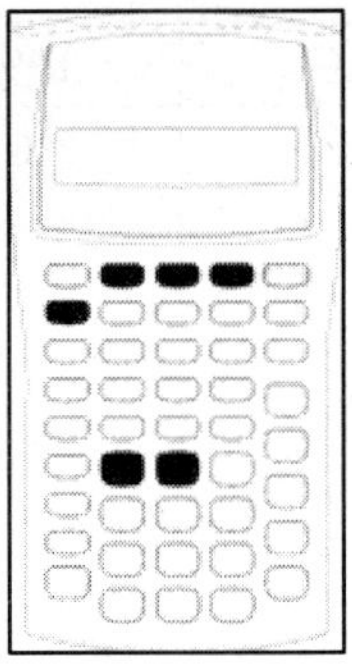

(b) 내년(2528년)의 배당금지급액의 추정치 계산

회귀분석선 $\ln(Y) = a + bX$을 구한 후, X=8을 대입해서 내년의 배당금지급액의 추정치를 구한다.

(c) 주식의 내재가치 계산

항상성장모형 $P_0 = \dfrac{D_1}{k_s - g}$을 이용해서 주식의 내재가치를 구한다.

연도	기간(X)	배당금(Y)
2521	1	€1.80
2522	2	1.80
2523	3	2.60
2524	4	2.20
2525	5	2.70
2526	6	3.20
2527	7	*3.30*

CALCULATOR CLLUE

절 차	키 누르기	화면표시
통계 데이터 입력 선택	2ND [DATA]	[X01 = 기존 데이터]
워크시트 내용 삭제	2ND [CLR WORK]	[X01 0.0000]

데이터 값 입력	1 ENTER	[X01 = 1.0000◁]
	↓ 1.80 ENTER	[Y01 = 1.8000◁]
	↓ 2 ENTER	[X02 = 2.0000◁]
	↓ 1.80 ENTER	[Y02 = 1.8000◁]
	↓ 3 ENTER	[X03 = 3.0000◁]
	↓ 2.60 ENTER	[Y03 = 2.6000◁]
	↓ 4 ENTER	[X04 = 4.0000◁]
	↓ 2.20 ENTER	[Y04 = 2.2000◁]
	↓ 5 ENTER	[X05 = 5.0000◁]
	↓ 2.70 ENTER	[Y05 = 2.7000◁]
	↓ 6 ENTER	[X06 = 6.0000◁]
	↓ 3.20 ENTER	[Y06 = 3.2000◁]
	↓ 7 ENTER	[X07 = 7.0000◁]
	↓ 3.30 ENTER	[Y07 = 3.3000◁]
통계워크시트의 통계계산 선택	2ND [STAT] 주1)	[LIN]
배당금의 성장률 추정치 확인	화면에 "EXP"가 나올 때까지 2ND ENTER 를 여러 번 누름	[EXP SET ↓↑] 주)
	화면에 "b=1.1134"가 나올 때까지 ↓ 를 계속 누름	[b = 1.1134]
내년도 기간 선택	화면에 "X′= "가 나올 때까지 ↓ 를 두 번 누름	[X′ = 0.0000]
내년도 배당금지급액 성장률	8 ENTER ↓ CPT	[Y'_8 = 3.76*]

주) 통계학에서는, $\log(Y) = a + bX$에 대한 ordinary least squares estimate를 구하는 과정이라고 한다.

정답 :

(a) 재무계산기로부터 [b = 1.1134]. g = b-1 = 1.1134-1 = 0.1134

∴ 배당금성장률의 추정치 = 11.34%.

(b) [Y'8 = 3.76*]로부터, 내년(2528년)의 배당금지급액의 추정치는 €3.76이다.

(c) $P_0 = \dfrac{D_{2528}}{k_s - g} = \dfrac{3.76}{.16 - .1134} = 80.6867$

∴ 주식의 내재가치는 €80.69이다.

3.2 주식의 적정할인율 측정

식 (6.6)으로부터 항상성장 주식의 적정할인율을 도출할 수 있다.

$$P_0 = \frac{D_1}{k_s - g} \text{ 로부터}$$

$$k_s = \frac{D_1}{P_0} + g \quad \cdots\cdots (6.10)$$

즉, 적정할인율(k_s) = 배당수익률($\dfrac{D_1}{P_0}$) + 기대성장율(g) 혹은 자본수익율.

예제 6.6 적정할인율 계산

Facebook사의 배당금지급은 1년 후에는 $1.40, 2년후에는 $1.75, 3년후에는 $2.00로 예상된다. 그리고 3년후에는 이 회사의 주식을 $30에 매각할 수 있을 것으로 기대하고 있다. 현재 주가가 $24라면, 이 기업의 적정할인률은 얼마인가?

【해설】

주식의 **내재가치**(intrinsic value)는 모든 기대현금흐름의 현가의 합과 동일하다.

$$P_0 = \frac{CF_1}{1+k_s} + \frac{CF_2}{(1+k_s)^2} + \frac{CF_3}{(1+k_s)^3} + \cdots = \sum_{t=1}^{\infty} \frac{CF_t}{(1+k_s)^t}$$

$$\$24 = \frac{\$1.40}{(1+k)^1} + \frac{\$1.75}{(1+k)^2} + \frac{\$2 + \$30}{(1+k)^3}$$

여기서, 적정할인률 k를 구하기 위해서는 재무계산기를 이용해서 **내부수익률**(Internal Rate of Return : *IRR*)을 구해야 한다.

Given : $CF0 = -\$24, C01 = 1.40, F01 = 1, C02 = 1.75, F02 = 1, C03 = 32, F03 = 1$

⇨ *IRR*?

CALCULATOR CLUE

절 차	키 입력	화면표시
현금흐름워크시트 선택	CF	[CFo = 0.00]
워크시트 내용 삭제	2ND [CLR WORK]	[CFo = 0.00]
초기 현금흐름 입력	24 +/− ENTER	[CF0 = -24.00◁]
첫 번째 현금흐름 입력	↓ 1.40 ENTER	[C01 = 1.40◁]
첫 번째 현금흐름 빈도수 입력	↓ 1 ENTER	[F01 = 1.00◁]
두 번째 현금흐름 입력	↓ 1.75 ENTER	[C02 = 1.75◁]
두 번째 현금흐름 빈도수 입력	↓ 1 ENTER	[F02 = 1.00◁]
세 번째 현금흐름 입력	↓ 32 ENTER	[C02 = 32.00◁]
세 번째 현금흐름 빈도수 입력	↓ 1 ENTER	[F02 = 1.00◁]
IRR(내부수익률) 선택	IRR	[IRR = 0.00]
IRR 계산	CPT	[IRR = 14.29*]

정답 : 재무계산기로부터 [IRR = 14.29*]. 따라서 기업의 적정할인률은 14.29%이다.

읽을거리 6.2 중국증시 빗장 푼 후강퉁(沪港通)

매일경제신문 2014년 11월 18일자 A1면에 '후강퉁 첫날 중국 주식 매진'이라는 기사가 실렸어요. 기사를 읽어보니 후강퉁 개시 첫날 전 세계 투자자들이 중국 본토 주식을 사겠다고 몰려들어 상하이 증시에서 하루 투자한도 130억위안(약 2조3000억원)어치 주식을 다 사버렸네요. 후강퉁이 뭐길래 이렇게들 떠들썩할까요? 먼저 후강퉁(滬港通, Hùgǎngtōng) 용어부터 알아봐야겠어요.

중국은 각 도시마다 상징 한자를 갖고 있어요. 베이징(北京)은 징(京), 톈진(天津)은 진(津) 같은 거예요. 상하이(上海)를 상징하는 한자는 후(滬)이고 홍콩은 강(港)이랍니다. 후, 강은 상하이와 홍콩을 가리키는 말이고 퉁(통 · 通)은 한자 뜻 그대로 '연결한다, 통한다'는 뜻이에요.

후강퉁(Shanghai-Hong Kong Stock Connect)은 상하이와 홍콩 증권거래소에서 주식 교차 거래를 허용하는 조치라는 경제용어랍니다. 상하이에서 중국 본토인이 홍콩에 상장한 기업 주식을 살 수 있고 홍콩에서도 상하이 주식시장에서 주식을 살 수 있는 것이지요. 후강퉁이 시행됨으로써 비로소 국내 투자자를 비롯한 외국인들은 홍콩을 경유해 큰 제약 없이 중국 본토 주식을 사고 팔 수 있게 됐어요.

이제까지 중국 주식은 외국의 개인투자자가 마음대로 살 수 없었습니다. 상하이 증시에서는 외국인 전용주식인 B주에만 투자할 수 있었죠. 그러나 투자할 종목 수가 50여 개에 불과하고 거래가 부진해 유명무실한 상태였어요. 우량주인 중국 내국인 전용주식인 A주에 투자하려면 중국 정부로부터 적격외국인기관투자가라는 자격을 얻어야만 했답니다. 아무리 돈이 많아도 중국 최대 유제품 업체 네이멍구이리그룹 주식이나 주류산업 대표 기업인 구이저우마오타이, 중국 최대 자동차업체 상하이자동차, 백색가전 글로벌 선두업체인 칭다오하이얼 같은 우량기업들에는 투자할 수 없었죠.

그런데 이번 후강퉁 시행으로 그간 투자가 어려웠던 중국 우량 A주 종목을 홍콩 시장을 거쳐 직접 살 수 있게 된 것이죠. 더구나 상하이 증시 A주는 종목이 568개나 되고 이 종목들은 상하이종합지수 전체 시가총액의 90%를 차지하고 있어요. 결국 후강퉁은 중국이 지금까지 굳게 닫아걸었던 주식시장의 빗장을 푼 것이에요.

중국은 후강퉁을 실시하면서 글로벌자금 하루 투자한도(130억위안 · 약 2조3000억원)를 뒀어요. 하루 2조3000억원이라는 자금은 굉장히 커 보이지만 사실 상하이증시 시가총액은 4000조원에 달하니 그렇게 많은 액수는 아니지요. 하지만 하루 투자한도는 개방 폭에 따라 조만간 더 늘리거나 폐지될 수도 있어요. 중국 정부는 또 후강퉁을 실시하면서 인센티브도 내놨어요. 그동안 외국인 투자자들에게 주식 매매 차익의 10%를 세금으로 매겼지만, 후강퉁을 통해 상하이 주식을 매매하는 투자자에겐 이 세금을 3년간 면제하기로 했죠. 기사를 보니 국내투자자들도 시행 첫날인 17일 하루 100억~150억원어치 중국 주식을 샀다고 해요. 중국은 13억명이라는 탄탄한 내수 수요를 갖고 있기 때문에 국내 자산가들도 관심을 갖는 것은 당연하겠지요. 하지만 전문가들은 중국 주식은 국내 주식에 비해 정보가 제한돼 있어 꼼꼼하게 따져보고 투자해야 한다고 조언해요. 또 주식투자를 위해 중국 위안화로 환전해야 하기 때문에 환율도 잘 봐야 해요.

중국은 정치 · 경제적으로 이미 미국에 이어 세계 두 번째 국가예요. 하지만 단 하나, 금융 분야는 아직 선진국 수준과 거리가 멀어요. 자본시장도 개방돼 있지 않고, 위안화도 국제통화로 받아들여지지 않고 있죠. 후강퉁은 중국이 금융산업에서도 움직이기 시작했다는 첫 번째 징조예요. 중국은 후강퉁을 시작으로 위안화 국제화에도 시동을 걸고 있어요.

프랑스의 나폴레옹은 중국을 '잠자는 사자'라고 지칭했어요. 하지만 이제 중국의 힘은 세계 증권시장에도 미치려 하고 있어요. 후강퉁이 전 세계 투자자들의 호응을 얻으면 아시아 신흥국에 투자하는 외국인 자금이 중국 쪽으로 쏠릴 수 있어요. 중국 주식시장이 외국인 자금을 블랙홀처럼 빨아들이면 옆 나라인 우리에겐 외국인 자금이 빠져나가는 악재가 될 수 있겠죠. 하지만 장기적으로 볼 때 아시아권에 글로벌 자금이 몰리면서 우리 증시가 반사이익을 볼 것이라는 분석도 있으니 천천히 지켜봐야겠어요.

출처 : 전병득(2014). "[경제신문은 내친구] 중국증시 빗장 푼 후강퉁," 「매일경제」 2014년 11월 20일자 A35면.

읽을거리 6.3 기부 문화 이끄는 주식 차등의결권(差等議決權)

만 30세도 안 된 젊은 나이로 작년에 1조원을 기부해 미국 기부왕(王)에 오른 페이스북 창업자 겸 최고경영자(CEO) 마크 저커버그를 보면 부러움이 앞선다. 자수성가로 억만장자가 된 후 '노블레스 오블리주(사회 지도층의 도덕적 의무)'를 실천하는 미국의 기부 문화에 대한 부러움이다.

그런데 저커버그가 기부한 내역을 보면 부러움이 궁금증으로 바뀐다. 기부 대부분이 주식이기 때문이다. 그는 작년 말 실리콘밸리 커뮤니티재단에 시가 1조원 상당의 페이스북 주식 1800만주를 기부했다. 2012년에도 같은 재단에 5000억원 상당의 주식을 쾌척했고, 2010년엔 뉴저지주의 한 공립학교에 1000억원 상당의 주식을 내놓았다. 경영진의 지분율이 낮으면 언제든 적대적 M&A(인수·합병)의 먹잇감이 될 수 있는 미국에서 저커버그가 주식 기부에 나설 수 있었던 비결은 무엇일까. 답은 차등의결권에 있었다. 페이스북의 주식은 1주 1표의 의결권을 행사하는 A주(class A)와 1주 10표의 B주(class B)로 나뉘어 있다. 저커버그는 총지분율은 20%가량에 불과하지만, 차등의결권을 통해 60%에 가까운 절대적인 의결권을 행사하고 있다.

페이스북뿐 아니라 미국 최대 인터넷 포털인 구글과 자동차 빅3 중 하나인 포드 등 많은 미국 기업이 차등의결권을 채택하고 있다. 영국·프랑스·독일·스웨덴 등 유럽 국가들도 마찬가지다. 최근 중국의 최대 전자상거래업체인 알리바바가 차등의결권을 보장받기 위해 홍콩이 아닌 뉴욕증시로 상장하겠다고 발표한 데서 보듯 차등의결권은 우리보다 자본주의 역사가 짧은 중국까지 확산돼 있다. 차등의결권은 1주 10표가 일반적이다. 하지만 '투자의 귀재' 워런 버핏은 1주에 200표가 부여된 수퍼 차등의결권 주식을 통해 버크셔해서웨이를 지배하고 있다. 버핏은 2006년 6월 역대 최고 금액인 307억달러(약 31조원)를 빌 게이츠가 세운 빌&멜린다 게이츠 재단에 기부하기로 약속했는데, 이 약속을 지키기 위해 매년 회사 주식을 기부하고 있다. 작년에 시가 20억달러 상당의 주식 1746만주를 기부하는 등 지금까지 130억달러어치의 주식을 이 재단에 냈다. 차등의결권과 기부 간의 직접적인 상관관계는 규명하기 어렵지만, 차등의결권으로 확실한 경영권 방어장치를 확보한 미국 갑부 가운데 상당수가 주식으로 거액 기부에 나서는 것은 분명하다.

미국·유럽과 달리 우리나라는 차등의결권을 인정하지 않는다. 2003년 SK그룹 경영권을 공격한 소버린 사태나 2006년 기업 사냥꾼인 칼 아이칸의 KT&G 공격 때 "적대적 M&A로부터 국내 경영권을 보호하기 위해 차등의결권 도입이 필요하다"는 주장이 잠시 제기됐지만 곧 흐지부지됐다. '재벌 특혜'라는 역풍을 우려해 정치권과 정부 모두 몸을 사렸기 때문이다.

적은 지분으로 그룹 계열사들을 지배하는 대기업 총수들의 황제경영을 두둔할 생각은 없다. 하지만 강제로 이들 지분을 빼앗을 방법이 없다면 차라리 차등의결권을 인정해 최소한의 지분으로 경영권을 행사할 수 있게 보장해주고 남는 지분을 사회에 환원할 수 있게 유도하는 것이 훨씬 합리적인 대안이 아닐까 싶다.

출처 : 나지홍(2014). "기부 문화 이끄는 주식 差等의결권," 「조선일보」 2014년 4월 14일자 A31면.

요 약

1. 보통주의 현재가치

○ 보통주의 현가는 미래현금흐름의 현가의 합과 같다.

$$P_0 = \sum_{t=1}^{\infty} \frac{CF_t}{(1+k_s)^t}$$

1.1 단일 기간에 걸친 주식의 현가

○ 공식

$$P_0 = \frac{D_1}{1+k_s} + \frac{P_1}{1+k_s}$$

여기서, P_0 = 보통주의 현재가치

D_1 = 1년 후 배당금

P_1 = 1년 후 보통주의 가격

k_s = 주식의 적정할인율

○ 1년 후 주식 가격

$$P_1 = \frac{D_2}{1+k_s} + \frac{P_2}{1+k_s}$$

1.2 두 기간에 걸친 주식의 현가

$$P_0 = \frac{1}{1+k_s}\left[D_1 + \left(\frac{D_2+P_2}{1+k_s}\right)\right] = \frac{D_1}{1+k_s} + \frac{D_2}{(1+k_s)^2} + \frac{P_2}{(1+k_s)^2}$$

이러한 과정을 연속적으로 반복하면, 현재 주가는 다음과 같은 식으로 정리된다.

$$P_0 = \frac{D_1}{1+k_s} + \frac{D_2}{(1+k_s)^2} + \frac{D_3}{(1+k_s)^3} + \cdots = \sum_{t=1}^{\infty} \frac{D_t}{(1+k_s)^t}$$

2. 다양한 형태의 주식에 대한 가치평가

2.1 무성장하는 기업의 주가

○ 배당금이 전혀 성장하지 않는 무성장 주식의 현가를 구하는 방법은 **영구연금**(perpetuity)의 현가를 구하는 방법과 동일하다.

○ 무성장 주식의 경우에는 $D_1 = D_2 = \ldots = D$이므로, 무성장주식의 현가는 다음과 같다.

$$P_0 = \frac{D}{1+k_s} + \frac{D}{(1+k_s)^2} + \frac{D}{(1+k_s)^3} + \cdots = \sum_{t=1}^{\infty} \frac{D}{(1+k_s)^t} = \frac{D}{k_s}$$

2.2 항상성장하는 기업의 주가

○ 배당금이 매년 $g\%$로 성장하는 **항상성장 주식**(constant growth stock)의 현가는 배당금의 미래가를 구한 후, 이들을 할인하여 더하면 된다.

$$P_0 = \frac{D_1}{k_s - g}$$

단, $k_s > g$

2.3 차등성장하는 기업의 주가

○ 차등성장(different expected growth rate)하는 기업의 주가는 미래기대배당금의 현가의 합으로 표시된다.

$$D_t = D_0(1+g_t)^t$$

$$P_0 = \frac{D_0(1+g_1)}{1+k_s} + \frac{D_0(1+g_2)^2}{(1+k_s)^2} + \frac{D_0(1+g_3)^3}{(1+k_s)^3} + \cdots$$

○ 현재부터 향후 3년간 급성장하다가 4년째부터 g%로 항상성장한다고 가정하면, 차등성장하는 기업의 주가는 다음과 같이 계산된다.

$$P_0 = \frac{D_0(1+g_1)}{1+k_s} + \frac{D_0(1+g_2)^2}{(1+k_s)^2} + \frac{D_0(1+g_3)^3}{(1+k_s)^3} + P_3$$

2.4 항상성장하는 우선주의 주가

우선주(preferred stock)는 채권과 주식의 특성을 모두 지니고 있는 합성증권(hybrid)이다.

대개 우선주는 투자자들에게 일정한 금액의 배당금을 규칙적으로 지불한다. 이러한 배당금 지불이 영원히 지속된다고 가정하면, 우선주의 현재 주가는 영구연금의 가치와 동일하다.

$$V_{ps} = \frac{D_{ps}}{k_{ps}}$$

여기서, V_{ps} = 우선주의 현재가치

D_{ps} = 우선주의 배당금

k_{ps} = 우선주에 대한 요구수익률.

3. 배당할인모형의 매개변수 측정

3.1 이익성장율 측정

$$g = b \times ROE$$

여기서,

g = 이익성장율

b = 유보비율(retention ratio)

ROE = 자기자본이익률(return on equity)

3.2 주식의 적정할인율 측정

○ 항상성장모형

$$P_0 = \frac{D_1}{k_s - g}$$ 로부터

$$k_s = \frac{D_1}{P_0} + g$$

○ 통계학 워크시트를 이용해서 배당금의 성장률을 추정할 수 있다.

4. 주가와 성장기회

○ 현실적으로 주가와 성장기회는 밀접한 관계를 지닌다. 장래 성장가능성이 높은 기업의 주식은 성장가능성이 낮은 기업보다 상대적으로 높게 평가될 것이다.

○ 이는 기업의 미래성장기회가 현재의 주가에 반영되어 있기 때문이다.

4.1 성장기회가 존재하지 않는 경우의 주가

○ 성장기회가 존재하지 않는 기업의 주가는 DIV를 영구히 지급하는 영구연금의 현가의 합과 동일하다.

$$P_0 = \frac{EPS}{k_s} = \frac{DIV}{k_s}$$

4.2 성장기회가 존재하는 경우의 주가

○ 성장기회가 존재하는 기업의 주가는 무성장기업의 주가와 성장기회의 순현가의 합이다.

$$P_0 = \frac{DIV}{k_s} + NPVGO$$

여기서, $NPVGO$ = Net Present Value of Growth Opportunity
(성장기회의 순현가).

연습문제

[연습문제 6.1] 통계학 워크시트를 이용한 배당금의 성장률 추정치 계산

2527년도말인 어제 UK사는 ₤1.90의 연배당금을 지급하였다. 배당금은 항상지수성장모형(constant exponential growth model)에 의해 부드럽게 성장하며, 주식의 적정할인률은 16%로 가정한다.

연 도	배당금
2521	₤0.99
2522	1.28
2523	1.26
2524	1.63
2525	1.60
2526	1.80
2527	1.90

(a) 배당금성장율의 최적추정치를 구하라.

(b) 내년(2528년)의 배당금지급액의 추정치를 구하라.

(c) 주식의 내재가치를 구하라.

[연습문제 6.2] 배당금의 성장률 계산

LG사는 오늘 연배당금 ₩500을 지급하였다. 그리고 5년전에는 배당금으로 ₩290을 지불하였다고 한다. 배당금은 항상률(constant rate)로 부드럽게 성장한다고 가정한다.

(a) 배당금의 성장률을 구하라.

(b) 내년도 배당금을 구하라.

[연습문제 6.3] 주식의 가치평가

'경영' 군은 ㈜부경의 주식을 200주 보유하고 있다. ㈜부경은 1년후 140원, 2년후 175원, 3년후 200원의 주당 배당금을 지급할 것으로 예상된다. 그리고 경영 군은 3년후 이 주식을 주당 3000원에 매각할 수 있을 것으로 기대된다. 할인율은 10%라고 한

다. '경영' 군이 보유하고 있는 주식의 현재가치는 얼마일까? 원 단위로 답하라.

[연습문제 6.4] 주식의 할인률 계산

'경영' 군은 ㈜PKNU 주식의 구입을 고려하고 있다. ㈜PKNU는 1년후 $1.40, 2년후 $1.75, 3년후 $2.00의 주당 배당금을 지급할 것으로 예상된다. 그리고 3년후 이 주식을 주당 $30.00에 매각할 수 있을 것으로 기대된다. ㈜PKNU 주식은 현재 $24에 거래되고 있다. 이 주식의 할인율을 구하라.

제7장 자본예산

<시> **봄 비** 김소월

1. 순현가법
2. 내부수익률법
3. 수익성지수법

연습문제

[읽을거리 7.1] 코스닥 이야기

[읽을거리 7.2] 125년전 월紙

봄 비

김소월

어룰없이 지는 꽃은 가는 봄인데
어룰없이 오는 비에 봄은 울어라
서럽다, 이 나의 가슴속에는!
보라, 높은 구름, 나무의 푸릇한 가지
그러나 해 늦으니 어스름인가
애닯이 고운 비는 그어 오지만
내 몸은 꽃자리에 주저앉아 우노라

자본예산(capital budgeting)이란 어떤 투자안을 채택할 것인가 혹은 기각할 것인가에 대한 의사결정과정이다. 본 장에서는 자본예산의 의사결정에 필요한 순현가법, 내부수익률법, 수익성지수법에 대해 살펴본다.

1. 순현가법

1.1 순현가법의 개념

순현가법(Net Present Value Method)이란 순현가를 이용해서 투자안의 우선순위를 부여하는 방법을 말한다. 순현가(Net Present Value : NPV)는 모든 미래현금흐름을 자본수익률로 할인한 현가의 합으로 정의된다. 이를 수식으로 나타내면 아래 식 (7.1)과 같다.

$$NPV = CF_0 + \frac{CF_1}{1+k} + \frac{CF_2}{(1+k)^2} + \cdots + \frac{CF_n}{(1+k)^n}$$

$$= \sum_{t=0}^{n} \frac{CF_t}{(1+k)^t}$$

$$= \sum_{t=0}^{n} CF_t (PVIF_{k\%,\, t\text{년}}) \quad \cdots\cdots (7.1)$$

1.2 순현가법의 투자의사결정규칙(NPV Decision Rule)

① 투자안의 순현가가 양(+)이면 투자안을 채택하고, 투자안의 순현가가 음(-)이면 투자안을 기각한다.

② 두 투자안이 상호배타적(mutually exclusive)인 경우에는 더 높은 순현가를지닌

투자안을 채택한다. 양의 순현가 투자안을 채택하는 것은 주주들에게 이익이 되며, 기업의 가치는 투자안의 순현가만큼 증가한다.

1.3 순현가법의 특징

① 순현가법은 투자안의 시간가치를 고려한다. 즉, 오늘의 1원이 내일의 1원보다 더 가치가 있다는 점을 인식한다.

② 순현가법은 투자안의 기대현금흐름과 기회자본비용에만 의존해서 계산된다.

③ 순현가법은 투자안의 순현가를 서로 더할 수 있는 가치가산(value additivity) 특징을 지닌다. 예를 들어 두 투자안 A와 B가 있다면, 둘을 조합한 투자의 순 현재가치는 다음과 같이 계산될 수 있다.

$$NPV(A+B) = NPV(A) + NPV(B) \quad \cdots\cdots (7.2)$$

예제 7.1 순현재가치

㈜파나소닉사는 ¥100만의 프로젝트에 투자할 것을 고려하고 있다. 이 프로젝트는 1년 후 ¥107만의 이익을 가져다 줄 것으로 기대된다. 할인율이 5%라면, 이 프로젝트의 순현가는 얼마인가?

【해설】

$$NPV = \sum_{t=0}^{n} \frac{CF_t}{(1+k)^t} = -¥100 + \frac{¥107}{1.05} = ¥1.9048$$

이 프로젝트의 순현가가 양(+)이므로, 이 프로젝트는 채택되어야 한다. 만일 이자율이 7%보다 높아지면, 이 프로젝트의 순현가가 음(-)이 되어 기각될 것이다.

예제 7.2 **불규칙적인 현금흐름의 순현가 계산(부표 및 재무계산기 사용)**

주(팬텀)은 iCloud 시스템의 도입여부를 고려 중이다. iCloud 시스템을 도입하기 위해서는 지금 1,000만원을 투자해야 한다. 시스템 도입 후 정보비용절감은 1년후 500만원, 2년후 400만원, 3년후 300만원, 4년후 100만원이 될 것으로 예상하고 있다. 자본의 요구수익률은 10%라고 한다.

(a) 시스템 도입의 순현가를 부표와 재무계산기를 이용해서 구하라.
(b) 주(팬텀)은 iCloud 시스템을 도입해야 할까?

【해설】

(a) 시스템 도입의 순현가 계산

현금흐름의 시간선(단위 : 만원)

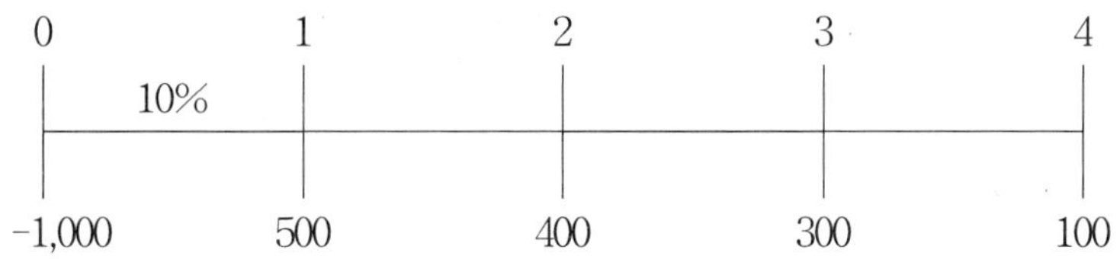

① 부표를 이용한 순현가 계산

$$NPV = \sum_{t=0}^{n} \frac{CF_t}{(1+k)^t} = \sum_{t=0}^{n} CF_t \left(PVIF_{k\%,\, n\text{년}}\right)$$

여기서, $PVIF_{10\%,\, n=1\sim4\text{년}}$은 부록의 [부표 1] 현가이자요소(PVIF)의 일부인 아래 표를 이용해서 구할 수 있다.

현가이자요소

$$PVIF_{k\%,n} = \frac{1}{(1+k)^n}$$

n \ k%	6%	7%	8%	9%	10%
1	0.9434	0.9346	0.9259	0.9174	*0.9091*
2	0.8900	0.8734	0.8573	0.8417	*0.8264*
3	0.8396	0.8163	0.7938	0.7722	*0.7513*
4	0.7921	0.7629	0.7350	0.7084	*0.6830*
5	0.7473	0.7130	0.6806	0.6499	0.6209

$$\begin{aligned} NPV &= \frac{-1{,}000}{(1.10)^0} + \frac{500}{(1.10)^1} + \frac{400}{(1.10)^2} + \frac{300}{(1.10)^3} + \frac{100}{(1.10)^4} \\ &= -1{,}000 + 500(PVIF_{10\%,\,1년}) + 400(PVIF_{10\%,\,2년}) \\ &\quad + 300(PVIF_{10\%,\,3년}) + 100(PVIF_{10\%,\,4년}) \\ &= -1{,}000 + 500(0.9091) + 400(0.8264) + 300(0.7513) + 100(0.6830) \\ &= -1{,}000 + 454.55 + 330.56 + 225.39 + 68.30 \\ &= 78.80. \end{aligned}$$

정답 : 시스템 도입의 순현가는 788,000원이다.

② 재무계산기를 이용한 순현가 계산

CALCULATOR CLUE

절 차	키 입력	화면표시
현금흐름워크시트 선택	CF	[CF0 = 0.00]
워크시트 내용 삭제	2ND [CLR WORK]	[CF0 = 0.00◁]
초기 현금흐름 입력	1,000 +/− ENTER	[CF0 = -1,000.00◁]

첫 번째 현금흐름 입력	↓ 500 ENTER	[C01 = 500.00◁]
첫 번째 현금흐름 빈도수 입력	↓ 1 ENTER	[F01 = 1.00◁]
두 번째 현금흐름 입력	↓ 400 ENTER	[C02 = 400.00◁]
두 번째 현금흐름 빈도수 입력	↓ 1 ENTER	[F02 = 1.00◁]
세 번째 현금흐름 입력	↓ 300 ENTER	[C03 = 300.00◁]
세 번째 현금흐름 빈도수 입력	↓ 1 ENTER	[F03 = 1.00◁]
네 번째 현금흐름 입력	↓ 100 ENTER	[C04 = 100.00◁]
네 번째 현금흐름 빈도수 입력	↓ 1 ENTER	[F04 = 1.00◁]
NPV(순현재가치) 선택	NPV	[I = 0.00]
이자율 입력	10 ENTER	[I = 10.00◁]
NPV(순현재가치) 계산	↓ CPT	[NPV = 78.82*]

정답 : 재무계산기로부터 [NPV = 78.82*]. 따라서 시스템 도입의 순현가는 788,200원이다.

(b) 주(팬텀)은 iCloud 시스템을 도입해야 할까?

정답 : 시스템 도입의 순현가(788,000원)가 양(+)이므로, iCloud 시스템을 도입해야 한다.

예제 7.3 불규칙적인 현금흐름의 순현가 계산(재무계산기 사용)

현금흐름이 아래와 같이 불규칙적으로 주어질 경우, 재무계산기를 이용해서 순현가를 구하라. 이자율은 10%이다.

【해설】

현금흐름의 시간선

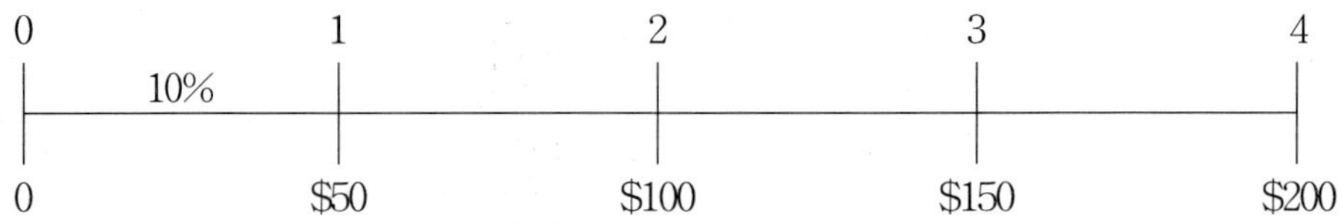

CALCULATOR CLUE

절 차	키 입력	화면표시
현금흐름워크시트 선택	CF	[CF0 = 0.00]
워크시트 내용 삭제	2ND [CLR WORK]	[CF0 = 0.00◁]
초기 현금흐름 입력	0 ENTER	[CF0 = 0.00◁]
첫 번째 현금흐름 입력	↓ 50 ENTER	[C01 = 50.00◁]
첫 번째 현금흐름 빈도수 입력	↓ 1 ENTER	[F01 = 1.00◁]
두 번째 현금흐름 입력	↓ 100 ENTER	[C02 = 100.00◁]
두 번째 현금흐름 빈도수 입력	↓ 1 ENTER	[F02 = 1.00◁]
세 번째 현금흐름 입력	↓ 150 ENTER	[C03 = 150.00◁]
세 번째 현금흐름 빈도수 입력	↓ 1 ENTER	[F03 = 1.00◁]
네 번째 현금흐름 입력	↓ 200 ENTER	[C04 = 200.00◁]
네 번째 현금흐름 빈도수 입력	↓ 1 ENTER	[F04 = 1.00◁]
NPV(순현재가치) 선택	NPV	[I = 0.00]
이자율 입력	10 ENTER	[I = 10.00◁]
NPV(순현재가치) 계산	↓ CPT	[NPV = 377.40*]

정답 : 재무계산기로부터 [NPV = 377.40*]. 따라서 순현가는 $377.40이다.

예제 7.4 순현가 계산 〈CPA 2009 수정〉

(주)한국은 90억원을 투자하여 전자사업부를 신설하려고 하는데 향후 순현금흐름은 다음과 같이 예상된다. 순현금흐름의 성장률은 t=1～4 시점까지는 높게 형성되다가, t=5 시점 이후부터는 4%로 일정할 것으로 예상된다. 할인율은 고성장기간 동안 20%, 일정성장기간 동안 10%라고 할 때, 이 투자안의 순현가(NPV)와 가장 가까운 것은?

t	1	2	3	4	5
순현금흐름(단위 : 억원)	10	16	20	30	16

① -6.30억원 ② 26.13억원 ③ 74.09억원
④ 80.41억원 ⑤ 84.09억원

【해설】 정답 ⑤

① 일정성장 기간 동안 발생하는 모든 현금흐름의 현가(PV_5)를 t=5 시점에서 구한다.

	고성장 기간				일정성장 기간		
t	1	2	3	4	5	6	⋯ →
CF_t	10	16	20	30	16		
성장률(g)	높음	높음	높음	높음	4%	4%	⋯ 4%
할인율(k)	20%	20%	20%	20%	10%	10%	⋯ 10%

$CF_6 = CF_5(1+g) = 16(1.04)$, $CF_7 = CF_6(1+g) = 16(1.04)^2$, ⋯ (즉, 무한등비수열)

$$PV_5 = \frac{CF_6}{k-g} = \frac{16(1.04)}{0.1-0.04} = 277.33$$

투자안의 현금흐름을 요약하면 아래 표와 같다.

투자안의 현금흐름 요약표(단위 : 억원)

	고성장 기간				일정성장 기간		
t	1	2	3	4	5	6	… →
CF_t	10	16	20	30	16 277.33		
할인율(k)	20%	20%	20%	20%	10%	10%	… 10%

② 위 현금흐름을 일정성장기간에는 10%, 고성장기간에는 20%로 각각 할인해서 NPV를 구한다.

$$NPV = CF_0 + \frac{CF_1}{1+k} + \frac{CF_2}{(1+k)^2} + \cdots + \frac{CF_n}{(1+k)^n}$$
$$= \sum_{t=0}^{n} \frac{CF_t}{(1+k)^t}$$

$$NPV = \frac{10}{1.2} + \frac{16}{1.2^2} + \frac{20}{1.2^3} + \frac{30}{1.2^4} + \frac{16+277.33}{(1.2)^4 \times (1.1)} - 90 = 84.09$$

$\therefore NPV = 84.09$억원.

읽을거리 7.1 코스닥 이야기

1996년 코스닥[1)]이 출범한 지 올해로 19년이 되었다. 필자가 재무부 증권국에 근무를

1) 코스닥(Korea Securities Dealers Automated Quotation; KOSDAQ, 코스닥市場) : 코스닥시장은 컴퓨터와 통신망을 이용한 전자거래시스템으로 운영되는 한국의 장외주식거래시장을 말한다. 미국의 나스닥(NASDAQ)을 한국식으로 영문 합성한 명칭이다. 코스닥시장은 1996년 7월 1일 증권업협회와 증권사들이 설립한 코스닥증권㈜에 의해, 기존 증권시장의 까

시작하던 90년 초부터 중소기업의 자본시장 이용을 확대하기 위한 방안으로 거래소에 3부 시장을 신설하자는 주장과 증권업협회가 운영하고 있는 장외시장을 활성화하자는 주장이 대립되어 왔다. 최종적으로 기존의 장외시장을 활용하되 시장구조를 환골탈태시켜 별도의 법인으로 출범시키고 혁신중소기업을 위한 전용시장으로 운영하기로 결정하였다. 이름도 하이테크 이미지를 위해 당시로서는 파격적으로 영어 이름을 그대로 사용하기로 했다. 다만 이름을 나스닥과 유사하게 카스닥으로 하자니 그 당시 출시된 맥주 이름이 연상된다고 해서 코리아의 '코'자를 따서 코스닥으로 명명했다.

코스닥은 출범 후 다소 부진하였으나, IT산업의 성장과 정부의 벤처 육성정책에 힘입어 급속도로 발전하여 2000년 3월에는 코스닥의 하루 거래대금이 코스피시장의 2배에 달하기도 하였다. 지금도 코스닥에 상장된 기업 수는 코스피의 1.4배로 미국(1.1배)과 영국(0.3배)에 뒤지지 않는다. 코스닥시장 제도는 한 경제 내에서 정부 지원 없이 민간 자원을 혁신 활동에 투입할 수 있도록 유도하는 매우 효과적인 혁신지원정책이라 할 수 있다.

요즘 전 세계에 걸쳐 한류를 선도하는 엔터테인먼트 업체들의 성장에도 코스닥을 통한 대박 신화가 중요한 동력이 되었음도 부인할 수 없다. 2000년부터 시작된 EU의 리스본전략은 미국과의 지속적인 성장률 차이를 국가혁신체계의 낙후에서 찾고 이를 따라 잡기 위해 마련된 것이다. 전략에 포함된 핵심정책 중 하나가 유럽판 실리콘밸리와 나스닥의 창설이지만 그 성과는 크지 않다.

최근 코스닥의 정체성을 둘러싸고 논란이 있지만 이는 코스닥의 발전을 위한 건전한 논의로 승화되어야 한다. 특히 투자자 보호와 혁신기업의 상장 기회 확대가 제로섬으로 이해되기보다는 좀 더 고차원적 방정식으로 논의되길 희망한다. 투자자 보호를 사전적인 보호로 해석해서는 증권과 은행의 기능과 동일시할 우려가 있고, 기업의 상장 자체를 혁신의 성과로 간주해서는 증권시장을 남용할 소지가 있다. 이제 19년 전 창립 당시의 초심으로 돌아가 코스닥이 코스피의 주니어마켓이 아니라 코스피와 대등한 지위를 누리는 가운데 차별된 서비스로 경쟁하는 거래소시장으로 거듭나길 기대해 본다.

출처 : 유재훈(2014). "코스닥 이야기," 「매일경제」 2014년 6월 11일자 A37면.

다로운 상장요건을 구비하지 못한 중소기업에게 자금조달기회를 주기 위해 개설되었다.

2. 내부수익률법

2.1 내부수익률의 개념

내부수익률법(internal rate of return method)이란 **내부수익률**(Internal Rate of Return : *IRR*)에 의거하여 투자안의 우선순위를 부여하는 투자의사결정방법이다.

내부수익률은 예상현금유입의 현가의 합과 예상현금유출의 현가의 합을 일치시켜주는 할인율, 혹은 프로젝트의 순현가를 0으로 만들어 주는 할인율로 정의된다. 이를 수식으로 나타내면 다음과 같다.

예상현금유입의 현가의 합 = 예상현금유출의 현가의 합

$$\sum_{t=0}^{n} \frac{CF_t^{현금유입}}{(1+IRR)^t} = \sum_{t=0}^{n} \frac{CF_t^{현금유출}}{(1+IRR)^t}$$

$$혹은 \ \sum_{t=0}^{n} \frac{CF_t^{현금유입}}{(1+IRR)^t} - \sum_{t=0}^{n} \frac{CF_t^{현금유출}}{(1+IRR)^t} = 0.$$

여기서, $CF_t^{현금유입} - CF^{현금유출} = CF_t$ 로 두면,

$$\sum_{t=0}^{n} \frac{CF_t}{(1+IRR)^t} = 0 \quad \cdots\cdots (7.3)$$

식 (5.3)에서, 내부수익률은 프로젝트의 순현가를 0으로 만드는 할인율이다.

이 식은 현가이자요소($PVIF$)를 이용한 아래 식과 동일하다.

$$\sum_{t=0}^{n} CF_t(PVIF_{IRR,\,t}) = 0 \quad \cdots\cdots (7.4)$$

내부수익률을 이용한 투자의사결정기준은 다음과 같다. 독립적 투자안인 경우, 내부수익률이 자본비용보다 높다면 신규투자안을 채택한다. 반대로 내부수익률이 자본비용보다 낮다면 신규투자안을 기각한다. 상호배타적 투자안인 경우, 내부수익률이 자본비용보다 높은 투자안들 중에서 가장 큰 내부수익률을 지닌 투자안을 선택한다.

예제 7.5 내부수익률 계산

현금흐름이 다음과 같을 경우, 내부수익률을 구하라.

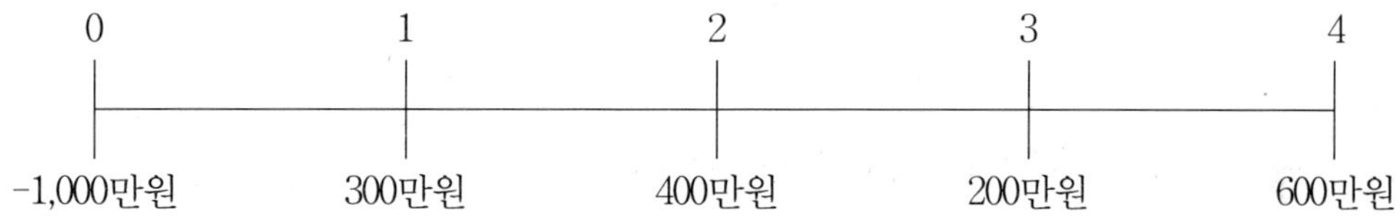

【해설】

재무계산기를 이용하면 내부수익률을 쉽게 구할 수 있다.

CALCULATOR CLUE

절 차	키 입력	화면표시
현금흐름워크시트 선택	CF	[CF0 = 0.00]
워크시트 내용 삭제	2ND [CLR WORK]	[CF0 = 0.00]
초기 현금흐름 입력	1000 +/- ENTER	[CF0 = -1,000.00◁]
첫 번째 현금흐름 입력	↓ 300 ENTER	[C01 = 300.00◁]
첫 번째 현금흐름 빈도수 입력	↓ 1 ENTER	[F01 = 1.00◁]
두 번째 현금흐름 입력	↓ 400 ENTER	[C02 = 400.00◁]
두 번째 현금흐름 빈도수 입력	↓ 1 ENTER	[F02 = 1.00◁]
세 번째 현금흐름 입력	↓ 200 ENTER	[C03 = 200.00◁]

세 번째 현금흐름 빈도수 입력	↓ 1 ENTER	[F03 = 1.00◁]
네 번째 현금흐름 입력	↓ 600 ENTER	[C04 = 600.00◁]
네 번째 현금흐름 빈도수 입력	↓ 1 ENTER	[F04 = 1.00◁]
IRR(내부수익률) 선택	IRR	[IRR = 0.00]
IRR 계산	CPT	[IRR = 16.71*]

정답 : 재무계산기로부터 [IRR = 16.71*]. 따라서 내부수익률은 16.71%이다.

2.2 복수의 내부수익률(Multiple IRRs)

이론적으로 현금흐름의 부호가 k번 변경되면 k개의 IRR을 갖게 된다. 다음 예제에서 현금흐름의 부호가 2번 변경되면 2개의 IRR을 가지게 되는 경우를 살펴보자.

예제 7.6 복수의 IRR

㈜태영의 신규투자안에 대한 현금흐름은 다음과 같다. CF_0=-1.6억, CF_1=10억, CF_2=-10억. 내부수익률을 구하라.

【해설】

$$NPV = \sum_{t=0}^{n} \frac{CF_t}{(1+IRR)^t} = 0$$

$$NPV = \frac{-1.6}{(1+IRR)^0} + \frac{10}{(1+IRR)^1} + \frac{-10}{(1+IRR)^2} = 0$$

여기서, $NPV=0$으로 만들어 주는 할인율이 두 개 있음에 주목하자.2)

2) 데카르트의 "부호의 법칙"에 의하면, 다항식은 부호의 변화가 있는 만큼 많은 해가 존재할

$$NPV = \frac{-1.6}{(1+.25)^0} + \frac{10}{(1+.25)^1} + \frac{-10}{(1+.25)^2} = 0$$

$$NPV = \frac{-1.6}{(1+4)^0} + \frac{10}{(1+4)^1} + \frac{-10}{(1+4)^2} = 0$$

스프레드시트의 *IRR*함수를 이용하면 복수의 *IRR*을 구할 수 있다.

이 투자안은 25%와 400%, 두 개의 *IRR*을 갖는다. 현금흐름의 부호가 두 번 변경되었기 때문이다. 이 경우 *IRR*은 의미가 없다. 25%와 400% 중 어느 것을 사용해야 할 특별한 이유가 없다.

복수의 *IRR*이 존재하는 경우의 *NPV* Profile을 도시하면 아래 [그림 7.1]과 같다.

[그림 7.1] 복수의 *IRR* 이 존재하는 경우의 *NPV* Profile

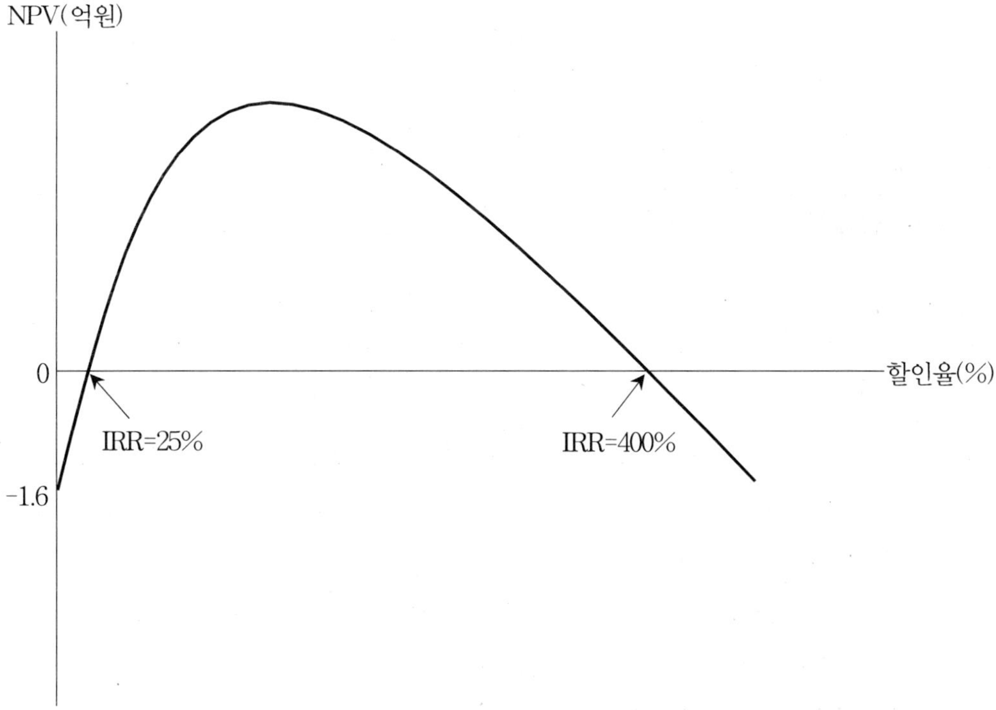

수 있다.

여기서, NPV 절편 : $NPV_{@IRR=0} = \frac{-1.6}{(1+0)^0} + \frac{10}{(1+0)^1} + \frac{-10}{(1+0)^2} = -1.6$

할인율 절편 : 25%와 400%.

따라서 *NPV* Profile은 *Y*축 절편 NPV=-1.6, *X*축 절편 할인율 25%와 400%를 지나면서 위로 볼록한 곡선이다.

2.3 교차율(CrossOver Rate : *COR*)

교차율(*COR*)이란 두 투자안의 *NPV* profile이 교차할 때 두 투자안의 *NPV*가 일치되는 할인율을 말한다. 두 투자안의 *NPV*의 대소는 교차점을 중심으로 역전된다. 교차율은 아래 식 (7.5)을 만족시켜주는 할인율이다.

$$NPV_{A-B@COR} = \sum_{t=0}^{n} \frac{CF_t^{\text{투자안 }A\text{의 현금유입}} - CF_t^{\text{투자안 }B\text{의 현금유입}}}{(1+COR)^t} = 0 \cdots (7.5)$$

예제 7.7 교차율 계산

투자안 A와 투자안 B에 대한 현금흐름은 아래와 같다(단위 : 만원).

t	0	1	2	3	4	5
투자안 A	-3,000	1,000	1,000	1,000	1,000	1,000
투자안 B	-2,700	200	600	1,000	1,400	1,800

(a) 교차율을 구하라.

(b) 교차율에서, 투자안 A와 투자안 B에 대한 순현가를 구하라.

(c) 두 투자안의 순현가는 일치하는가?

(d) IRR_A 와 IRR_B를 구하라.

(e) *NPV*-할인율 평면에서, *NPV* profile을 도시하라.

(f) 할인율의 변화에 따른 수익성평가(Profitability assessment)를 하라.

【해설】

(a) 교차율 계산

$$NPV_{A-B@COR} = \sum_{t=0}^{n} \frac{CF_t^{\text{투자안 }A\text{의 현금유입}} - CF_t^{\text{투자안 }B\text{의 현금유입}}}{(1+COR)^t} = 0 \cdots (7.5)$$

$$-3{,}000-(-2{,}700)+\frac{1{,}000-200}{(1+COR)^1}+\frac{1{,}000-600}{(1+COR)^2}+\frac{1{,}000-1{,}000}{(1+COR)^3}+\frac{1{,}000-1{,}400}{(1+COR)^4}+\frac{1{,}000-1{,}800}{(1+COR)^5}=0$$

$$-300+\frac{800}{(1+COR)^1}+\frac{400}{(1+COR)^2}+\frac{0}{(1+COR)^3}+\frac{-400}{(1+COR)^4}+\frac{-800}{(1+COR)^5}=0$$

여기서, 교차율 COR은 재무계산기의 IRR과 동일하다.

정답 : 재무계산기로부터 [IRR = 10.62*]. 따라서 교차율은 10.62%이다.

CALCULATOR CLUE

절 차	키 입력	화면표시
현금흐름워크시트 선택	CF	[CF0 = 0.00]
워크시트 내용 삭제	2ND [CLR WORK]	[CF0 = 0.00]
초기 현금흐름 입력	300 +/- ENTER	[CF0 = -300.00◁]
첫 번째 현금흐름 입력	↓ 800 ENTER	[C01 = 800.00◁]
첫 번째 현금흐름 빈도 입력	↓ 1 ENTER	[F01 = 1.00◁]
두 번째 현금흐름 입력	↓ 400 ENTER	[C02 = 400.00◁]
두 번째 현금흐름 빈도 입력	↓ 1 ENTER	[F02 = 1.00◁]

세 번째 현금흐름 입력	↓ 0 ENTER	[C03 = 0.00◁]
세 번째 현금흐름 빈도 입력	↓ 1 ENTER	[F03 = 1.00◁]
네 번째 현금흐름 입력	↓ 400 +/− ENTER	[C04 = -400.00◁]
네 번째 현금흐름 빈도 입력	↓ 1 ENTER	[F04 = 1.00◁]
다섯 번째 현금흐름 입력	↓ 800 +/− ENTER	[C05 = -800.00◁]
다섯 번째 현금흐름 빈도 입력	↓ 1 ENTER	[F05 = 1.00◁]
IRR(내부수익률) 선택	IRR	[IRR = 0.00]
IRR 계산	CPT	[IRR = 10.62*]

(b) 교차율에서 두 투자안의 순현가 계산

$$NPV_A = -3{,}000 + \frac{1{,}000}{1.1062^1} + \frac{1{,}000}{1.1062^2} + \frac{1{,}000}{1.1062^3} + \frac{1{,}000}{1.1062^4} + \frac{1{,}000}{1.1062^5}$$

$$NPV_B = -2{,}700 + \frac{200}{1.1062^1} + \frac{600}{1.1062^2} + \frac{1{,}000}{1.1062^3} + \frac{1{,}400}{1.1062^4} + \frac{1{,}800}{1.1062^5}$$

재무계산기로부터 [NPV = 731.50*].

∴ NPV_A = 731.50만원.

다시 한번 재무계산기를 이용하면 [NPV_B = 731.52*]만원.

정답 : NPV_A = 731.50만원, NPV_B = 731.52만원.

CALCULATOR CLUE

절 차	키 입력	화면표시
현금흐름워크시트 선택	CF	[CF0 = 0.00]

워크시트 내용 삭제	[2ND] [CLR WORK]	[CF0 = 0.00]
초기 현금흐름 입력	3000 [+/-] [ENTER]	[CF0 = -3,000.00◁]
첫 번째 현금흐름 입력	[↓] 1000 [ENTER]	[C01 = 1,000.00◁]
첫 번째 현금흐름 빈도 입력	[↓] 1 [ENTER]	[F01 = 1.00◁]
두 번째 현금흐름 입력	[↓] 1,000 [ENTER]	[C02 = 1,000.00◁]
두 번째 현금흐름 빈도 입력	[↓] 1 [ENTER]	[F02 = 1.00◁]
세 번째 현금흐름 입력	[↓] 1000 [ENTER]	[C03 = 1,000.00◁]
세 번째 현금흐름 빈도 입력	[↓] 1 [ENTER]	[F03 = 1.00◁]
네 번째 현금흐름 입력	[↓] 1,000 [ENTER]	[C04 = 1,000.00◁]
네 번째 현금흐름 빈도 입력	[↓] 1 [ENTER]	[F04 = 1.00◁]
다섯 번째 현금흐름 입력	[↓] 1000 [ENTER]	[C05 = 1,000.00◁]
다섯 번째 현금흐름 빈도 입력	[↓] 1 [ENTER]	[F05 = 1.00◁]
NPV(순현재가치) 선택	[NPV]	[I = 0.00]
이자율 입력	10.62 [ENTER]	[I = 10.62◁]
NPV(순현재가치) 계산	[↓] [CPT]	[NPV = 731.50*]

(c) 교차율에서 두 투자안의 순현가 일치 여부 확인

재무계산기로부터 [NPV_A = 731.50만원], [NPV_B = 731.52만원].

정답 : 교차율에서 두 투자안의 순현가는 일치한다.

(d) IRR_A 와 IRR_B 계산

$$NPV_A = -3{,}000 + \frac{1{,}000}{(1+IRR_A)^1} + \frac{1{,}000}{(1+IRR_A)^2} + \frac{1{,}000}{(1+IRR_A)^3} + \frac{1{,}000}{(1+IRR_A)^4} + \frac{1{,}000}{(1+IRR_A)^5} = 0$$

$$NPV_B = -2{,}700 + \frac{200}{(1+IRR_B)^1} + \frac{600}{(1+IRR_B)^2} + \frac{1{,}000}{(1+IRR_B)^3} + \frac{1{,}400}{(1+IRR_B)^4} + \frac{1{,}800}{(1+IRR_B)^5} = 0$$

정답 : 재무계산기로부터 [$IRR_A = 19.86$*], [$IRR_B = 18.21$*].

(e) NPV–할인율 평면에서 NPV profile 도시

위 (a)에서 (d)까지의 결과를 요약하면 아래 표와 같다.

CF_t							NPV		IRR
t	0	1	2	3	4	5	@0%	@COR	
A	-3,000	1,000	1,000	1,000	1,000	1,000	2,000	731	19.86
B	-2,700	200	600	1,000	1,400	1,800	2,300	731	18.21
A-B	-300	800	400	0	-400	-800		0	10.62

위 표를 이용해서 NPV profile을 도시하면, 아래와 같다.

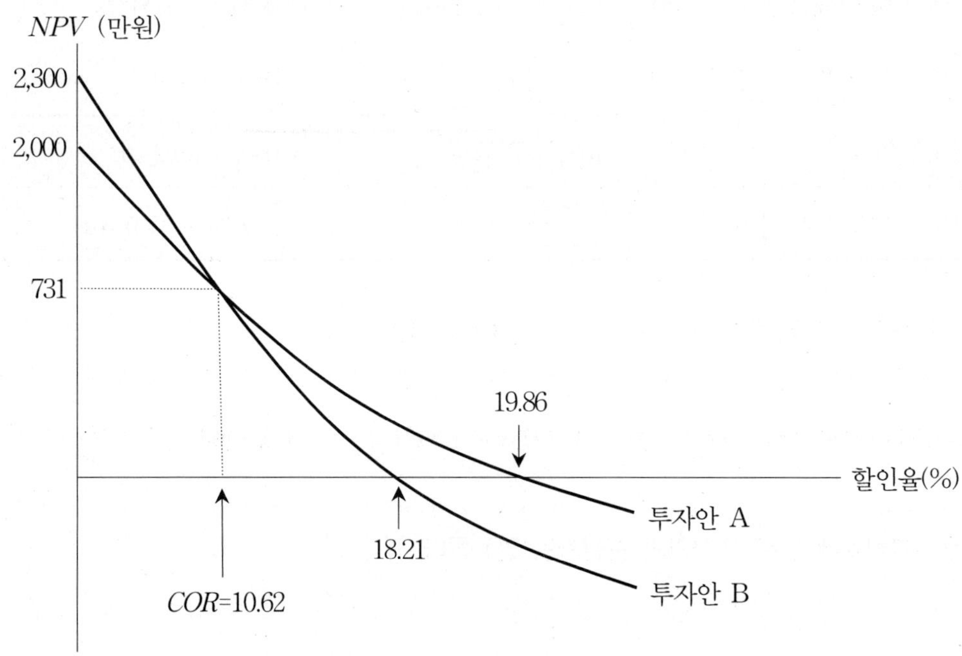

(f) 할인율(r)의 변화에 따른 수익성 평가(Profitability assessment)

할인율	수익성 평가
$r < 10.62\%$	- 두 투자안 모두 부(富, wealth)를 창출함. - 투자안 B가 투자안 A보다 더 많은 부를 창출함.
$10.62\% < r < 18.21\%$	- 두 투자안 모두 부를 창출함. - 투자안 A가 투자안 B보다 더 많은 부를 창출함.
$18.21\% < r < 19.86\%$	- 투자안 A는 부를 창출함. - 투자안 B는 부를 감소시킴.
$19.86\% < r$	- 두 투자안 모두 부를 감소시킴. - 투자안 B가 투자안 A보다 더 많은 부를 감소시킴.

예제 7.8 교차율 계산

투자안 A와 투자안 B에 대한 현금흐름(단위 : 만원)은 아래와 같다.

t	0	1	2	3	4
투자안 A	-3,000	1,000	1,000	1,000	1,000
투자안 B	-2,000	200	600	1,000	600

(a) 교차율(COR)을 구하라.

(b) 교차율에서 두 투자안의 순현가를 구하라.

(c) 두 투자안에 대한 IRR을 구하라. (힌트 : X축의 절편)

(d) IRR=0일 때, 두 투자안에 대한 NPV를 구하라. (힌트 : Y축의 절편)

(e) NPV-IRR 평면에서, 두 투자안에 대한 NPV profile을 도시하라.

【해설】

(a) 교차율(*COR*) 계산

$$NPV_{CF_A - CF_B} = \sum_{t=0}^{n} \frac{CF_t^{\text{투자안 } A\text{의 현금유입}} - CF_t^{\text{투자안 } B\text{의 현금유입}}}{(1+COR)^t} = 0$$

$$-1,000 + \frac{800}{(1+COR)^1} + \frac{400}{(1+COR)^2} + \frac{0}{(1+COR)^3} + \frac{400}{(1+COR)^4} = 0$$

여기서, 교차율 COR은 재무계산기의 IRR과 동일하다.

정답 : 재무계산기로부터 [$IRR = 29.3838^*$]. 따라서 교차율 *COR* = 29.38%.

(b) 교차율에서 두 투자안의 순현가 계산

$$NPV_{A_{at\,COR}} = -3,000 + \frac{1,000}{1.2938^1} + \frac{1,000}{1.2938^2} + \frac{1,000}{1.2938^3} + \frac{1,000}{1.2938^4} = -811.1940^*$$

$$NPV_{B_{at\,COR}} = -2,000 + \frac{200}{1.2938^1} + \frac{600}{1.2938^2} + \frac{1,000}{1.2938^3} + \frac{600}{1.2938^4} = -811.1940^*$$

(c) 두 투자안에 대한 IRR 계산 (힌트 : *X*축의 절편)

$$NPV_A = -3,000 + \frac{1,000}{(1+IRR_A)^1} + \frac{1,000}{(1+IRR_A)^2} + \frac{1,000}{(1+IRR_A)^3} + \frac{1,000}{(1+IRR_A)^4} = 0$$

$$NPV_B = -2,000 + \frac{200}{(1+IRR_B)^1} + \frac{600}{(1+IRR_B)^2} + \frac{1,000}{(1+IRR_B)^3} + \frac{600}{(1+IRR_B)^4} = 0$$

정답 : 재무계산기로부터 $IRR_A = 12.5898^*, IRR_B = 6.7108^*$.

(d) IRR = 0일 때, 두 투자안에 대한 NPV 계산 (힌트 : *Y*축의 절편)

$$NPV_{A_{at\ IRR=0}} = -3,000 + \frac{1,000}{1} + \frac{1,000}{1} + \frac{1,000}{1} + \frac{1,000}{1} = 1,000$$

$$NPV_{B_{at\ IRR=0}} = -2,000 + \frac{200}{1} + \frac{600}{1} + \frac{1,000}{1} + \frac{600}{1} = 400$$

위 (a)에서 (d)까지의 결과를 요약하면 아래 표와 같다.

	CF_t					NPV		IRR
t	0	1	2	3	4	@0%	@COR	
A	-3,000	1,000	1,000	1,000	1,000	1,000	-811	12.59
B	-2,000	200	600	1,000	600	400	-811	6.71
A-B	-1,000	800	400	0	400		0	29.38

(e) $NPV-IRR$ 평면에서, 두 투자안에 대한 NPV Profile 도시

위 표를 이용해서 두 투자안에 대한 NPV Profile을 도시하면 아래와 같다.

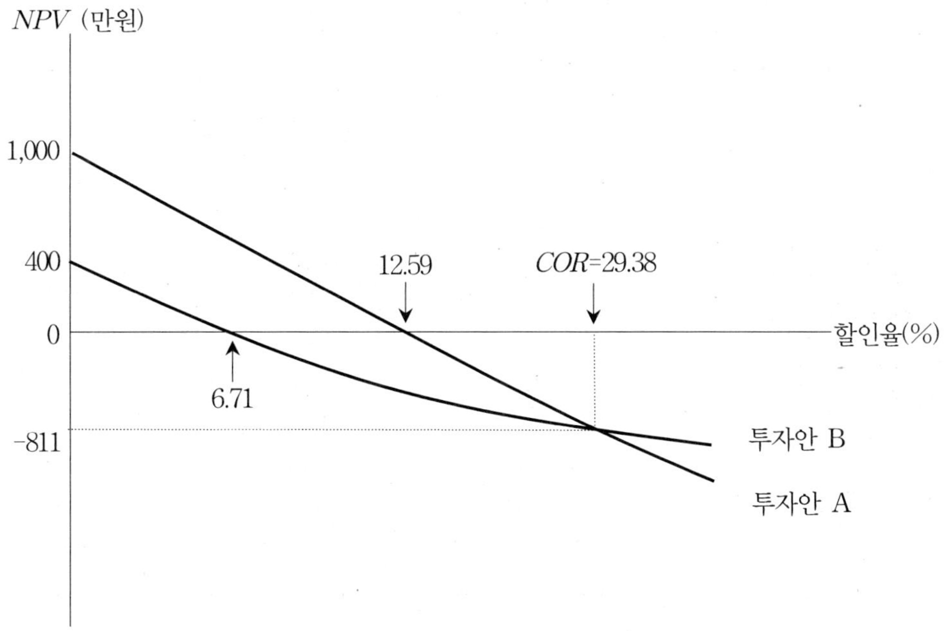

2.4 순현가법과 내부수익률법의 비교(Comparison of NPV and IRR)

만일 두 개의 투자안이 독립적이라면, NPV 기준과 IRR 기준은 항상 동일한 채택 혹은 기각 결정을 내리게 해 줄 것이다. 여기서, **독립적 투자안**(independent project)이란 투자안의 현금흐름이 다른 투자안의 채택 혹은 기각에 의해 전혀 영향을 받지 않는 투자안을 말한다.

한편, **상호배타적 투자안**(mutually exclusive project)인 경우, NPV 기준과 IRR기준은 항상 동일한 채택 혹은 기각 결정을 내리게 해 주지는 않는다. 따라서 상호배타적인 투자안에 대해서는 순현가법을 이용해서 투자안의 채택 혹은 기각 여부를 결정하는 것이 바람직하다.

현금흐름에서 두 번 이상 부호가 변경되면 복수의 IRR을 갖게 된다. 만일 초기 현금흐름이 양수이고, 나머지 모든 현금흐름이 음수인 경우에는 단일 IRR을 갖는다. 즉, 현금흐름에서 한 차례의 부호만 변경되는 경우에는 복수 IRR은 발생하지 않는다. NPV 기준은 현금흐름이 다른 세 가지 경우 모두 동일하다. 즉, NPV 분석은 항상 적정한 반면, IRR 분석은 특정한 경우에만 사용될 수 있다. IRR 기준과 NPV 기준의 비교는 아래 표에 잘 요약되어 있다.[3)]

[표 7.1] IRR 기준과 NPV 기준의 비교

현금흐름	IRR 수	IRR 기준	NPV 기준
첫 번째 현금흐름은 음수이고 나머지 모든 현금흐름은 양수	1	채택 : $IRR > k$ 기각 : $IRR < k$	채택 : $NPV > 0$ 기각 : $NPV < 0$
첫 번째 현금흐름은 양수이고 나머지 모든 현금흐름은 음수	1	채택 : $IRR < k$ 기각 : $IRR > k$	채택 : $NPV > 0$ 기각 : $NPV < 0$
첫 번째 이후의 현금흐름이 일부 음수이고 일부 양수	1 이상(복수)	유효한 IRR 없음	채택 : $NPV > 0$ 기각 : $NPV < 0$

3) 정무권 · 이준서 공역 (2010). 「ROSS의 핵심 재무관리」, HS MEDIA, p. 255.

읽을거리 7.2 125년전 월紙

미국에서 월스트리트저널을 정기 구독한다고 하면 학식이나 재산이 있는 사람으로 대접받는다. 그래서인지 이 신문을 보는 사람들은 아침에 현관 멀리 떨어진 곳에 배달된 신문을 느긋하게 집어가는 경우가 적지 않다. 우리가 월스트리트저널(Wall Street Journal)을 월지(紙)라고 줄여 부르는 것처럼 미국인들도 '저널' 혹은 'WSJ'라고 줄여 부른다. 지식인 사회에선 친숙한 미디어다.

어제는 월지의 창간 125주년이었다. 월지는 이날 기념판을 내면서 125년 전 첫 판 신문 1면을 상세하게 소개했다. 창간 당시 월지는 4쪽짜리 석간신문이었다. 수년간 '고객에게 드리는 오후 편지'라는 프린트물을 찍어 주식중개인들에게 나눠주던 기자 3명(찰스 다우, 에드워드 존스, 찰스 버그스트레서)이 신문으로 창간하면서 전신서비스도 시작했다. 신문값은 부당 2센트였는데 현재 물가로는 51센트 정도다.

창간호 첫 페이지는 사진이나 도표 없이 흑백 텍스트로만 꾸며져 있다. 양옆에는 증권중개회사 등의 유료 광고도 실었다. 기사는 제목이나 편집을 고려하지 않은 정보지 형식으로 게재됐다. 눈에 띄는 것은 1면 톱기사 자리에 '주식가격 변화표'를 넣었다는 점이다. 6줄이 안 되는 짧은 기사지만 주식시장 흐름이 잘 요약돼 있다. 주가가 1885년에 강세가 시작돼 1887년 5월 정점을 찍고 다시 약세로 돌아섰다는 흐름을 기록하고 있다. 이 통계표가 발전해 1896년 다우존스 산업평균지수로 출범했다. 당시 지수에 들어있던 12개 종목 가운데 지금까지 남아 있는 종목은 GE 하나뿐이다.

창간호 1면을 보면 당시 경제사회상이 한눈에 들어온다. 서부 지역에서 철도요금 인하를 단행하려는 CB&T사 얘기가 비중 있게 다뤄졌다. 조지아주에서 영국 리버풀로 수출되는 목화를 대량 매입한 헨리클류스사 소식을 전하면서 클류스가 대통령 경제고문이었다는 사실도 적었다. 이 밖에 밀 풍작 소식, 석탄 파업 뉴스 등이 실렸고 업종으로는 은행 보험 출판사 전구회사 등이 첫날 기사에 등장한다. 첫 신문에는 스포츠도 다뤄졌다. 신시내티에서 열린 헤비급 맨손권투 챔피언전 소식이었다.

창간사에서 다우와 존스 등은 "기사 소식 도표 광고 등 모든 지면을 통해 우리는 빠른 속도로 진화하는 월가의 변화상을 담아낼 것"이라고 다짐했다. 월가는 지금 세계금융의 중심지로 자리잡았다. 2008년에는 경제위기의 진원지로 지목돼 반자본주의 운동세력(Occupy Wall Street)에 점령당하는 소동도 겪었다. 이런 역사를 월지가 지켜봐 왔다. 참 오랜 세월이다.

출처 : 권영설(2014). "125년전 월紙," 「한국경제」 2014년 7월 9일자 A39면.

---

3. 수익성지수법

순현가는 절대치로 표시되기 때문에, 순현가법으로 투자규모가 상이한 다수의 투자안들이 존재할 때 각 투자안의 상대적인 성과를 비교하기 어렵다. 순현가법의 이러한 단점을 보완하기 개발된 지수가 **수익성지수법**(Profitability Index Method)이다.

수익성지수법은 투자금 1원에 대한 현금유입의 현가의 크기로 정의되는 **수익성지수**(profitability index : PI)를 기초로 투자안을 평가하는 기법이다.

$$\text{수익성지수}(PI) = \frac{\text{초기 투자 후의 현금흐름의 현재가치}}{\text{초기투자}}$$

이를 수식화하면 아래 식 (7.6)과 같다.

$$PI = \frac{\sum_{t=1}^{n} \frac{CF_t}{(1+k)^t}}{CF_0} \qquad \cdots\cdots (7.6)$$

독립적인 투자안에 대한 수익성지수법의 의사결정규칙은 다음과 같다.

$PI > 1$ 이면, 투자안을 채택하라.

$PI < 1$ 이면, 투자안을 기각하라.

상호배타적인 투자안들에 대해서 수익성지수법은 *IRR*의 규모의 문제와 동일한 문제점을 내포하고 있다.

예제 7.9 수익성지수 계산

㈜소니는 아래 두 독립적인 투자안에 대해 10%의 할인율을 적용한다. 두 투자안에 대한 수익성지수(PI)와 순현가(NPV)를 계산하라. (단위 : 만원)

t	0	1	2	3	4	5
투자안 A	-3,000	1,000	1,000	1,000	1,000	1,000
투자안 B	-2,700	200	600	1,000	1,400	1,800

【해설】

$$PI_A = \frac{\sum_{t=1}^{n} \frac{CF_t}{(1+k)^t}}{CF_0} = \frac{1,000(PVIFA_{10\%,\,5년})}{3,000} = \frac{1,000(3.7908)}{3,000} = 1.2636.$$

$$PI_B = \frac{200/1.1 + 600/1.1^2 + 1,000/1.1^3 + 1,400/1.1^4 + 1,800/1.1^5}{2,700}$$

$$= \frac{200(PVIF_{10\%,1년}) + 600(PVIF_{10\%,2년}) + 1,000(PVIF_{10\%,3년}) + 1,400(PVIF_{10\%,4년}) + 1,800(PVIF_{10\%,5년})}{2,700}$$

$$= \frac{200(.9091) + 600(.8264) + 1,000(.7513) + 1,400(.6830) + 1,800(.6209)}{2,700}$$

$$= \frac{181.82 + 495.84 + 751.30 + 956.20 + 1,117.62}{2,700}$$

$$= \frac{3,502.78}{2,700}$$

$$= 1.30.$$

$$NPV_A = -3{,}000 + 1{,}000(PVIFA_{10\%,\,5년}) = -3{,}000 + 3{,}790.80 = 790.80.$$

$$NPV_B = -2{,}700 + 3{,}502.71 = 802.71.$$

정답 : $PI_A = 1.26$, $PI_B = 1.30$.

$NPV_A = 790.80$만원, $NPV_B = 802.71$만원.

두 투자안이 독립적이므로, NPV 규칙에 따르면 두 투자안의 NPV는 모두 양수이므로 모두 채택되어야 한다. NPV가 양수이면, 수익성지수(PI)는 1보다 크다. 따라서 수익성지수법의 독립적 투자안에 대한 의사결정규칙에 따르면, 두 투자안을 모두 채택해야 한다. 요약하면, 위 예제에서처럼, 독립적인 투자안에 대해서는 NPV 규칙과 PI 규칙은 동일한 의사결정을 내리게 해 준다.

여기서, $PVIF_{10\%,\, n=1\sim5}$ 는 부록의 [부표 1] 현가이자요소의 일부인 아래 표를 이용해서 구한다.

현가이자요소

$$PVIF_{k\%,\,n} = \frac{1}{(1+k)^n}$$

n \ $k\%$	6%	7%	8%	9%	10%
1	0.9434	0.9346	0.9259	0.9174	*0.9091*
2	0.8900	0.8734	0.8573	0.8417	*0.8264*
3	0.8396	0.8163	0.7938	0.7722	*0.7513*
4	0.7921	0.7629	0.7350	0.7084	*0.6830*
5	0.7473	0.7130	0.6806	0.6499	*0.6209*

그리고 $PVIFA_{10\%,\,5년} = 3.7908$은 부록의 [부표 2] 연금의 현가이자요소의 일부인 아래 표에서 구한다.

연금의 현가이자요소

$$PVIFA_{k\%,\, n} = \frac{1}{k} - \frac{1}{k(1+k)^n}$$

n \ $k\%$	10%	12%	14%	15%	16%
1	0.9091	0.8929	0.8772	0.8696	0.8621
2	1.7355	1.6901	1.6467	1.6257	1.6052
3	2.4869	2.4018	2.3216	2.2832	2.2459
4	3.1699	3.0373	2.9137	2.8550	2.7982
5	*3.7908*	3.6048	3.4331	3.3522	3.2743

요 약

1. 순현가법(Net Present Value Method)

○ 순현가법의 개념

- 순현가법이란 순현가를 이용해서 투자안의 우선순위를 부여하는 방법이다.
- 순현가(net present value: NPV)는 모든 미래현금흐름을 자본수익률로 할인한 현가의 합으로 정의된다.
- 순현가 계산 공식

$$NPV = \sum_{t=0}^{n} \frac{CF_t}{(1+k)^t} = \sum_{t=0}^{n} CF_t \left(PVIF_{k\%,\, n\text{년}} \right)$$

○ 순현가법의 투자의사결정규칙(NPV rule)

- 투자안의 순현가가 양(+)이며 투자안을 채택하고, 투자안의 순현가가 음(-)이면 투자안을 기각한다.
- 두 투자안이 상호배타적(mutually exclusive)인 경우에는 더 높은 순현가를 지닌 투자안을 채택한다.
- 양의 순현가 투자안을 채택하는 것은 주주들에게 이익이 되며, 기업의 가치는 투자안의 순현가만큼 증가한다.

○ 순현가법의 세 가지 주요 특징

- 첫째, 순현가법은 투자안의 시간가치를 고려한다. 즉, 오늘의 1원이 내일의 1원보다 더 가치가 있다는 점을 인식한다.

- 둘째, 순현가법은 투자안의 기대현금흐름과 기회자본비용에만 의존해서 계산된다.
- 셋째, 순현가법은 투자안의 순현가를 서로 더할 수 있는 가치가산(value additivity) 특징을 지닌다. 예를 들어 두 투자안 A와 B가 있다면, 둘을 조합한 투자의 순현재가치는 다음과 같이 계산될 수 있다.

$$NPV(A+B) = NPV(A) + NPV(B)$$

2. 내부수익률법(Internal Rate of Return Method)

○ 개념

- 내부수익률법이란 **내부수익률**(Internal Rate of Return: *IRR*)에 의거하여 투자안의 우선순위를 부여하는 투자의사 결정방법이다.
- 내부수익률은 예상현금유입의 현가와 예상현금유출의 현가를 일치시켜주는 할인율이다.
- 공식

$$\sum_{t=0}^{n} \frac{CF_t^{현금유입}}{(1+IRR)^t} = \sum_{t=0}^{n} \frac{CF_t^{현금유출}}{(1+IRR)^t}$$

$$\sum_{t=0}^{n} \frac{CF_t^{현금유입}}{(1+IRR)^t} - \sum_{t=0}^{n} \frac{CF_t^{현금유출}}{(1+IRR)^t} = 0.$$

$$\sum_{t=0}^{n} \frac{CF_t}{(1+IRR)^t} = 0$$

$$\sum_{t=0}^{n} CF_t (PVIF_{IRR,\,t}) = 0$$

○ 투자의사 결정기준

- 독립적 투자안인 경우, 내부수익률이 자본비용보다 높다면 신규투자안을 채택한다. 반대로 내부수익률이 자본비용보다 낮다면 신규투자안을 기각한다.
- 상호배타적 투자안인 경우, 내부수익률이 자본비용보다 높은 투자안들 중에서 가장 큰 내부수익률을 지닌 투자안을 선택한다.

3. 수익성지수법(Profitability Index Method)

○ 개념

- 수익성지수법은 투자금 1원에 대한 현금유입의 현가의 크기로 정의되는 수익성지수(Profitability Index : PI)를 기초로 투자안을 평가하는 기법이다.
- 공식

$$\text{수익성지수}(PI) = \frac{\text{초기투자후의 현금흐름의 현재가치}}{\text{초기투자}}$$

$$PI = \frac{\sum_{t=1}^{n} \frac{CF_t}{(1+k)^t}}{CF_0}$$

○ 투자의사 결정기준

- 독립적인 투자안에 대해서는, $PI > 1$이면 투자안을 채택하고, $PI < 1$이면 투자안을 기각한다.
- 상호배타적인 투자안들에 대해서는, 수익성지수법은 IRR의 규모의 문제와 동일한 문제점을 내포하고 있다.

연습문제

[연습문제 7.1] 불규칙적인 현금흐름의 순현가 계산(부표 사용)

대한항공은 스마트발권 시스템의 도입여부를 고려 중이다. 이 시스템을 도입하기 위해서는 지금 500만원을 투자해야 한다. 대한항공은 시스템 도입 후 정보비용절감은 1년후 500만원, 2년후 100만원, 3년후 200만원, 4년후 300만원이 될 것으로 예상된다. 자본의 요구수익률은 10%라고 한다.

(a) 부록의 부표를 이용해서 시스템 도입의 순현가를 구하라.
(b) 대한항공은 스마트발권 시스템을 도입해야 할까?

[연습문제 7.2] 현금흐름이 불규칙적이며 집단적인 경우 순현가 계산

현금흐름이 아래와 같이 불규칙적이며 집단적인 경우, 재무계산기를 이용해서 순현가를 구하라. 이자율은 10%라고 한다.

0	1	2	3	4	5	6	7	8	9
10%									
0	€100	100	100	200	200	300	300	300	300

[연습문제 7.3] 순현가 계산 〈CPA 2000 기출〉

M사는 임대건물의 신축과 주차장의 신축이라는 두 가지의 투자안을 고려하고 있다. 임대 건물의 신축안은 초기투자액이 18억원이며, 1년 후에 24억원으로 매각할 수 있다고 한다. 주차장의 신축안은 단위당 1백만원을 초기투자하면 1년 후부터 매년 1백만원의 현금유입이 영구히 발생한다고 한다. 주차장의 신축단위에는 제한이 없고, 신축규모에 대하여 수익률이 일정하다고 가정한다. 할인율을 동일하게 연 20%로 적용할 경우, 양 투자안의 순현가(NPV)가 같아지기 위해서는 주차장을 몇 단위 신축해야 하는가?

① 10　　② 20　　③ 30　　④ 40　　⑤ 50

[연습문제 7.4] 교차율 계산

상호배타적인 두 투자안 A와 B의 현금흐름은 다음과 같다.

t	0	1	2	3
투자안 A	-670만원	498	309	128
투자안 B	-890	104	303	919

(a) 교차율(COR)을 구하라.

(b) 교차율에서 두 투자안의 순현가를 구하라.

(c) 두 투자안에 대한 IRR을 구하라. (힌트 : X축의 절편)

(d) IRR=0일 때, 두 투자안에 대한 NPV를 구하라. (힌트 : Y축의 절편)

(e) NPV-IRR 평면에서, 두 투자안에 대한 NPV profile을 도시하라.

[연습문제 7.5] 내부수익률 계산(불규칙적인 현금흐름)

㈜부경은 46,000만원의 신규투자를 고려 중이다. 신규투자는 첫 해에는 매월 2,500만원의 수입을, 두 번째 해에는 매월 1,500만원의 수입을, 그리고 세 번째 해에는 매월 500만원의 수입을 올려줄 것으로 기대된다. 신규투자의 내부수익률은 얼마인가?

제8장 회계·재무 관련 응용문제

<시> 한 그리움이 다른 그리움에게 정희성

1. 포트폴리오 관련 응용문제
2. 자본자산가격결정모형(CAPM) 관련 응용문제
3. 선물옵션 관련 응용문제

연습문제

[읽을거리 8.1] IPO 잭팟

[읽을거리 8.2] 오늘 上海증시 개방, 직접매매 위험 잘 관리해야

한 그리움이 다른 그리움에게

정희성

어느 날 당신과 내가
날과 씨로 만나서
하나의 꿈을 엮을 수만 있다면
우리들의 꿈이 만나
한 폭의 비단이 된다면
나는 기다리리, 추운 길목에서
오랜 침묵과 외로움 끝에
한 슬픔이 다른 슬픔에게 손을 주고
한 그리움이 다른 그리움의
그윽한 눈을 들여다볼 때
어느 겨울인들
우리들의 사랑을 춥게 하리
외롭고 긴 기다림 끝에
어느날 당신과 내가 만나
하나의 꿈을 엮을 수만 있다면

1. 포트폴리오 관련 문제

1.1 공분산과 상관관계

두 증권 A와 B 사이의 공분산(Covariance) $Cov(r_A, r_B)$은 다음과 같이 정의된다.

$$Cov(r_A, r_B) = E[(r_A - E(r_A))(r_B - E(r_B))]$$

두 증권 A와 B 사이의 공분산을 $\sigma_{A,B}$로 표시하기도 한다.

두 증권 A와 B 사이의 **상관계수(correlation coefficient)** $\rho_{A,B}$와 **공분산** $Cov(r_A, r_B)$ 간의 관계는 다음과 같다.

$$\rho_{A,B} = Corr(r_A, r_B) = \frac{Cov(r_A, r_B)}{\sigma_A \times \sigma_B}$$

$$-1 \leq \rho \leq +1$$

1.2 상관관계와 포트폴리오 분산 이익

예제 8.1 상관관계와 포트폴리오 분산 이익

지난 5년 동안 두 증권 X와 Y의 수익률은 다음과 같다. 예산의 40%를 증권 A에, 나머지를 증권 B에 투자하여 포트폴리오를 구성할 예정이다.

	2009	2010	2011	2012	2013
증권 X	15.15%	3.45	-0.05	-1.15	14.85
증권 Y	6.25%	8.45	6.35	10.45	3.85

(a) 증권 X와 Y의 표준편차를 구하라.

(b) 포트폴리오의 평균위험을 구하라.

(c) 증권 X와 Y의 상관계수를 구하라.

(d) 포트폴리오의 표준편차를 구하라.

(e) 포트폴리오의 분산투자의 이익을 구하라.

【해설】

(a) 증권 X와 Y의 표준편차 계산

$$E(r) = HPR_A = \frac{\sum_{t=1}^{n} HPR_t}{n} \quad \text{로부터,}$$

$$E(r_X) = \frac{15.15\% + 3.45\% + (-0.05)\% + (-1.15\%) + 14.85\%}{5} = 6.45\%.$$

$$E(r_Y) = \frac{6.25\% + 8.45\% + 6.35\% + 10.45\% + 3.85\%}{5} = 7.07\%.$$

$$\sigma = \left\{ \frac{\sum_{t=1}^{n} (HPR_t)^2}{n} - HPR_A^2 \right\}^{1/2} \quad \text{로부터}$$

$$\sigma_X = \left\{ \frac{(15.15\%)^2 + (3.45\%)^2 + (-0.05\%)^2 + (-1.15\%)^2 + (14.85\%)^2}{5} - (6.45\%)^2 \right\}^{1/2}$$

$$= 7.15\%.$$

동일한 방법으로 σ_Y를 구할 수 있다.

$$\sigma_X = 7.15\%, \ \sigma_Y = 2.23\%.$$

(b) 포트폴리오의 평균위험(average risk) 계산

$$\sigma_{평균} = \sum_{i=1}^{n} w_i \sigma_i = w_X \sigma_X + w_Y \sigma_Y \text{ 로부터,}$$

$$\sigma_{평균} = 0.40(7.15\%) + 0.60(2.23\%) = 4.20\%.$$

(c) 증권 X와 Y의 상관계수 계산

$$Cov(r_A, r_B) = E[((r_A - E(r_A))((r_B - E(r_B))] \text{ 로부터,}$$

$$\begin{aligned} Cov(r_X, r_Y) &= (15.15\% - 6.45\%)(6.25\% - 7.07\%) \\ &\quad + \cdots + (14.85\% - 6.45\%)(3.85\% - 7.07\%) \\ &= -11.8691. \end{aligned}$$

$$\rho_{A,B} = \frac{Cov(r_A, r_B)}{\sigma_A \times \sigma_B} \text{ 로부터,}$$

$$\begin{aligned} \rho_{X,Y} &= \frac{-11.8691}{7.15 \times 2.23} \\ &= -0.7444. \end{aligned}$$

(d) 포트폴리오의 표준편차 계산

$$\begin{aligned} \sigma_P &= \sqrt{Var(R_P)} \\ &= [w_A^2 \sigma_A^2 + 2 w_A w_B \sigma_A \sigma_B \rho_{A,B} + w_B^2 \sigma_B^2]^{1/2} \text{ 로부터} \end{aligned}$$

$$\sigma_P =$$

$$\{0.40^2(0.715^2) + 0.60^2(0.0223^2) + 2(0.40)(0.0715)(0.60)(0.0223)(-0.7444)\}^{1/2}$$

$$= 2.07\%.$$

(e) 포트폴리오의 분산투자이익(Diversification investment benefit) 계산

$$PDB = \sigma_{평균} - \sigma_P \text{ 로부터,}$$

$$\begin{aligned} PDB &= 4.20\% - 2.07\% \\ &= 2.13\% \text{ 혹은 213베이시스포인트.} \end{aligned}$$

【별해】 재무계산기 이용

아래와 같이 재무계산기를 이용하면 증권수익률의 평균과 표준편차, 그리고 두 증권 수익률 간 상관계수를 쉽게 구할 수 있다.

CALCULATOR CLUE

절 차	키 입력	화면표시
통계 데이터 입력 선택	2ND [DATA]	[X01 = 기존 데이터]
워크시트 내용 삭제	2ND [CLR WORK]	[X01 = 0.00]
데이터 값 입력	15.15 ENTER	[X01 = 15.15◁]
	↓ 6.25 ENTER	[Y01 = 6.25◁]
	↓ 3.45 ENTER	[X02 = 3.45]
	↓ 8.45 ENTER	[Y02 = 8.45◁]
	↓ 0.05 +/− ENTER	[X03 = −0.05◁]
	↓ 6.35 ENTER	[Y03 = 6.35◁]
	↓ 1.15 +/− ENTER	[X04 = −1.15◁]
	↓ 10.45 ENTER	[Y04 = 10.45◁]
	↓ 14.85 ENTER	[X05 = 14.85◁]
	↓ 3.85 ENTER	[Y05 = 3.85◁]
통계워크시트의 통계계산 선택	2ND [STAT]	[EXP]

"LIN" 선택	화면에 "LIN"이 나올 때까지 [2ND] [SET]를 계속 누름	[LIN]
증권 X의 평균 $E(r_X)$ 확인	화면에 x-bar가 나올 때 까지 [↓] 를 계속 누름	[x-bar = 6.4500*]
증권 X의 표준편차 σ_X 확인	[↓]	[σ_X = 7.1451*]
증권 Y의 평균 $E(r_Y)$ 확인	[↓]	[y-bar = 7.0700*]
증권 Y의 표준편차 σ_Y 확인	[↓]	[σ_Y = 2.2311*]
상관계수 $\rho_{X,Y}$ 확인	[↓]	[r = -0.7444*]

정답 : 재무계산기로부터 $E(r_X) = 6.4500$, $E(r_Y) = 7.0700$,

$\sigma_X = 7.1451$, $\sigma_Y = 2.2311$, $\rho_{X,Y} = -0.7444$.

1.3 최소분산포트폴리오(Minimum Variance Portfolio : MVP)

예제 8.2 최소분산포트폴리오의 투자비중 계산

두 증권 X와 Y에 대한 수익률이 다음과 같이 예상된다.

구 분	2015	2016	2017	2018
증권 X	0.0%	5.2%	22.2%	13.8%
증권 Y	23.7%	23.8%	9.2%	-4.8%

최소분산포트폴리오를 구성하기 위한 증권 X와 증권 Y의 투자비중(investment weight)을 구하라.

【해설】

먼저, 재무계산기를 이용해서 증권 X와 Y의 표준편차와 평균, 그리고 두 증권 간 상관계수를 구한다.

CALCULATOR CLUE

절 차	키 입력	화면표시
통계 데이터 입력 선택	2ND [DATA]	[X01 = 기존 데이터]
워크시트 내용 삭제	2ND [CLR WORK]	[X01 0.00]
데이터 값 입력	0.0 ENTER	[X01 = 0.00◁]
	↓ 23.7 ENTER	[Y01 = 23.70◁]
	↓ 5.2 ENTER	[X02 = 5.20]
	↓ 23.8 ENTER	[Y02 = 23.80◁]
	↓ 22.2 ENTER	[X03 = 22.20◁]
	↓ 9.2 ENTER	[Y03 = 9.20◁]
	↓ 13.8 ENTER	[X04 = 13.80◁]
	↓ 4.8 +/- ENTER	[Y04 = -4.80◁]
통계워크시트의 통계계산 선택	2ND [STAT]	[EXP]
"LIN" 선택	화면에 "LIN"이 나올 때까지 2ND [SET]를 계속 누름	[LIN SET]
증권 X의 평균 $E(r_X)$ 확인	화면에 x-bar가 나올 때 까지 ↓ 를 계속 누름	[x-bar = 10.3000*]
증권 X의 표준편차 σ_X 확인	↓	[σ_X = 8.4552*]
증권 Y의 평균 $E(r_Y)$ 확인	↓	[y-bar = 12.9750*]
증권 Y의 표준편차 σ_Y 확인	↓	[σ_Y = 11.8576*]
상관계수 $\rho_{X,Y}$ 확인	↓	[r = -0.6803*]

재무계산기로부터,

$\sigma_X = 8.46\%,\ \sigma_Y = 11.86\%,\ E(r_X) = 10.30\%, E(r_Y) = 12.98\%,$

$\rho_{X,Y} = -0.6803.$

이 결과를 $w_A^* = \dfrac{\sigma_B^2 - \rho_{A,B}\sigma_A\sigma_B}{\sigma_A^2 + \sigma_B^2 - 2\rho_{A,B}\sigma_A\sigma_B}$ 에 대입하여, 최소분산포트폴리오의 투자 비중을 구한다.

$$w_X^* = \frac{0.1186^2 - (0.0846)(0.1186)(-0.6803)}{0.0846^2 + 0.1186^2 - 2(0.0846)(0.1186)(-0.6803)}$$
$$= 59.6\%.$$

$$w_Y^* = 1 - w_X^* = 1 - 59.6\% = 40.1\%.$$

정답 : 최소분산포트폴리오를 구성하기 위한 증권 X와 증권 Y의 투자비중은 각각 $w_X^* = 59.6\%$, $w_Y^* = 40.1\%$이다.

읽을거리 8.1 IOP 잭팟

내일 중국 전자상거래업체 알리바바의 뉴욕 증시 상장(Initial Public Offering)은 사상 최대 규모라는 점에서 주목거리다. 상장 후 시가총액이 미국 아마존을 가뿐히 넘어선다는 점도 있지만 무엇보다 대박을 터뜨린 투자자들이 화제다. 최대 수혜자는 손정의 소프트뱅크 회장이다. 2000년 2000만달러(약 207억원)를 투자했는데 14년 만에 2850배로 불어났다. 이번 상장으로 손 회장이 보유한 알리바바 주식 34.4% 시가총액은 578억달러(약 59조원)에 이른다. 마윈 알리바바 회장 지분은 8.8% 정도지만 그래도 218억달러(약 23조원)에 달하는 재산을 갖게 돼 중국 최대 갑부로 올라선다. 2년 전 사모 발행 전환우선주를 매입했던 20여 기관투자가도 단숨에 3배 수익을 올려 '알리바바와 40인의 도둑'이라는 이솝 우화를 떠올리게 한다.

중국 2위 온라인 쇼핑몰업체 징둥상청(京東商城) 창업자 류창둥도 지난 5월 뉴욕 증시 상장 후 시가총액 290억달러를 기록한 덕분에 지분 21%에 해당하는 60억달러(약 6조2000억원)를 가진 거부로 등극했다.

국내에서 근래 터진 IPO[1] 잭팟은 카카오다. 카카오 지분 53.6%를 갖고 있는 김범수 이사회 의장의 주식가치는 장외 거래가를 기준으로 1조원에 육박한다. 다음·카카오 합병 후엔 39.8%로 줄지만 주가 오름세를 감안하면 2조원을 금세 웃돌 듯하다. 카카오 임직원들도 스톡옵션으로 1인당 수억 원대 잭팟을 터뜨릴 수 있다. 카카오톡 출시 때 받은 스톡옵션은 주당 600원이어서 현재 시세로만 233배 수익을 올렸다.

IPO 잭팟은 될 성싶은 벤처기업의 잠재력과 성장성을 미리 읽어낸 결과다. 손정의 회장은 2000년 제리 양 야후 공동창업자 주선으로 마윈 알리바바 창업자를 만났을 때 불과 6분 만에 투자를 결정했다고 한다.

2000년 초 IT버블 붕괴 후 벤처기업 IPO 성공스토리를 찾기 힘들어졌다. 정부가 주창하는 창조경제는 멀리 있지 않다. 알리바바나 카카오 같은 신데렐라를 만들어내는 게 창조경제의 지름길이다.

출처 : 윤경호(2014). "IPO 잭팟," 「매일경제」 2014년 9월 18일자 A39면.

---

1) 증시 상장(IPO) : Initial Public Offering의 두문자.

2. 자본자산가격결정모형(CAPM) 관련 문제

2.1 단일지수모형(single index model)

샤페(William Sharpe)의 단일지수모형 ($w_i = 1/n$)은 다음과 같다.

$$(r_i - r_f) = \alpha_i + \beta_i (r_M - r_f) + e_i$$

여기서, $(r_i - r_f)$ = 개별주식 i에 대한 초과수익률

α_i = y축의 절편

$\beta_i (r_M - r_f)$ = 시장 혹은 인덱스 위험프리미엄

$r_M - r_f$ = 시장의 초과수익률

e_i = 시장움직임과 무관한 개별 주식 요인.

$R_i = r_i - r_f$ 로, $R_M = r_M - r_f$로 정의하면 단일지수모형은 다음과 같이 간략히 표시된다.

$$\text{단일지수모형 : } R_i = \alpha_i + \beta_i R_M + e_i$$

알파값(alpha value)은 적정기대수익률과 실제예상수익률 간의 차이이며, α로 표기한다. 증권분석(security analysis)은 알파값이 양(+)인 증권을 발굴하는 과정이다.

$$\begin{aligned}\alpha &= \text{예상수익률} - \text{적정기대수익률} \\ &= \text{예상수익률} - E(r_i) \\ &= \text{예상수익률} - \{r_f + \beta[E(r_M) - r_f]\}\end{aligned}$$

2.2 지수모형과 포트폴리오 분산

$$R_P = \sum_{i=1}^{n} w_i R_i = \frac{1}{n}\sum_{i=1}^{n} R_i = \frac{1}{n}\sum_{i=1}^{n}(\alpha_i + \beta_i R_M + e_i)$$

$$= \frac{1}{n}\sum_{1}^{n}\alpha_i + \left(\frac{1}{n}\sum_{i=1}^{n}\beta_i\right)R_M + \frac{1}{n}\sum_{i=1}^{n}e_i$$

위 식의 우변에서, 첫 번째 항은 개별증권의 알파의 평균이며, 두 번째 항은 포트폴리오베타와 시장수익률의 곱이며, 세 번째 항은 오차항의 평균치이다.

알파의 평균치(절편) : $\alpha_P = \frac{1}{n}\sum_{i=1}^{n}\alpha_i$

포트폴리오 베타 : $\beta_P = \frac{1}{n}\sum_{i=1}^{n}\beta_i$

오차의 평균치 : $e_P = \frac{1}{n}\sum_{i=1}^{n}e_i$

따라서 포트폴리오 분산은 다음과 같이 표시된다.

$$\sigma_P^2 = \beta_P^2\sigma_M^2 + \sigma^2(e_P)$$

즉, 포트폴리오 분산(σ_P^2)은 체계적 위험($\beta_P^2\sigma_M^2$)과 비체계적 위험($\sigma^2(e_P)$)의 합이다.

$$\sigma^2(e_P) = \sum_{i=1}^{n}\left(\frac{1}{n}\right)^2\sigma^2(e_i) = \frac{1}{n}\sigma^2_{평균}(e)$$

여기서, $\sigma^2_{평균}(e)$는 기업고유 분산의 평균치

n이 커지면 $\sigma^2(e_P)$는 0에 수렴하게 될 것이다. 분산투자의 정도가 커질수록, 포

트폴리오의 총분산은 체계적 분산에 수렴한다.

예제 8.3 통계학 워크시트를 이용한 α와 β의 계산

2010년부터 2014년까지 5년 동안, 시장수익률과 개별주식수익률이 아래와 같다고 한다. 알파와 베타계수를 구하라.

연도	시장수익률(r_M)	주식 i의 수익률(r_i)
2010	23.8%	38.6%
2011	-7.2%	-24.7%
2012	6.6%	12.3%
2013	20.5%	8.2%
2014	30.6%	40.1%

【해설】

주어진 2개 변수 자료를 재무계산기에 입력한 후, **선형회귀분석**(Linear Regression) 기능을 이용하여 베타계수를 구할 수 있다. 즉, 선형회귀모델 $Y = a + bX$ 에서 X와 Y를 입력한 후, 재무계산기에서 구할 수 있는 회귀선의 기울기 b가 베타계수이다. '시장수익률(r_M)'을 X 변수로, '주식 j의 수익률(r_i)'을 Y 변수로 놓아야 하는 점에 주의한다.

CALCULATOR CLUE

절 차	키 입력	화면표시
통계 데이터 입력 선택	2ND [DATA]	[X01 = 기존 데이터]
워크시트 내용 삭제	2ND [CLR WORK]	[X01 0.00]

데이터 값 입력	23.80 ENTER	[X01 = 23.80◁]
	↓ 38.6 ENTER	[Y01 = 38.60◁]
	↓ 7.2 +/− ENTER	[X02 = −7.20◁]
	↓ 24.7 +/− ENTER	[Y02 = −24.70◁]
	↓ 6.6 ENTER	[X03 = 6.60◁]
	↓ 12.3 ENTER	[Y03 = 12.30◁]
	↓ 20.5 ENTER	[X04 = 20.50◁]
	↓ 8.2 ENTER	[Y04 = 8.20◁]
	↓ 30.6 ENTER	[X05 = 30.60◁]
	↓ 40.1 ENTER	[Y05 = 40.10◁]
통계워크시트의 통계계산 선택	2ND [STAT]	[EXP]
"LIN" 선택	화면에 "LIN"이 나올 때까지 2ND [SET]를 계속 누름	[LIN SET]
회귀선의 y축 절편 확인	화면에 a가 나올 때 까지 ↓ 를 계속 누름	[a = −8.92*]
회귀선의 기울기 확인	↓	[b = 1.60*]
회귀선의 상관계수 확인	↓	[r = 0.91*]

정답 : 재무계산기로부터 [a = −8.92*]와 [b = 1.60*].

따라서 $\alpha = -8.92$, $\beta = 1.60$이다.

읽을거리 8.2 오늘 上海증시 개방, 직접매매 위험 잘 관리해야

국내 개인투자자들이 오늘부터 중국 상하이 주식을 안방에서 사고팔 수 있게 된다. 외국인에게 상하이 주식 매매를 허용하고 중국 본토 투자자들에게 홍콩 주식 매매를 허용하는 이른바 '후강퉁' 제도가 시행되는 것이다. 저금리 시대에 새로운 투자 기회로 주목을 끌지만 위험요인도 만만찮다.

외국인 투자자들은 그동안에도 상하이 증시 외국인 전용 주식(B주)을 거래할 수 있었으나 종목 수가 50여 개에 불과하고 거래가 부진해 유명무실한 상태였다. 중국인 전용 주식(A주)에 투자하려면 적격외국기관투자가 자격(QFII 혹은 RQFII)을 지닌 기관투자가를 통해 간접 투자해야만 했다. 앞으로는 외국인 개인투자자들도 상하이 증시 A주 568개 종목을 직접 거래할 수 있는데 이 종목들은 시가총액 90%에 해당한다. 홍콩 증시와 연동된 국내 증권사 해외증권매매계좌에 잔액 50만위안(약 9000만원) 이상을 보유하면 A주에 투자할 수 있다.

국내외 주요 증권사들은 홈트레이딩시스템(HTS)과 모바일트레이딩시스템(MTS)을 개편해 치열한 시장 선점 경쟁을 벌이고 있다. 중국 정부도 상하이 A주를 거래하는 외국인에게 매매차익 10%를 부과해온 자본이득세를 앞으로 3년 동안 면제하겠다며 유혹하고 있다. 이로 인해 증시 투자자금이 중국으로 빨려들어가면 국내 주식시장에 악영향이 있을 것이란 염려가 나올 정도다.

하지만 중국 증시엔 위험요인이 여전히 많다. 후강퉁을 지난달 시행하려다가 별다른 설명 없이 돌연 연기한 사례에서 볼 수 있듯 중국 정책에도 불확실성이 크다. 중국 위안화로 환전해서 투자해야 하기 때문에 환율 리스크에도 노출된다. 상하이 증시에 외국인이 직접 투자할 수 있는 하루 거래한도는 130억위안이고 상하이·홍콩거래소 두 곳 중 한 곳만 휴장해도 거래를 할 수 없다. 거래 단위 100주, 가격 제한폭 ±10% 등 매매 방식도 우리와 다르다. 종목형 주가연계증권(ELS) 손실 사태에서 알 수 있듯 투자위험 없이 기대수익만 높은 투자처는 없다. 증권사들은 장밋빛 설명만 내세워 호객행위를 하지 말고 투자위험을 충분히 숙지시켜야 할 것이다.

출처 : 사설(2014). "오늘 上海증시 개방, 직접매매 위험 잘 관리해야," 「매일경제」 2014년 9월 19일자.

3. 선물·옵션 관련 문제

3.1 최적선물계약수(Optimal Number of Futures Contracts)

아래와 같은 기호를 사용하여 최적선물계약수를 구해보자.

기호정의

Q_A : 헷지되는 포지션의 크기(수량)

Q_F : 선물 1계약의 크기(수량)

N^* : 최적헷징을 위한 선물계약의 수(최적선물계약수)

h^*: 최적 분산 헷지비율

ρ : 현물가격변화와 선물가격변화 간의 상관계수

σ_S : 현물가격변화의 표준편차

σ_F : 선물가격변화의 표준편차

N : 최적선물계약수

$$h = \rho \times \frac{\sigma_S}{\sigma_F} \quad \cdots\cdots (8.1)$$

식 (8.1)으로부터, 헷징을 위해 필요한 선물계약은 액면가 기준으로 $h^* Q_A$이다. 따라서 최적헷징을 위한 선물계약수 N^*는 다음과 같다.

$$N^* = \frac{h^* Q_A}{Q_F} \quad \cdots\cdots (8.2)$$

예제 8.4 최적선물계약수 계산(ρ, σ_S, σ_F가 주어져 있지 않는 경우)

대한항공은 1개월 후에 2백만 갤런의 제트유를 구입할 예정이다. 뉴욕상업거래소(NYMEX)에서 거래되는 난방유 선물계약을 이용해서 헷징하고자 한다. 연속된 5개월 동안 제트유의 선물가격의 변화(ΔF)와 현물가격의 변화는 아래 표와 같다.

i월	1	2	3	4	5
ΔF	+0.020	−0.035	+0.046	−0.001	+0.044
ΔS	+0.031	−0.020	+0.044	−0.008	+0.026

그리고 선물시세표는 아래 표와 같다.

Futures Contracts

Metal & Petroleum Futures

	Open	High	Contract hi lo	Low	Settle	Chg	Open interest
Copper-High (CMX)-25,000 lbs.; cents per lb.							
Feb	148.50	148.50		146.10	**146.80**	3.45	358
May	145.55	151.00		145.40	**148.80**	3.35	42,130
Gold (CMX)-100 troy oz.; $ per troy oz.							
Feb	982.70	986.20		972.00	**976.10**	-1.60	2,307
April	987.00	987.90		969.50	**976.50**	-1.70	239,594
June	987.50	989.30		972.70	**978.70**	-1.70	50,431
Aug	984.50	990.80		976.40	**980.80**	-1.60	12,950
Dec	992.50	995.30		980.00	**984.90**	-1.70	18,528
Dec'10	1002.30	1005.00		997.30	**998.30**	-1.80	9,156
Platinum (NYM)-50 troy oz.; $ per troy oz.							
April	1105.00	1113.80		1066.10	**1076.50**	-22.40	19,427
July	1100.00	1100.00		1072.30	**1080.50**	-22.40	957
Silver (CMX)-5,000 troy oz.; cnts per troy oz.							
Feb	1430.5	1430.5	▲	1388.5	**1393.3**	-35.5	40
March	1431.5	1437.0		1385.0	**1393.5**	-35.5	37,483
Crude Oil, Light Sweet (NYM)-1,000 bbls.; $ per bbl.							
March	34.75	39.85		34.59	**39.48**	4.86	49,455
April	37.54	40.27	▼	37.12	**40.18**	2.77	309,540
May	39.80	42.60	▼	39.42	**42.51**	2.79	130,756
June	41.17	44.04	▼	40.85	**43.97**	2.82	145,651
Dec	46.96	49.60		46.14	**49.54**	2.81	97,062
Dec'10	53.50	56.40		52.90	**56.59**	2.93	70,861
Heating Oil No. 2 (NYM)-42,000 gal.; $ per gal.							
March	1.1600	1.2110		1.1433	**1.2045**	.0576	31,371
April	1.1500	1.2075	▼	1.1359	**1.2005**	.0591	52,767

(a) 최적헷지비율을 구하라.
(b) 최적선물계약수를 구하라.

【해설】

먼저 주어진 자료와 재무계산기를 이용해서 ρ, σ_S, σ_F를 구한다. 그 다음 공식을 이용해서 최적헷지비율과 최적선물계약수를 구한다. 편의상 관측자료는 각각 $\Delta F = x_i$, $\Delta S = y_i$로 표시한다.

i월	1	2	3	4	5
$\Delta F = x_i$	+0.020	−0.035	+0.046	−0.001	+0.044
$\Delta S = y_i$	+0.031	−0.020	+0.044	−0.008	+0.026

아래와 같이 재무계산기를 이용해서 선물가격과 현물가격 변화의 표준편차와 상관계수를 구할 수 있다.

CALCULATOR CLUE

절 차	키 입력	화면표시
통계 데이터 입력 선택	2ND [DATA]	[X01 = 기존 데이터]
워크시트 내용 삭제	2ND [CLR WORK]	[X01 0.0000]
데이터 값 입력	0.020 ENTER	[X01 = 0.0200◁]
	↓ 0.031 ENTER	[Y01 = 0.0310◁]
	↓ 0.035 +/− ENTER	[X02 = −0.0350]
	↓ 0.020 +/− ENTER	[Y02 = −0.0200◁]
	↓ 0.046 +/− ENTER	[X03 = 0.0460◁]
	↓ 0.044 ENTER	[Y03 = 0.0440◁]
	↓ 0.001 +/− ENTER	[X04 = −0.0010◁]

	↓ 0.008 +/− ENTER	[Y04 = −0.0080◁]
	↓ 0.044 ENTER	[X05 = 0.0440◁]
	↓ 0.026 ENTER	[Y05 = 0.026◁]
통계워크시트의 통계계산 선택	2ND [STAT]	[EXP]
"LIN" 선택	화면에 "LIN"이 나올 때까지 2ND [SET]를 계속 누름	[LIN SET]
선물가격변화의 표준편차 확인	화면에 s_x가 나올 때 까지 ↓ 를 계속 누름	[s_x = 0.0338*]
현물가격변화의 표준편차 확인	화면에 s_y가 나올 때 까지 ↓ 를 계속 누름	[s_y = 0.0273*]
상관계수 확인	↓	[r = 0.9256*]

정답 : 재무계산기로부터 s_x= 0.0338, s_y= 0.0273, r = 0.9256.

(a) 최적헷지비율 계산

$$h^* = \rho\sigma_S/\sigma_F = (0.9256)(0.0273)/0.0338 = 0.7476$$

(b) 최적선물계약수 계산

$$N^* = \frac{h^* Q_A}{Q_F} = \frac{0.7476 \times 2{,}000{,}000}{42{,}000} = 36.6 \approx 37\text{계약}$$

여기서, 뉴욕상업거래소에서 거래되는 난방유 선물의 1단위는 42,000갤런(= Q_F)이다.

연습문제

[연습문제 8.1] 통계학 워크시트를 이용한 α와 β의 계산

2007년부터 2011년까지 5년 동안, 시장수익률과 개별주식수익률이 아래와 같다고 한다. 알파와 베타계수를 구하라.

연도	시장수익률(r_M)	주식 i의 수익률(r_i)
2007	15%	19%
2008	15%	15%
2009	-6%	-2%
2010	20%	18%
2011	11%	8%

연습문제 해답

(1장~8장)

제1장 경영수학의 기초

[연습문제 1.1] 시그마 기호

$\sum_{i=2}^{5}\frac{i-3}{i+1}$을 계산하라.

【해설】

$$\sum_{i=2}^{5}\frac{i-3}{i+1} = -\frac{1}{3}+\frac{0}{4}+\frac{1}{5}+\frac{2}{6}=\frac{1}{5}$$

정답 : $\sum_{i=2}^{5}\frac{i-3}{i+1} = \frac{1}{5}$.

[연습문제 1.2] 시그마 기호를 이용한 유용한 공식

$\sum_{i=1}^{n}\frac{i}{n^2}$을 단순화시켜라.

【해설】

$$\begin{aligned}\sum_{i=1}^{n}\frac{i}{n^2} &= \sum_{i=1}^{n}\frac{1}{n^2}\times i \\ &= \frac{1}{n^2}\sum_{i=1}^{n} i \\ &= \frac{1}{n^2}\times\frac{n(n+1)}{2} \\ &= \frac{n+1}{2n}\end{aligned}$$

정답 : $\sum_{i=1}^{n} \frac{i}{n^2} = \frac{n+1}{2n}$.

[연습문제 1.3] 시그마 기호 계산

다음을 각각 계산하라.

(a) $\sum_{i=1}^{40} i$ (b) $\sum_{k=1}^{5} (j^2 - 3)$ (c) $\sum_{i=1}^{100} (4i^2 + 3i + 1)$

정답 : (a) $\sum_{i=1}^{40} i = 820$.

(b) $\sum_{k=1}^{5} (j^2 - 3) = 42$.

(c) $\sum_{i=1}^{100} (4i^2 + 3i + 1) = 1,368,650$.

[연습문제 1.4] 산술급수의 합(응용 문제)

부산의 프로야구팀 롯데에서 뛰고 있는 '부경' 씨의 2015년도 시즌 경기 수당은 첫 번째 경기에서 100만원, 그 이후 경기부터 마지막 경기까지 매번 50만원씩 증가한다고 한다. 그리고 시즌 총경기수는 15회라고 한다. 2015년도 시즌 부경 씨의 총경기수당은 얼마인가?

【해설】

Given : $a_1 = 100$만원, $d = 50$만원, $n = 15$

$a_n = a_1 + (n-1)d$로부터,
$a_{15} = 100 + (15-1) \times 50 = 800$.

$s_n = \frac{n}{2}(a_1 + a_n)$를 이용해서,

$s_{15} = \frac{15}{2}(100 + 800) = 7,500$.

정답 : 2015년도 시즌 부경 씨의 총경기수당은 7,500만원이다.

[연습문제 1.5] 기하급수의 합 응용(연금의 미래가 계산)

'부경' 양은 100세 시대를 맞이하여, 착실히 노후대책을 준비해 왔다. 그녀는 만 60세에 은퇴하여 매월말 1원씩의 연금을 360개월 동안 수령할 예정이다. 연이자율은 3%라고 한다. 부경 양이 수령할 연금의 미래가는 얼마인가?

【해설】

연금의 미래가 $FVA_{k\%,n}$는 다음과 같이 표시된다.

$$FVA_{k\%,n} = 1 + 1 \times (1+k)^1 + 1 \times (1+k)^2 + \cdots + 1 \times (1+k)^{n-1}.$$

여기서, $FVA_{k\%,n}$ = Futuue Value of Annuity over n periods for k%.

즉, 연금의 미래가 $FVA_{k\%,n}$는 초항 $a_1 = 1$, 등비 $r = (1+\frac{0.03}{12})$, 항의 개수 $n = 360$인 기하급수의 합이다.

$$s_n = \frac{a_1(1-r^n)}{1-r} \text{으로부터}$$

$$s_{360} = \frac{1[1-(1+\frac{0.03}{12})^{360}]}{1-(1+\frac{0.03}{12})} = \frac{1-(2.4568)}{-\frac{0.03}{12}} = \frac{-1.4568}{-0.0025} = 582.72$$

정답 : 부경 양이 수령할 연금의 미래가는 582.72원이다.

[연습문제 1.6] 등비수열의 합 응용(연금의 현가 계산)

100세 시대를 맞이하여 '부경' 양은 꾸준히 노후대책을 준비해 왔다. 그녀는 은퇴 후 매월말 1원씩의 연금을 n개월간 받을 예정이다. 그리고 월이자율은 k%이다. 이 경우

그녀가 수령할 연금의 현가는 다음과 같이 표시된다고 한다 :

$$PVA_{k\%,n} = 1(1+k)^{-1} + 1(1+k)^{-2} + \cdots + 1(1+k)^{-n}.$$

기하급수의 합 공식을 이용해서 연금의 현가를 구하라.

【해설】

연금의 현가 $PVA_{k\%,n}$는 초항 $(1+k)^{-1}$, 등비 $(1+k)^{-1}$인 등비수열(혹은 기하급수 geometric sequence)의 합이다.

$$PVA_{k\%,n} = 1(1+k)^{-1} + 1(1+k)^{-2} + \cdots + 1(1+k)^{-n}$$

여기서, $PVA_{k\%,n}$ = Present Value of Annuity over n periods for k%.

$$s_n = \frac{a_1(1-r^n)}{1-r}$$ 으로부터

$$s_n = \frac{\frac{1}{1+k}\left[1-\left(\frac{1}{1+k}\right)^n\right]}{1-\left(\frac{1}{1+k}\right)}$$ 분자와 분모에 $(1+k)$를 곱하면,

$$= \frac{1-\left(\frac{1}{1+k}\right)^n}{(1+k)-1}$$

$$= \frac{1-\left(\frac{1}{1+k}\right)^n}{k}$$

$$= \frac{1}{k} - \frac{1}{k(1+k)^n}$$

정답 : $PVA_{k\%,n} = \dfrac{1}{k} - \dfrac{1}{k(1+k)^n}$.

참고로, n기간 동안 기간이자율 k%로 연금 1원을 받을 경우, 연금의 현가를 **연금의 현가이자요소**(Present Value Interest Factor of an Annuity over n periods for k%)라고 부르며, $PVIFA_{k\%,n}$ 로 표시한다. 이에 대해서는 교과서의 제4장 생활 재무에서 자세히 설명하기로 한다.

제3장 화폐의 시간가치

[연습문제 3.1] 일시불의 미래가 계산(연복리)

연이율이 26%일 때, 현재 100만원의 3년 후 미래가치는 얼마나 될까?

【해설】

m	N	I/Y	PV	FV	PMT
1	3	26%	100만원	?	0

CALCULATOR CLUE

절 차	키 입력	화면표시
워크시트 내용 삭제	[2ND] [CLR TVM]	[0.00]
연복리 설정	[2ND] [P/Y] 1 [ENTER] [2nd] [QUIT]	[0.00]
N(기간 수) 입력	3 [N]	[N = 3.00◁]
I/Y(연이율) 입력	26 [I/Y]	[I/Y = 26.00◁]
PV(현가) 입력	100 [PV]	[PV = 100.00◁]
PMT(연금) 입력	0 [PMT]	[PMT = 0.00◁]
FV(미래가) 계산	[CPT] [FV]	[FV = -200.04*]

정답 : 200.04만원.

[연습문제 3.2] 일시불의 현가 계산(연복리)

5년 후 500만원의 현재가치는 얼마인가? 연이율은 10%라고 한다.

【해설】

m	N	I/Y	PV	FV	PMT
1	5	10%	?	500만원	0

CALCULATOR CLUE

절 차	키 입력	화면표시
워크시트 내용 삭제	[2ND] [CLR TVM]	[0.00]
연복리 설정	[2ND] [P/Y] 1 [ENTER] [2ND] [QUIT]	[0.00]
N(기간 수) 입력	5 [N]	[N = 5.00◁]
I/Y(연이율) 입력	10 [I/Y]	[I/Y = 10.00◁]
FV(현가) 입력	500 [FV]	[FV = 100.00◁]
PMT(연금) 입력	0 [PMT]	[PMT = 0.00◁]
PV(미래가) 계산	[CPT] [PV]	[PV = -310.46*]

정답 : 310.46만원.

[연습문제 3.3] 일시금의 펀드수익률 계산(연복리)

당신의 자녀가 18년 후 미국대학에 입학할 경우 대학교육비용은 $75,000가 될 것으로 예상된다. 당신은 자녀의 대학교육비용을 마련하기 위해, 지금 $7,000를 대학교육펀드에 투자하고자 한다. 18년 후 대학교육비용을 조달하기 위해서 연간 펀드수익률은 최소 얼마가 되어야 하는가?

【해설】

m	N	I/Y	PV	FV	PMT
1	18	?	$-7,000	$75,000	0

CALCULATOR CLUE

절 차	키 입력	화면표시
워크시트 내용 삭제	2ND [CLR TVM]	[0.00]
연복리 설정	2ND [P/Y] 1 ENTER 2ND [QUIT]	[0.00]
N(기간 수) 입력	18 N	[N = 18.00◁]
PV(현가) 입력	7,000 +/- PV	[PV = -7,000.00◁]
FV(미래가) 입력	75,000 FV	[FV = 75,000.00◁]
PMT(연금) 입력	0 PMT	[PMT = 0.00◁]
I/Y(이자율) 계산	CPT I/Y	[I/Y = 14.08*]

정답 : 연간 펀드수익률은 최소 14.08%가 되어야 한다.

[연습문제 3.4] 일시불의 기간수 및 이자율 계산(연복리)

… 중략 …

한경의 지난 50년은 대한민국의 경제성장과 궤를 같이해 왔다. 1차 경제개발 5개년 계획과 함께 1964년 창간해 국민소득 2만6000달러의 오늘에까지 경제발전의 가장 강력한 동반자이기도 했다. 지금 한경은 다시 국민소득 5만달러를 제창하고 있다. 연평균 4%씩 성장한다 해도 18년이나 걸리는 험준한 노정이다. 문제는 5만달러에 걸맞은 행동과 정신의 양식(아비투스)이 필요하다.

… …

위 한국경제신문 사설[1]에 의하면, 2014년 10월 현재 1인당 국민소득(GNP per capita)은 2만6000달러이며, 연평균 4%씩 성장한다면 18년 후에 국민소득 5만달러를 달성할 수 있을것으로 예상된다. 국민소득 5만달러 달성을 위해,"과연 18년이 걸리는지"를 (a) 수식과 (b) 재무계산기를 이용해서 각각 검증해 보시오.

【해설】

(a) 수식을 이용한 검증

$$FV_n = PV \times (1+k)^n$$

$$26{,}000 \times (1{,}04)^n = 50{,}000$$
$$(1.04)^n = 50{,}000/26{,}000$$
$$\ln 1.04^n = \ln 50{,}000/26{,}000$$

$$n = \frac{\ln \frac{50{,}000}{26{,}000}}{\ln 1.04} = 16.6730$$

$$\therefore n = 16.67\text{년}$$

(b) 재무계산기를 이용한 검증

m	FV	I/Y	PV*	PMT	N
1	$50,0000	4%	-$26,000	0	?

재무계산기로부터 [N = 16.6730*].

1) 사설(2014). "분배·평등 유혹 못 벗어나면 5만달러 어림없다," 「한국경제」 2014년 10월 13일자 A39면.

〈참고〉

재무계산기에 양(+)의 현가(PV)를 입력하면 에러메시지 [Error 5]가 뜨게 된다. 이를 방지하기 위해 음(-)의 현가를 입력하였다.

정답 : 수식과 재무계산기를 이용해서 구한 결과는 16.67년으로 동일하다. 따라서 위 한국경제신문의 사설에서 '18년'은 '17년'으로 수정되어야 한다.

[연습문제 3.5] 명목이자율과 실효이자율 계산(월복리)

대한은행으로부터 명목이자율 10%이며, 매월 복리계산을 해 주는 정기예금의 가입을 권유받았다. (a) 공식과, (b) 재무계산기를 이용해서 실효이자율을 각각 구하라.

【해설】

(a) 공식을 이용한 실효이자율 계산

$$EAR = \left[1 + \frac{k_{Nom}}{m}\right]^{m} - 1$$

k_{Nom} = 10%, m = 12 (월복리, 재무계산기에서는 [P/Y])

$$EAR = \left[1 + \frac{0.10}{12}\right]^{m} - 1 = (0.0083)^{12} - 1 = 1.1047 - 1 = 10.47\%.$$

$\therefore EAR = 10.47\%.$

(b) 재무계산기를 이용한 실효이자율 계산

CALCULATOR CLUE

절 차	키 입력	화면표시
이자율전환 워크시트 선택	2ND [ICONV]	[NOM(구 데이터)]
워크시트 내용 삭제	2ND [CLR WORK]	[NOM = 0.00]

명목이율(nominal rate) 입력	10 ENTER	[NOM = 10.00◁]
연간복리횟수 입력	↓ ↓ 12 ENTER	[C/Y = 12.00◁]
연간실효이자율 계산	↑ CPT	[EFF = 10.47*]

$\therefore EAR = 10.47\%.$

[연습문제 3.6] 명목이자율과 실효이자율 계산(분기별 복리)

㈜부경은행으로부터 연간명목이자율 15%, 분기별 복리계산을 해 주는 정기예금의 가입을 권유받았다. (a) 공식과, (b) 재무계산기를 이용해서 실효이자율을 구하라.

【해설】

(a) 공식을 이용한 실효이자율 계산

$$EAR = \left[1 + \frac{k_{Nom}}{m}\right]^m - 1 = \left[1 + \frac{0.15}{4}\right]^4 - 1 = 15.87\%.$$

$\therefore EAR = 15.87\%.$

(b) 재무계산기를 이용한 실효이자율 계산

CALCULATOR CLUE

절 차	키 입력	화면표시
이자율전환 워크시트 선택	2ND [ICONV]	[NOM(구 데이터)]
워크시트 내용 삭제	2ND [CLR WORK]	[NOM = 0.00]
명목이율(nominal rate) 입력	15 ENTER	[NOM = 15.00◁]
연간복리횟수 입력	↓ ↓ 4 ENTER	[C/Y = 4.00◁]
연간실효이자율 계산	↑ CPT	[EFF = 15.87*]

$\therefore EAR = 15.87\%.$

[연습문제 3.7] 일시불의 현가 계산(연복리)

시장이자율이 연6%로 유지될 것으로 예상된다. 3년 뒤 10,000원을 수령하기로 한 계약의 현재가치는 얼마인가? 아래 표를 이용해서 답하라.

	복리표	현가표	연금복리표	연금현가표
기간/ 이자율	6%	6%	6%	6%
3년	1.191	0.840	3.184	2.673
5년	1.338	0.747	5.637	4.212

① 7,475원 ② 8,396원 ③ 11,917원 ④ 13,386원

【해설】 **정답** ②

$$\begin{aligned} PV &= FV_3 \times (PVIF_{6\%,\,3\text{년}}) \\ &= 10,000\text{원} \times 0.8396 \\ &= 8,396\text{원} \end{aligned}$$

[연습문제 3.8] 단기재정증권의 발행을 통한 순수할인대출

미국정부가 단기재정증권(Treasury bills, or T-bills)의 발행을 통해 단기자금을 조달하고자 한다. 12개월 후 상환금이 $100,000이며, 시장금리가 4%라고 한다면, 현재 시장에서 이 증권의 판매가격은 얼마일까?

【해설】

일시불의 미래가와 이자율이 주어진 상황에서, 현가를 구하는 문제이다.

$$PV = FV_n \times \left(\frac{1}{1+k}\right)^n = FV_n \times (PVIF_{k\%,n})$$

$$PV = FV_1 \times \left(\frac{1}{1+.04}\right)^1 = \$100,000/1.04 = \$96,153.15$$

정답 : 단기재정증권의 현재 시장판매가격은 $96,153.15이다.

제4장 생활 재무

[연습문제 4.1] 연금의 미래가 계산(연복리)

연말마다 100만원씩, 5년 간 불입하는 보통연금의 미래가는 얼마인가? 연이율은 6%이다.

【해설】

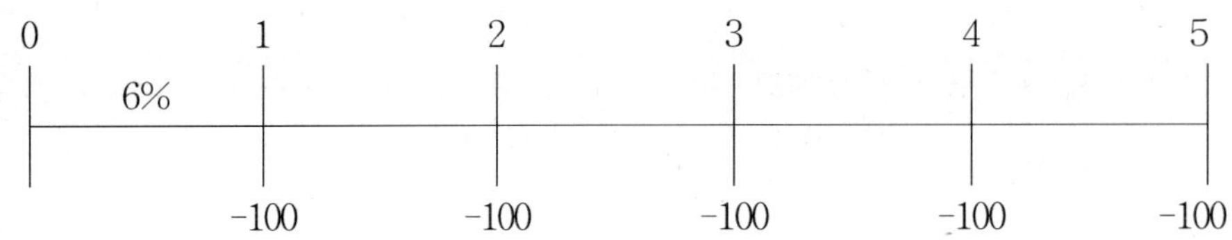

m	N	I/Y	PV	FV	PMT
1	5	6%	0	?	-100만원

CALCULATOR CLUE

절 차	키 입력	화면표시
워크시트 내용 삭제	[2ND] [CLR TVM]	[0.00]
연복리 설정	[2ND] [P/Y] 1 [ENTER] [2ND] [QUIT]	[0.00]
N(기간) 입력	5 [N]	[N = 5.00◁]

I/Y(연이율) 입력	6 [I/Y]	[I/Y = 6.00◁]
PV(현가) 입력	0 [PV]	[PV = 0.00◁]
PMT(연금) 입력	100 [+/-] [PMT]	[PMT = -100.00◁]
FV(미래가) 계산	[CPT] [FV]	[FV = 563.71*]

정답 : 보통연금의 미래가치는 563.71만원이다.

[연습문제 4.2] 연금의 현가 계산(연복리)

연말마다 100만원씩 5년 간 불입하는 보통연금의 현재가치는 얼마인가? 연이율은 6%이다.

【해설】

m	N	I/Y	PV	FV	PMT
1	5	6%	?	0	-100만원

CALCULATOR CLUE

절 차	키 입력	화면표시
워크시트 내용 삭제	[2ND] [CLR TVM]	[0.00]
연복리 설정	[2ND] [P/Y] 1 [ENTER] [2ND] [QUIT]	[0.00]
N(기간) 입력	5 [N]	[N = 5.00◁]
I/Y(연이율) 입력	6 [I/Y]	[I/Y = 6.00◁]
FV(현가) 입력	0 [FV]	[FV = 0.00◁]
PMT(연금) 입력	100 [+/-] [PMT]	[PMT = -100.00◁]
PV(현가) 계산	[CPT] [PV]	[PV = 421.24*]

정답 : 보통연금의 현가는 421.24만원이다.

[연습문제 4.3] 선불연금의 현가 계산(연복리)

연초마다 100만원씩 5년간 지불되는 선불연금의 현재가치를 재무계산기를 이용해서 구하라. 연이율은 6%이다.

【해설】

m	N	I/Y	PV	FV	PMT
1	5	6%	?	0	-100만원

CALCULATOR CLUE

절 차	키 입력	화면표시
보통연금을 선불연금으로 설정	2ND [BGN]	[END SET]
	2ND [SET]	[BGN SET BGN]
	CE/C	[0.00 BGN]
워크시트 내용 삭제	2ND [CLR TVM]	[0.00 BGN]
연복리 설정	2ND [P/Y] 1 ENTER 2ND [QUIT]	[0.00 BGN]
N(기간 수) 입력	5 N	[N = 5.00◁ BGN]
I/Y(연이율) 입력	6 I/Y	[I/Y = 6.00◁ BGN]
FV(미래가) 입력	0 FV	[FV = 0.00 ◁ BGN]
PMT(연금) 입력	100 +/- PMT	[PMT = -1,00.00◁ BGN]
PV(현가) 계산	CPT PV	[PV = 446.51* BGN]

정답 : 선불연금의 현가는 446.51만원이다.

확인 : 보통연금의 현가는 \$421.24 × (1 + 0.06) = 446.51. 즉, 선불연금의 현가는 보통 연금의 현가에 (1+기간 이자율)을 곱해서 구할 수 있다.

[연습문제 4.4] 선불연금의 미래가 계산(연복리)

아래와 같이 연초마다 100만원씩, 5년간 지불되는 선불연금의 미래가치를 재무계산기로 구하라. 연이율은 6%이라고 한다.

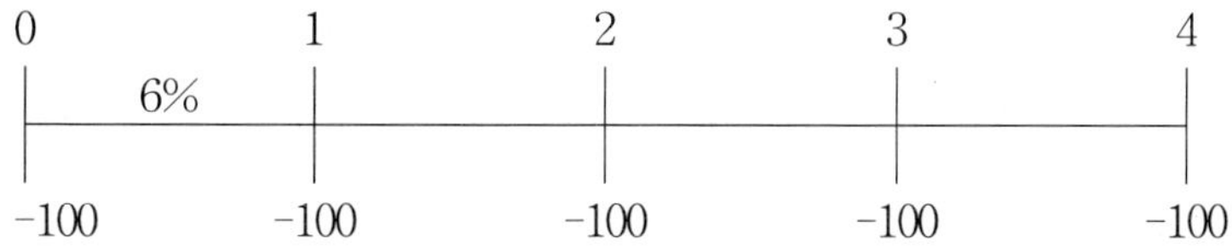

【해설】

m	N	I/Y	PV	FV	PMT
1	5	6%	0	?	-100만원

CALCULATOR CLUE

절 차	키 입력	화면표시
보통연금을 선불연금으로 설정	2ND [BGN]	[END SET]
	2ND [SET]	[BGN SET BGN]
	CE/C	[0.00 BGN]
워크시트 내용 삭제	2ND [CLR TVM]	[0.00 BGN]
연복리 설정	2ND [P/Y] 1 ENTER 2ND [QUIT]	[0.00 BGN]
N(기간 수) 입력	5 N	[N = 5.00◁ BGN]
I/Y(연이율) 입력	6 I/Y	[I/Y = 6.00◁ BGN]
PV(현가) 입력	0 PV	[PV = 0.00 ◁ BGN]
PMT(연금) 입력	100 +/- PMT	[PMT = -100.00◁ BGN]
FV(미래가) 계산	CPT FV	[FV = 597.53* BGN]

정답 : 선불연금의 미래가는 $597.53이다.

확인 : 선불연금의 미래가 = 보통연금의 미래가 $563.71 x (1+0.06) = 597.53.

즉, 선물연금의 미래가는 보통연금의 미래가에 (1+기간 이자율)을 곱해서 구할 수 있다.

[연습문제 4.5] 연금의 기간 계산(월복리)

은행으로부터 $12,000를 대출받았다. 매월 말 원리금 상환액은 $374.00이며, 월이자율은 1.4%라고 한다. 몇 달 후에 대출금을 전액 상환할 수 있을까?

【해설】

m	N	I/Y	PV	FV	PMT
1	?	1.4%	$12,000	0	$-374.00

CALCULATOR CLUE

절 차	키 입력	화면표시
워크시트 내용 삭제	[2ND] [CLR TVM]	[0.00]
연복리 설정	[2ND] [P/Y] 1 [ENTER] [2ND] [QUIT]	[0.00]
I/Y(이자율) 입력	1.40 [I/Y]	[I = 1.40◁]
PV(현가) 입력	12,000 [PV]	[PV = 12,000.00◁]
PMT(연금) 입력	374 [+/-] [PMT]	[PMT = -374.00◁]
N(기간) 계산	[CPT] [N]	[N = 42.90*]

정답 : 42.90개월 이후 원리금을 전액 상환할 수 있다.

[연습문제 4.6] 분할상환표 작성(연복리)

대한은행으로부터 연이율 10%, 기간 3년으로 $1,000를 대출받았다. 대출금의 원리금 상환은 연말에 1회씩 총 3회에 걸쳐 이루어진다. 매 연말에 지불해야 할 상환금, 이자,

원금, 그리고 연말 대출금 잔액을 포함한 분할상환표를 구하라.

CALCULATOR CLUE

절 차	키 입력	화면표시
워크시트 내용 삭제	2ND [CLR TVM]	[0.00]
연복리 설정	2ND [P/Y] 1 ENTER 2ND [QUIT]	[0.00]
N(기간) 입력	3 N	[N = 3.00◁]
I/Y(연이율) 입력	10 I/Y	[I/Y = 10.00◁]
PV(현가) 입력	1,000 PV	[PV = 1,000.00◁]
PMT(연말 상환금액) 계산	CPT PMT	[PMT = -402.11*]
AMORT 워크시트설정	2ND [AMORT]	[P1 = 1.00] 주
AMORT 워크시트 내용 삭제	2ND [CLR WORK]	[P1 = 1.00]
마지막 기간을 1로 설정	↓ 1 ENTER	[P2 = 1.00◁] 주
1차년도 대출상환 데이터 확인	↓	[BAL = 697.89*] 주
	↓	[PRN = -302.11*] 주
	↓	[INT = -100.00*] 주
첫 번째 기간을 2로 설정	↓ 2 ENTER	[P1 = 2.00◁]
마지막 기간을 2로 설정	↓ 2 ENTER	[P2 = 2.00◁]
2차년도 대출상환 데이터 확인	↓	[BAL = 365.57*]
	↓	[PRN = -332.32*]
	↓	[INT = -69.79*]
첫 번째 기간을 3으로 설정	↓ 3 ENTER	[P1 = 3.00◁]
마지막 기간을 3으로 설정	↓ 3 ENTER	[P2 = 3.00◁]
3차년도 대출상환 데이터 확인	↓	[BAL = 0.02*]
	↓	[PRN = -365.55*]
	↓	[INT = -36.56*]

주 : P1 = 지급범위 내의 첫 번째 지급(The 1st payment in the range)

P2 = 지급범위 내의 두 번째 지급(The 2nd payment in the range)

BAL = 잔고 (BALance)

PRN = 원금 (PRiNcipal)

INT = 이자(INTerest)

정답 : 재무계산기로부터 구한 할부상환 데이터를 정리하면 아래와 같은 분할상환표를 작성할 수 있다.

기간	기초잔액	상환금	이자지급액	원금지급액	기말잔액
1	1,000.00	402.11	100.00	302.11	697.89
2	697.89	402.11	69.79	332.32	365.57
3	365.57	402.11	36.56	365.55	0.02*
합계		1,206.33	206.35	999.98	

* 반올림 오차가 없다면, 0.00이 되어야 함.

[연습문제 4.7] 분할상환표 작성(연복리)

은행으로부터 $24,000를 대출받았다. 대출기간은 3년이며 연이자율은 16%이라고 한다. 그리고 매년 일정한 금액을 원리금으로 상환해야 한다고 한다.

(a) 3년간의 분할상환표

(b) 3년째 이자 지급액

(c) 3년간 지불해야 하는 이자 총액을 구하라.

【해설】

CALCULATOR CLUE

절 차	키 입력	화면표시
워크시트 내용 삭제	2ND [CLR TVM]	[0.00]

연복리 설정	2ND [P/Y] 1 ENTER 2ND [QUIT]	[0.00]
N(기간) 입력	3 N	[N = 3.00◁]
I/Y(연이율) 입력	16 I/Y	[I/Y = 16.00◁]
PV(현가) 입력	24,000 PV	[PV = 24,000.00◁]
PMT(연말 상환금액) 계산	CPT PMT	[PMT = -10,686.19*]
AMORT 워크시트설정	2nd [AMORT]	[P1 = 1.00] 주
AMORT 워크시트 내용 삭제	2nd [CLR WORK]	[P1 = 1.00]
마지막 기간을 1로 설정	1 ENTER ↓	[P1 = 1.00◁] 주
1차년도 대출상환 데이터 확인	1 ENTER	[P2 = 1.00◁] 주
	↓	[BAL = 17153.81*] 주
	↓	[PRN = -6,846.19*] 주
	↓	[INT = -3,840.00*] 주
첫 번째 기간을 2로 설정	↓ 2 ENTER	[P1 = 2.00◁]
마지막 기간을 2로 설정	↓ 2 ENTER	[P2 = 2.00◁]
2차년도 대출상환 데이터 확인	↓	[BAL = 9,212.23*]
	↓	[PRN = -7,941.58*]
	↓	[INT = -2,744.61*]
첫 번째 기간을 3으로 설정	↓ 3 ENTER	[P1 = 3.00◁]
마지막 기간을 3으로 설정	↓ 3 ENTER	[P2 = 3.00◁]
3차년도 대출상환 데이터 확인	↓	[BAL = 0.00*]
	↓	[PRN = -9,212.23*]
	↓	[INT = -1,473.96*]

주 : P1 = 지급범위 내의 첫 번째 지급(The 1st payment in the range)

P2 = 지급범위 내의 두 번째 지급(The 2nd payment in the range)

BAL = 잔고 (BALance)

PRN = 원금 (PRiNcipal)

INT = 이자(INTerest)

정답 : 재무계산기로부터 구한 대출할부상환 데이터를 정리하면 아래와 같은 분할상환표를 구할 수 있다.

(a) 분할상환표

기간	기초 잔액	상환금	이자 지급액	원금 지급액	연말 잔액
1	24,000.00	10,686.19	3,840.00	6,846.19	17,153.81
2	17,153.81	10,686.19	2,744.61	7,941.58	9,212.23
3	9,212.23	10,686.19	1,473.96	9,212.23	0.00
합계		32,058.57	8,058.57	24,000.00	

(b) 3년째 지불해야 하는 이자는 $1,473.96이다.

(c) 3년간 지불해야 하는 이자의 총액은 $8,058.57이다.

[연습문제 4.8] 영구연금, 일시불, 불규칙 현금흐름 〈CPA 2006 기출〉

다음 세 가지 경품의 현재가치를 할인율 10%를 적용하여 계산하였더니 모두 100원으로 동일하게 나타났다.

> 경품 1 : 현재부터 W원을 매년 영구히 받는다.
> 경품 2 : 1년 후에 상금 X원을 받는다.
> 경품 3 : 1년 후에 상금 Y원, 2년 후에 상금 X원을 받는다.

변수 W, X, Y에 관한 다음 관계식 중 옳지 않은 것은?

① 100 < X + Y ② X > Y ③ W < 10

④ Y < 10 ⑤ Y > W

【해설】 **정답** ④

각 경품 별로 관계식을 구한 후, 옳지 않은 것을 찾는다.

$$경품1 : W + \frac{W}{0.1} = 100 \quad \therefore W = 9.0909$$

$$경품2 : \frac{X}{1.1} = 100 \quad \therefore X = 110$$

$$경품3 : \frac{Y}{1.1} + \frac{X}{1.1^2} = 100 \quad \therefore Y = 10$$

[연습문제 4.9] 연금의 현가 계산 〈CPA 1996 기출〉[2]

미래 씨는 정년퇴임을 한 후 그 동안 적립해오던 연금을 지급받기 위해 연금공단연금지급 조건을 문의한 바, 연금공단으로부터 다음과 같은 회신을 받았다.

> 현재까지 적립된 연금총액 : 1억원
> 연금지급방법

연간이자율이 10%이고 현금흐름에 따르는 위험은 없다고 가정할 경우, 미래 씨는 어떤 연금지급방법을 선택해야 하는가?

① 현재 일시 전액지급
② 5년도 말에 1억6천만원 지급
③ 매년도 말에 1천만원씩 영구히 지급
④ 매년도 말에 2천만원씩 10년간 지급
⑤ 2년도 말에 5천만원을 지급하고, 그 후 매년도 말에 1천만원씩 영구히 지급

【해설】 **정답** ⑤

2) 본서에서 인용한 CPA 기출문제는 이영우(2010)의 「객관식 재무관리」와 이영우(2011)의 「고급재무관리연습」(웅진패스원)을 많이 참고하였음.

각 연금지급조건 별로 현가를 구해서 비교한 후, 현가가 가장 큰 연금지급조건을 선택하면 된다.

① 1억원

② $\frac{1.6}{1.1^5}=0.99$억원

③ $0.1/0.1=1$억원

④ $0.2\times PVIFA_{10\%,\,10년}=0.2\times 6.1446=1.23$억원

⑤ $\frac{1.5}{1.1^2}=1.24$억원

④에서, 부록 [부표 2] 연금의 현가이자요소의 일부인 아래 표를 이용해서 $PVIFA_{10\%,\,10년}=6.1446$을 구한다.

연금의 현가이자요소($PVIFA_{k\%,\,n}$)

n \ $k\%$	10%	12%	14%	15%	16%
6	4.3553	4.1114	3.8887	3.7845	3.6847
7	4.8684	4.5638	4.2883	4.1604	4.0386
8	5.3349	4.9676	4.6389	4.4873	4.3436
9	5.7590	5.3282	4.9464	4.7716	4.6065
10	*6.1446*	5.6502	5.2161	5.0188	4.8332

[연습문제 4.10] 연금의 현가 계산(연복리)

향후 5년 간 시장이자율이 6%로 유지될 것으로 예상된다. 매년 10,000원씩 5년 간 수령하는 연금의 현재가치는 얼마인가?

① 42,124원　② 11,913원　③ 31,848원　④ 26,735원

【해설】 정답 ①

$$\begin{aligned} PVA &= PMT \times (PVIFA_{6\%,\, 5년}) \\ &= 10,000원 \times 4.2124 \\ &= 42,124원 \end{aligned}$$

[연습문제 4.11] 연금의 미래가 계산(연복리)

향후 5년 간 시장이자율이 6%로 유지될 것으로 예상된다. 매년 10,000원씩 5년 만기 적금에 가입했다. 5년 후 수령하게 될 원금과 이자의 합계 금액은 얼마인가?

① 42,123원　② 11,910원　③ 31,847원　④ 56,371원

【해설】 정답 ④

$$\begin{aligned} FVA &= PMT \times (FVIFA_{6\%,\, 5년}) \\ &= 10,000원 \times 5.6371 \\ &= 56,371원 \end{aligned}$$

[연습문제 4.12] 연금의 미래가 계산(일복리)

직장인 '부경' 양은 매일 오전과 오후 두 차례에 걸쳐 사무실 근처 커피전문점에서 에스프레소 커피를 마신다. 그녀가 1년 동안 매일 커피 두 잔씩을 마실 경우, 지불해야 할 커피 값의 1년 후 미래가는 얼마인가? 수식과 재무계산기를 이용하여 원단위로 답하라. 연이자율은 3.2%이며, 커피 한 잔 가격은 5,100원이라고 한다.

【해설】

(a) 수식을 이용한 연금의 미래가 계산

Given : $PV = 0,\ PMT = 10,200원,\ N = 365일,\ I/Y = 0.032/365$ ⇨ FVA?

$$FVA_n = PMT \times (FVIFA_{k\%, n})$$

$$= PMT \times \left\{ \frac{(1+k)^n - 1}{k} \right\}$$

$$FVA_{365} = 10,200 \times \left\{ \frac{(1+\frac{0.032}{365})^{365} - 1}{\frac{0.032}{365}} \right\}$$

$$= 10,200 \times (370.8863)$$

$$= 3,783,040.016$$

정답 : '부경' 양이 1년 간 지불해야 할 커피 값의 미래가는 3,783,040원이다.

(b) 재무계산기를 이용한 연금의 미래가 계산

m	N	I/Y	PV	PMT	FV
365	365일	3.2%	0	10,200원	?

CALCULATOR CLUE

절 차	키 입력	화면표시
워크시트 내용삭제	[2ND] [CLR TVM]	[0.000]
일복리 설정	[2ND] [P/Y] 365 [ENTER] [2ND] [QUIT]	[0.0000]
PV(현가) 입력	0 [PV]	[PV = 0.00◁]
I/Y(연이율) 입력	3.2 [I/Y]	[I/Y = 3.20◁]
N(기간) 입력	365 [N]	[N = 365.00◁]
PMT(연금) 입력	10,200 [+/−] [PMT]	[PMT = −10,200.00◁]
FV(미래가) 계산	[CPT] [FV]	[FV = 3,783,040.00*]

정답 : '부경' 양이 1년 간 지불해야 할 커피 값의 미래가는 3,783,040원이다.

[연습문제 4.13] 연금의 미래가 계산(월복리)[3]

조○○ 군은 대학 1학년을 마치고 2014년 3월 육군으로 입대하여 논산훈련소를 거쳐 경기도의 모 부대로 배치받았다. 조 이등병은 자대배치 직후인 2014년 5월부터 월급을 절약해서 매월 5만원씩 적금을 불입하고 있으며, 2015년 12월 전역할 때까지 이를 계속할 예정이다. 연이자율은 3%, 의무복무기간은 21개월이며 월복리가 적용된다고 한다. (a) 수식과 (b) 재무계산기를 이용해서, 조 병장의 만기 전역 시 적금수령액을 원 단위로 각각 계산한 후 그 결과를 비교해보라.

【해설】

시간선(단위 : 만원)

	2014. 03	2014. 04	2014. 05	2014. 06	2014. 07	···	2015. 11	2015. 12
	0	1	2	3	4	···	20	21
불입액		0	0	50,000	50,000	···	50,000	50,000

(a) 수식을 이용한 연금의 미래가 계산

$$FVA_n = PMT\times(1+k)^{n-1} + PMT\times(1+k)^{n-2} + \cdots + PMT\times(1+k)^0$$

$$= PMT\times\{(1+k)^{n-1} + (1+k)^{n-2} + \cdots + (1+k)^0\}$$

$$= PMT\times\left\{\frac{(1+k)^n - 1}{k}\right\}$$

$$\therefore FVA_{21-2} = 50,000\times\left\{\frac{(1+\frac{0.03}{12})^{21-2} - 1}{\frac{0.03}{12}}\right\}$$

$$= 971,680.86$$

3) 본 예제는 A대학에 근무하는 조○○ 교수님 자제분의 군복무 실화(實話)에 근거하고 있다.

(b) 재무계산기를 이용한 연금의 미래가 계산

Given : PMT 50,000; N 19; I/Y 3.0; PV 0 ⇨ FVA(연금의 미래가)?

m	N	I/Y	PV	FV	PMT
12	19	3%	0	?	-50,000

재무계산기로부터 [FV = 971,680.86*]

정답 : 수식과 재무계산기를 이용해서 계산한 결과는 971,680.86으로 동일하다.
즉, 조 병장의 만기 전역 시 적금수령액은 971,681원이다.

[연습문제 4.14] 연금의 미래가 계산(월복리)

맞벌이 신혼부부가 부모 도움이나 대출 없이 전세 아파트를 마련하려면 2013년 말 현재 서울 시내는 28년, 수도권은 21년 걸리는 것으로 나타났다. 해당 지역의 중간 가격 전세 아파트를 기준으로, 32세 신랑과 29세 신부가 월 425만원씩 벌고 그중 83만원씩 저축할 때 얘기다.

위 신혼부부가 월 425만원 벌어서 세금 보험료 식비 난방비 등 필수 지출을 빼고 월 82만6천원씩 저축할 경우, 서울 아파트 중간가격 전셋값인 2억8209만원을 마련하는 데 28.5년이 소요될 것으로 예상된다. 이 때 신랑은 61세, 신부는 58세가 되어 있을 것이다.

한편, 위 신혼부부가 월 425만원 벌어서 세금 보험료 식비 난방비 등 필수 지출을 빼고 월 82만6천원씩 저축할 경우, 수도권 아파트 중간 가격 전셋값인 2억863만원을 마련하는 데 21.1년이 걸릴 것으로 예상된다. 이 때 신랑은 53세, 신부는 50세가 될 것이다.[4)]

(a) 위 기사에 의하면, "월 82만6천원씩 저축할 경우, 서울 아파트 중간가격 전셋값인 2억8209만원을 마련하는 데 28.5년이 소요될 것으로 예상된다"고 한다. 만일 연이율 3%, 월복리로 저축한다면, 소요기간은 몇 년이 단축될까? 소숫점 첫째자리까지 답

4) 이송원・주희연(2014). "맞벌이 부부, 서울서 전세 아파트 마련 28년 걸려," 「조선일보」 2014년 10월 29일자 A4면.

하라.

(b) 위 기사에 의하면,"월 82만6천원씩 저축할 경우, 수도권 아파트 중간 가격 전셋값인 2억863만원을 마련하는 데 21.1년이 걸릴 것으로 예상된다"고 한다. 만일 연이율 3%, 월복리로 저축한다면, 소요기간은 얼마나 단축될까? 소숫점 첫째자리까지 답하라.

【해설】

(a) 연금의 미래가 계산(월복리)

Given : <N(소요기간) = 28.5년 : 무이자 가정>

I/Y = 3%

PMT(월저축액) = 826천원

FV(전셋값) = 282,090천원

PV = 0

⇨ N(월복리 시 소요기간) ?

m	N	I/Y	PV	FV	PMT
12	?	3%	0	282,090천원	-826천원

재무계산기로부터 [N = 240.6826*]

월복리 적용시 소요기간 = 240.68/12 ≒ 20.1년

단축기간 = 28.5년 - 20.1년 = 7.4년.

정답 : 월복리로 저축한다면 서울 소재 전셋집 마련기간을 7.4년만큼 단축할 수 있다.

(b) 연금의 미래가 계산(월복리)

Given : <N(소요기간) = 21.1년 : 무이자 가정>

I/Y = 3%

PMT(월저축액) = 826천원

FV(전셋값) = 208,630천원

PV = 0

⇨ N(월복리 시 소요기간) ?

m	N	I/Y	PV	FV	PMT
12	?	3%	0	208,630천원	-826천원

재무계산기로부터 [N = 190.5616*]

월복리 적용시 소요기간 = 190.56/12 ≒ 15.9년

단축기간 = 21.1년 - 15.9년 = 5.2년.

정답 : 월복리로 저축한다면 수도권 소재 전셋집 마련기간을 5.2년만큼 단축할 수 있다.

[연습문제 4.15] 연금의 미래가 계산(월복리)

매월 1000원씩 월말에 30년 만기 적금을 불입하고 있다. 연간수익률이 5%(월복리)라면, 만기 시 불입액의 몇 배를 찾을 수 있을까?

【해설】

(a) 30년후 연금의 미래가 계산

① 수식을 이용한 연금의 미래가 계산

Given : 월복리, $PV = 0, PMT = 1{,}000$원, $N = 360, I/Y = (0.05 \div 12)\%$ ⇨ FVA_{360}?

$$FVA_n = PMT \times (FVIFA_{k\%,\, n}) = PMT \times \left\{ \frac{(1+k)^n - 1}{k} \right\}$$

$$FVA_{360} = 1{,}000 \times \left\{ \frac{(1+\frac{0.05}{12})^{360} - 1}{\frac{0.05}{12}} \right\}$$

$$= 1{,}000 \times (832.2586)$$

$$= 832{,}258.64$$

② 재무계산기를 이용한 연금의 미래가 계산

m	N	I/Y	PV	PMT	FV
12	360개월	5%	0	-1,000원	?

재무계산기로부터 [FV = 832,258.6354*].

정답 : 위 ①과 ②로부터, 30년후 연금의 미래가는 832,258.64원이다.

(b) 30년간 연금불입액의 합계 계산

1,000원 360개월 = 360,000원

(c) 만기 시 불입액의 배수 계산

만기 시 불입액의 배수 = 30년후 연금의 미래가(a)÷30년간 연금불입액의 합계(b)
= 832,258.64 ÷ 360,000원
= 2.3118

정답 : 연간수익률이 5%(월복리)라면, 만기 시 불입액의 약 2.3배를 찾을 수 있다.

[연습문제 4.16] 일시불 및 연금의 현가와 미래가 계산(월복리)

2014년 9월 27일 현재, 김길수씨의 국민연금가입내역은 다음과 같다 :

"고객님은 2011년 2월 14일 국민연금에 처음 가입하여 현재 지역가입자이며 매월 납부하는 연금보험료는 89,100원입니다. 연금보험료의 납부총액은 지난 42개월간 누적 3,742,200원입니다. 향후 수령하게 될 예상연금월액은 매월 198,000원입니다. 고객님의 예상연금은 현재 연금보험료로 만 60세까지 총 140개월을 납부하였을 경우를 기준으로 계산하였습니다. 연금은 2025년 10월(만 63세)에 신청하여 다음달 25일부터 매월 받게 됩니다."

연간 평균물가상승율은 3%이며, 김길수씨는 <u>만 85세 생일에 사망</u>하는 것으로 가정한다.

(a) 시간선(time line)을 그려라.

(b) 현재 시점(2014년 9월)에서 연금보험료의 납부총액을 재무계산기를 이용해서 원 단위로 답하라.

(c) 현재 시점(2014년 9월)에서 연금수령액의 예상총액을 재무계산기를 이용해서 원 단위로 답하라.

(d) 현재 시점(2014년 9월) 기준으로, 김길수씨는 납부한 것에 비해 몇 배를 돌려 받을 수 있는가? 소숫점 두 자리수까지 답하라.

(e) 위 계산에 근거하여, 당신은 가족이나 친지 그리고 친구에게 국민연금 가입을 권유할 것인가?

【해설】

(a) 시간선 그리기

아래 국민연금가입내역 요약표를 이용해서 시간선을 그릴 수 있다.

국민연금가입내역 요약표

	2011. 2 ~ 2014. 9 (가입) (현재)	2014. 10 ~ 2022. 9 (만60세)	2022. 10~ 2025. 10 (만63세)	2025. 11 ~ 2047. 10 (만 85세)
N	42	98	36	244
PMT	-89,100	-89,100	0	198,000

〈시간선〉

(b) 현재 시점(2014년 9월)에서 연금보험료의 납부총액을 계산하기 위해, 연금의 미래가와 현가의 합을 계산

① 현재 시점(2014년 9월) 기준, 연금보험료의 납부총액의 미래가(2011. 2~2014. 9)

m	N	I/Y	PV	PMT	FV
12	42개월	3%	0	-89,100원	?

재무계산기로부터, [FV = 3,940,539.51*].

② 현재 시점(2014년 9월) 기준, 연금보험료의 납부총액의 현가(2014. 10~2022. 9)

m	N	I/Y	FV	PMT	PV
12	98개월	3%	0	-89,100원	?

재무계산기로부터, [PV = 7,735,880.14*].].

① + ② = 3,940,539.51 + 7,735,880.14 = 11,676,419.65.

정답 : 현재 시점에서, 연금보험료의 납부총액은 11,676,420원이다.

(c) 현재 시점(2014년 9월)에서 연금수령액의 예상총액 계산

① 만 63세 시점(2025년 11월) 기준, 연금수령액의 예상총액 계산
(연금의 현가 계산)

m	N	I/Y	FV	PMT	PV
12	264개월	3%	0	-198,000원	?

재무계산기로부터 [PV = 38,231,645.53*].

② 현재 시점(2014년 9월) 기준, 연금수령액의 납부총액 계산
(일시불의 현가 계산)

m	N	I/Y	FV	PMT	PV
12	98+36=134	3%	38,231,645.53	0	?

재무계산기로부터, [PV = -27,359,987.70*].

정답 : 현재 시점(2014년 9월)에서 연금수령액의 예상총액은 27,359,988원이다.

(d) 현재 시점(2014년 9월) 기준으로, 김길수씨는 납부한 것에 비해 몇 배를 돌려 받을 수 있는가? 소숫점 두 자리수까지 답하라.

$$\frac{\text{현재 시점에서 연금수령액의 예상총액}}{\text{현재 시점에서 연금보험료의 납부총액}}$$

$$= \frac{27,359,987.70}{11,676,419.65}$$

$$= 2.3432.$$

정답 : 약 2.34배를 더 돌려받을 수 있다.

(e) 위 계산에 근거하여, 당신은 가족이나 친지 그리고 친구에게 국민연금 가입을 권유할 것인가?

정답 : 물론입니다!

[연습문제 4.17] 연금과 일시불의 미래가 계산(월복리)

B대학에 재직 중인 C교수는 한국교직원공제회의 회원으로서 장기저축급여를 매월 납입하고 있다. 2014년 9월 27일, 한국교직원공제회의 홈페이지에서 직접 확인한 내용은 다음과 같다.[5)]

〈가입사항〉

○ 회원가입 : 1991년 10월
○ 최종납입월 : 2014년 9월
○ 가입기간 : 23년 0개월

5) 한국교직원공제회 : www.ktcu.or.kr, 콜센터 1577-3400.

〈납입내역〉 (단위 : 구좌, 1구좌=600원)

납입 기간	구좌수	1구좌=600원	납입 회수	부담 원금
1991. 10~1999. 8	80	600원	95	48,000원× 95회= 4,560,000원
1999. 9~2007. 12	300	600원	100	180,000원×100회= 18,000,000원
2008. 1~2014. 9	700	600원	81	420,000원× 81회= 34,020,000원
				합계 56,580,000원

〈급여금사항 회원정보〉

지급구분	퇴직가정
사유기준	2014/09/27
부담원금	56,580,000원
부가금	33,012,120원
급여금	89,592,120원
대여상계	
차감지급계	89,592,120원

(a) 2014년 9월을 기준으로, 1991년 10월부터 1999년 8월까지 납입연금의 현가를 재무계산기를 이용해서 계산하라. 연평균물가상승율은 4.5%라고 한다.

(b) 2014년 9월을 기준으로, 1999년 9월부터 2007년 12월까지 납입연금의 현가를 재무계산기를 이용해서 구하라. 연평균물가상승율은 4.5%로 가정한다.

(c) 2014년 9월을 기준으로, 2008년 1월부터 2014년 9월까지 납입연금의 현가를 수식을 이용해서 구하라. 연평균물가상승율을 4.5%로 가정한다.

(d) 2014년 9월 27일 퇴직을 가정했을 때, 급여금을 구하라. 연평균물가상승율을 4.5%로 가정한다. [힌트 : 급여금(d) = (a)+(b)+(c)].

(e) (d)에서 구한 급여금과 <급여금사항 회원정보>에서 산정된 급여금을 비교하라.

【해설】

(a) 2014년 9월을 기준으로, 1991년 10월부터 1999년 8월까지 납입연금의 현가를 재무계산기로 계산하기 위해 아래 표를 작성하였다.

장기저축급여 납입내역 요약

기간	1991. 10.~1999. 8.	1999. 9.~2007. 12.	2008. 1.~2014. 9.
납입회수(N)	95	100	81
월납입금(PMT)	48,000원	180,000원	420,000원
연이자율(I/Y)	4.5%	4.5%	4.5%

2014년 9월을 기준으로, 1991년 10월부터 1999년 8월까지 납입연금의 현가를 재무계산기로 계산하기 위해서는 다음 두 단계를 거쳐야 한다.

(i) 1991년 10월부터 1999년 8월까지 납입연금의 미래가를 구한다. 이것은 1999년 8월 시점에서 보통연금의 미래가를 계산하는 과정이다.

Given : PMT 48,000; N 95; I/Y 4.5; PV 0 ⇨ FVA(연금의 미래가)?

m	N	I/Y	PV	FV	PMT
12	95	4.5%	0	?	-48,000

재무계산기로부터 [FV = 5,465,771*].

∴ 1999년 8월 시점에서 보통연금의 미래가는 5,465,771원이다.

(ii) 위 미래가를 1999년 8월 기준 일시불의 현가로 잡고, 2014년 9월 기준 미래가를 구한다. 위 (i)에서 계산한 보통연금의 미래가가 여기에서는 현가가 됨에 주의한다.

Given : PV 5,465,771; PMT 0; N 181; I/Y 4.5 ⇨ FV(일시불의 미래가)?

m	N	I/Y	PV	PMT	FV
12	181	4.5%	5,465,771	0	?

재무계산기로부터 [FV = -10,761,616.*].

∴ 2014년 9월을 기준으로, 1991년 10월부터 1999년 8월까지 납입연금의 현가는 10,761,616원이다.

(b) 2014년 9월을 기준으로, 1999년 9월부터 2007년 12월까지 납입연금의 현가를 재무계산기를 이용해서 구하라. 연평균물가상승율은 4.5%로 가정한다.

위 (a)에서처럼, 2014년 9월을 기준으로, 1999년 9월부터 2007년 12월까지 납입연금의 현가를 재무계산기로 계산하기 위해서는 다음 두 단계를 거쳐야 한다.

(i) 1999년 9월부터 2007년 12월까지 납입연금의 미래가를 구한다.

Given : PMT 180,000; N 100; I/Y 4.5; PV 0 ⇨ FVA(연금의 미래가)?

m	N	I/Y	PV	FV	PMT
12	100	4.5%	0	?	-180,000

재무계산기로부터 [FV = 21,790,622*].

(ii) 위 미래가를 2007년 12월 기준 일시불의 현가로 잡고, 2014년 9월 기준 미래가를 구한다. 위 (i)에서 계산한 보통연금의 미래가가 여기에서는 현가가 됨에 주의한다.

Given : PV=21,790,622; PMT=0; N=81; I/Y=4.5 ⇨ FV(일시불의 미래가)?

m	N	I/Y	PV	PMT	FV
12	81	4.5%	21,790,622	0	?

재무계산기로부터 [FV = 29,508,005*].

∴ 2014년 9월을 기준으로, 1999년 9월부터 2007년 12월까지 납입연금의 현가는 29,508,005원이다.

(c) 2014년 9월을 기준으로, 2008년 1월부터 2014년 9월까지 납입연금의 현가를 수식을 이용해서 구하라. 연평균물가상승율을 4.5%로 가정한다.

$$FVA_n = PMT \times \sum_{t=1}^{n} (1+k)^{n-t}$$

$$= PMT \times \left\{ \frac{(1+k)^n - 1}{k} \right\}$$

$$= 420,000 \times \left\{ \frac{(1+0.045/12)^{81} - 1}{0.045/12} \right\}$$

$$= 420,000 \times (94.4429)$$

$$= 39,666,004$$

∴ 2014년 9월을 기준으로, 2008년 1월부터 2014년 9월까지 납입연금의 현가는 39,666,004원이다.

(d) 2014년 9월 27일 퇴직을 가정했을 때, 급여금을 구하라. 연평균물가상승율을 4.5%로 가정한다. [힌트 : 급여금(d) = (a) + (b) + (c)].

급여금(d) = (a) + (b) + (c)

= 10,761,616원 + 29,508,005원 + 39,666,004원

= 79,935,625원.

∴ 2014년 9월 27일 퇴직을 가정했을 때, 급여금은 79,935,625원이다.

(e) (d)에서 구한 급여금과 <급여금사항 회원정보>에서 산정된 급여금을 비교하라.

2014년 9월 27일 퇴직을 가정했을 때, (d)에서 구한 급여금(연이율 4.5% 가정)은 79,935,625원이다. 2014년 9월 27일 퇴직을 가정했을 때, <급여금사항 회원정보>에서 산정된 급여금은 89,592,120원이다. 즉, <급여금사항 회원정보>에서 산정된 급여금이 연이율 4.5%로 계산된 급여금보다 훨씬 크다. 이는 장기저축급여의 연수익률이 4.5%를 훨씬 상회한다는 것을 의미한다.

제5장 채권의 가치 평가

[연습문제 5.1] 채권수익률 계산(반년복리)

오늘은 2525년 6월의 어느 날이다. ㈜부경은 만기일이 2540년 12월인 회사채를 발행하였다. 채권공시가격은 액면가 10,000원의 40%이며, 표면이자율은 8%라고 한다. 현금흐름은 반년복리(3월과 9월)로 계산된다고 한다.

(a) 기간 수를 계산하라.

(b) 채권의 현금흐름을 시간선으로 도시하라.

(c) 재무계산기를 이용하여 채권수익률을 구하라.

【해설】

(a) 기간 수 계산(가장 힘든 부분!)

2525년 6월과 2539년 12월 사이, 반년 복리 빈도 계산.

2525년 6월부터 2525년 12월 사이 빈도 = 1 (2525년 9월)

2526년 1월부터 2540년 12월 사이 빈도 (2540 - 2526 + 1) × 2 = 30

∴ 빈도의 합 = 1 + 30 = 31 ∴ N = 31.

(b) 채권의 현금흐름을 시간선으로 도시하기

	2526. 06	2526. 07	2526. 08	2526. 09	2526. 10	2526. 11	2526. 12	2527. 01	· · ·	2540. 12
	0	1	2	3	4	5	6	7	· · ·	31
	$YTM=?$									
	−4,000	400	400	400	400	400	400	400	· · ·	400
액면가										10,000
합계		400	400	400	400	400	400	400	· · ·	10,400

(c) 재무계산기를 이용한 채권수익률 계산

m	N	I/Y	PV	FV	PMT
1	31	?	−4,000원	10,000원	400원

CALCULATOR CLUE

절 차	키 누르기	화면표시
워크시트 내용 삭제	2ND [CLR TVM]	[0.00]
연복리 설정	2ND [P/Y] 1 ENTER 2ND [QUIT]	[0.00]
N(기간 수) 입력	31 N	[N = 31.00◁]
FV(액면가) 입력	10,000 FV	[FV = 10,000.00◁]
PV(채권가격) 입력	4,000 +/− PV	[PV = −4,000.00◁]
PMT(표면이자) 입력	400 PMT	[PMT = 400.00◁]
I/Y(채권수익률) 계산	CPT I/Y	[I/Y = 10.72*]

정답 : ㈜부경의 채권수익률은 10.72%이다.

[연습문제 5.2] 채권가격 계산(반년 복리)

㈜부경은 쿠폰율과 가격 이외에는 모든 점이 동일한 두 종류의 채권 발행을 검토하고 있다. 두 채권의 만기는 15년이다. 첫 번째 채권은 쿠폰율이 10%로 970.38달러에 거래된다. 두 번째 채권의 쿠폰율은 12%이다. 두 번째 채권의 가격을 구하라. 채권의 액면가격은 1,000달러이며, 반년 복리를 가정한다.

【해설】

첫 번째 채권에 대한 수익률을 계산(반년 복리 가정)하고, 이를 이용해서 두 번째 채권의 가격을 구한다.

(a) 첫 번째 채권의 수익률 계산(반년 복리 가정)

m	N	FV	PV	PMT	I/Y
2	30	1,000	-970.38	50	?

CALCULATOR CLUE

절 차	키 누르기	화면표시
워크시트 내용 삭제	[2ND] [CLR TVM]	[0.00]
반년복리 설정	[2ND] [P/Y] 2 [ENTER] [2ND] [QUIT]	[0.00]
N(기간 수) 입력	30 [N]	[N = 30.00◁]
PV(현가) 입력	970.38 [+/−] [PV]	[PV = -970.38◁]
FV(채권액면) 입력	1,000 [FV]	[FV = 1000.00◁]
PMT(표면이자) 입력	50 [PMT]	[PMT = 50.00◁]
I/Y(채권수익률) 계산	[CPT] [I/Y]	[I/Y = 10.40*]

재무계산기로부터 [I/Y = 10.40*]. 따라서 연간 채권수익률은 10.40%이다. 이 결과를 두 번째 채권의 가격 계산을 위해 사용한다.

(b) 두 번째 채권의 가격 계산(반년복리 가정)

m	N	I/Y	FV	PMT	PV
2	30	10.40	1,000	120	?

CALCULATOR CLUE

절 차	키 누르기	화면표시
워크시트 내용 삭제	[2ND] [CLR TVM]	[0.00]
반년복리 설정	[2ND] [P/Y] 2 [ENTER] [2ND] [QUIT]	[0.00]
N(기간 수) 입력	30 [N]	[N = 30.00◁]
I/Y(채권수익률) 입력	10.40 [I/Y]	[I/Y = 10.40◁]
FV(채권액면) 입력	1,000 [FV]	[FV = 1000.00◁]
PMT(표면이자) 입력	60 [PMT]	[PMT = 60.00◁]
PV(채권가격) 계산	[CPT] [PV]	[PV = -1,120.22*]

재무계산기로부터 [PV = -1,120.22*].

정답 : 두 번째 채권의 가격은 $1,120.22이다.

[연습문제 5.3] 채권의 이론가격 계산 〈CPA 2001 기출〉

액면금액 10,000원, 3년 만기, 표면이자율 연 16%(이자는 매분기말 지급)로 발행된 회사채가 있다. 만기일까지의 잔존기간이 5개월 남은 현시점에서 이 회사채의 만기수익률이 연 12%이면, 이 채권의 이론가격은? (가장 근사치를 고를 것)

① 9,890원 ② 10,000원 ③ 10,110원
④ 10,290원 ⑤ 10,390원

【해설】 정답 ④

잔존기간이 5개월 남은 현시점(31월)에서 3년 만기(36월)까지, 분기별 이자지급 채권의 현금흐름을 도식화하면 아래와 같다. 0월은 채권의 발행시점이고, 31월이 현재시점이다. 채권의 이론가격은 현재시점인 31월을 중심으로 계산되어야 한다.

여기서, 표면이자 = 액면금액×표면이자율×$\frac{1}{4}$ = 10,000원×0.16×$\frac{1}{4}$ = 400원

채권의 현금흐름

월	0 (발행)	1	2	· · ·	31 (현재)	32	33	34	35	36 (만기)
	연12% / 월1%									
표면이자				· · ·			400			400
액면				· · ·						10,000
합계							400		· · ·	10,400

t	0	· · ·	31(현재)	32	33	34	36
CF_t					400		10,400

392.12 ← (33월 400)

9,895.60 ← (36월 10,400)

합계 10,287.72

$$채권의\ 가치 = \sum_{t=1}^{n} \frac{표면이자}{(1+k_d)^t} + \frac{액면}{(1+k_d)^n}$$

$$= (400)\left(\frac{1}{1+.01}\right)^2 + (400+10,000)\left(\frac{1}{1+.01}\right)^5 \quad (A)$$

월채권수익률 = 12%/12 = 1% = 0.01.

(a) 일반계산기를 이용한 채권가치 계산

$$채권가치 = (400)\left(\frac{1}{1+.01}\right)^2 + (400+10,000)\left(\frac{1}{1+.01}\right)^5$$

$$= 392.12 + 9,895.24$$
$$= 10,287.36$$

CALCULATOR CLUE

계산	키 입력	화면 표시
$(400)\left(\frac{1}{1+.01}\right)^2$	1.01 [x^2] [$1/x$] [×] 400	392.12
[1] 에 위 결과를 저장	[STO] [1]	392.12
$(400+10,000)\left(\frac{1}{1+.01}\right)^5$	1.01 [y^x] 5 [$1/x$] [(] 400 [+] 10,000 [)] [=]	9,895.24
$9,895.24+392.12=$	[+] [RCL] [1] [=]	10,287.36

(b) 부표의 현가이자요소를 이용한 채권가치 계산

$$채권가치 = (400)\left(\frac{1}{1+.01}\right)^2 + (400+10,000)\left(\frac{1}{1+.01}\right)^5$$

$$= (400)(PVIF_{1\%,\,2}) + (10,400)(PVIF_{1\%,\,5})$$
$$= (400)(0.9803) + (10,400)(0.9515)$$
$$= 392.12 + 9,895.60$$
$$= 10,287.72$$

여기서, 부록의 [부표 1] 현가이자요소(PVIF)의 일부인 아래 표를 이용해서 $PVIF_{1\%,2} = 0.9803$, $PVIF_{1\%,5} = 0.9515$을 쉽게 구할 수 있다.

현가이자요소

$$PVIF_{k\%,n} = \frac{1}{(1+k)^n}$$

n \ $k\%$	1%	2%	3%	4%	5%
1	0.9901	0.9804	0.9709	0.9615	0.9524
2	*0.9803*	0.9612	0.9426	0.9246	0.9070
3	0.9706	0.9423	0.9151	0.8890	0.8638
4	0.9610	0.9238	0.8885	0.8548	0.8227
5	*0.9515*	0.9057	0.8626	0.8219	0.7835

(c) 재무계산기를 이용한 불규칙적인 현금흐름의 현가 계산

Given : C01=0, F01=1, C02=400, F02=1, C03=0, F03=1, C04=0, F04=1,
C05=10,400, F05=1, I/Y=1%
⇨ PV(불규칙적인 현금흐름)?

CALCULATOR CLUE

절 차	키 입력	화면표시
현금흐름워크시트 선택	[CF]	[CF0 = 0.00]
워크시트 내용 삭제	[2ND] [CLR WORK]	[CF0 = 0.00]
초기 현금흐름 입력	0 [ENTER]	[CF0 = 0.00◁]
첫 번째 현금흐름 입력	[↓] 0 [ENTER]	[C01 = 0.00◁]
첫 번째 현금흐름 빈도 입력	[↓] 1 [ENTER]	[F01 = 1.00◁]
두 번째 현금흐름 입력	[↓] 400 [ENTER]	[C02 = 400.00◁]
두 번째 현금흐름 빈도 입력	[↓] 1 [ENTER]	[F02 = 1.00◁]
세 번째 현금흐름 입력	[↓] 0 [ENTER]	[C03 = 0.00◁]
세 번째 현금흐름 빈도 입력	[↓] 1 [ENTER]	[F03 = 1.00◁]
네 번째 현금흐름 입력	[↓] 0 [ENTER]	[C04 = 0.00◁]

네 번째 현금흐름 빈도 입력	↓ 1 ENTER	[F04 = 1.00◁]
다섯 번째 현금흐름 입력	↓ 10,400 ENTER	[C04 = 10,400.00◁]
다섯 번째 현금흐름 빈도 입력	↓ 1 ENTER	[F05 = 1.00◁]
NPV(순현재가치) 선택	NPV	[I = 0.00]
이자율 입력	1 ENTER	[I = 1.00◁]
NPV(순현재가치) 계산	↓ CPT	[NPV = 10,287.36*]

주) C01 = 첫 번째 현금흐름, F01 = 첫 번째 현금흐름의 빈도 수.

【참고】

C01=0, F01=1, C02=400, F02=1, C03=0, F03=2, C04=10,400, F04=1, I/Y=1%을 입력해도 동일한 결과를 얻을 수 있다.

〈결과 비교〉

채권의 현가는 일반계산기와 재무계산기를 이용한 경우에는 10,287.36원으로 동일하지만, 부표를 이용한 경우에는 10,287.72원이다.

[연습문제 5.4] 채권의 현가 계산 〈CPA 2009 기출〉

정부에서 발행한 두 종류의 채권이 시장에서 거래되고 있다. 즉 만기가 1년이고 액면가가 50만원인 무이표채(A)와, 만기가 2년이고 액면가가 100만원이며 쿠폰이자율(coupon rate)이 10%인 채권(B)이 거래되고 있다. 만기 t년(t=1,2)인 무위험 현물이자율의 형태는 $R(t)=0.05+0.02\times(t-1)$이다. 즉 1년 현물이자율은 0.05(5%), 2년 현물이자율은 0.07(7%)이다. 이 때 A, B가 각기 하나씩 포함된 채권 포트폴리오의 만기수익률(yield)에 가장 가까운 값을 구하라. 만기수익률 산출을 위한 각 계산 단계에서 항상 소수 넷째 자리까지 구한 후 이를 반올림하여 소수 셋째 자리로 확정하여 사용하여라.

① 0.055　　② 0.059　　③ 0.061　　④ 0.065　　⑤ 0.07

【해설】 **정답** ④

무이표채 A와 채권 B, 그리고 채권 A, B가 각기 하나씩 포함된 채권포트폴리오의 현금흐름을 요약하면 아래 표와 같다.

t	0	1	2
무이표채 A		50만원	
채권 B		10만원	10만원+100만원
채권포트폴리오		60만원	110만원

그리고, $R(t)=0.05+0.02\times(t-1)$로부터 채권할인율은

$$R(1)=0.05+0.02\times(1-1)=0.05,\ R(2)=0.05+0.02\times(2-1)=0.07.$$

위표와 채권할인율 R(1)=0.05, R(2)=0.07을 이용해서 채권포트폴리오의 현재가치를 계산할 수 있다.

$$\frac{(50+10)}{1.05}+\frac{110}{1.07^2}=153.22.$$

채권포트폴리오의 만기수익률(R)은 $\frac{60}{1+R}+\frac{110}{(1+R)^2}=153.22.$

여기서, 채권포트폴리오의 만기수익률(R)은 내부수익률(Internal Rate of Return, IRR)과 동일하다. 따라서 재무계산기를 이용해서 IRR을 구하면 된다.

아래와 같이 재무계산기로부터 [IRR = 6.5428*]이다. 내부수익률을 소수 셋째 자리까지 반올림하여 만기수익률(R)을 구한다. 6.5428% ≒ 0.065.

∴ 위 포트폴리오의 만기수익률(R)=0.065.

재무계산기를 이용한 내부수익률 계산

Given : $CF0=-\$153.22,\ C01=60,\ F01=1,\ C02=110,\ F02=1$

⇨ IRR(내부수익률)?

CALCULATOR CLUE

절 차	키 입력	화면표시
현금흐름워크시트 선택	CF	[CFo = 0.0000]
워크시트 내용 삭제	2ND [CLR WORK]	[CFo = 0.0000]
초기 현금흐름 입력	153.22 +/- ENTER	[CF0 = -153.2200◁]
첫 번째 현금흐름 입력	↓ 60 ENTER	[C01 = 60.0000◁]
첫 번째 현금흐름 빈도수 입력	↓ 1 ENTER	[F01 = 1.0000◁]
두 번째 현금흐름 입력	↓ 110 ENTER	[C02 = 110.0000◁]
두 번째 현금흐름 빈도수 입력	↓ 1 ENTER	[F02 = 1.0000◁]
IRR(내부수익률) 선택	IRR	[IRR = 0.0000]
IRR 계산	CPT	[IRR = 6.5428*]

[연습문제 5.5] 채권가격 계산(반년복리)

(주)부경은 일년 전에 만기 11년 채권을 표면이자율 8.25%로 발행하였다. 채권의 액면가격은 1,000원이다. 이 채권은 6개월마다 표면이자를 지급하며, 채권수익률이 7.10%이라고 한다. 이 채권의 현재가격을 구하라.

【해설】

m	N	I/Y	PV	FV	PMT
1	10*2=20	7.10%/2=3.55%	?	1,000	41.25

CALCULATOR CLUE

절 차	키 누르기	화면표시
워크시트 내용 삭제	2ND [CLR TVM]	[0.00]
연복리 설정	2ND [P/Y] 1 ENTER 2nd [QUIT]	[0.00]
N(기간 수) 입력	20 N 주)	[N = 20.00◁]

I/Y(채권수익률) 입력	3.55 [I/Y] 주)	[I/Y = 3.55◁]
FV(채권액면) 입력	1,000 [FV]	[FV = 1000.00◁]
PMT(표면이자) 입력	41.25 [PMT] 주)	[PMT = 41.25◁]
PV(채권가격) 계산	[CPT] [PV]	[PV = -1,081.35*]

정답 : 채권의 현재가격은 1,081.35원이다.

주) : [PMT] = 1,000 x 8.25% ÷ 2 = 41.25

[I/Y] = 7.10% ÷ 2 = 3.55%

[N] = 10년(채권의 잔존기간) x 2 = 20.

[연습문제 5.6] 채권의 현재가치 계산(연복리, 할증채권)

지난 1년 동안 경제사정이 악화되어, 채권수익률이 15%에서 12%로 하락하였다. 하지만 부경(주)는 표면이자율 15%, 잔존기간 15년, 액면 1,000원의 할증채권을 발행하였다. (a) 복리표와 (b) 재무계산기를 이용해서 이 할증채의 현가를 계산하라.

【해설】

(a) 복리표를 이용한 할증채의 현가계산(연복리)

$$\text{채권가치} = \sum_{t=1}^{14}(150)\left(\frac{1}{1+0.12}\right)^t + (1{,}000)\left(\frac{1}{1+0.12}\right)^{15}$$

$$= (150)(PVIFA_{12\%,\,15}) + (1{,}000)(PVIF_{12\%,\,15})$$

$$= (150)(6.8109) + (1{,}000)(0.1827)$$

$$= 1{,}021.64 + 182.70$$

$$= 1{,}204.34$$

∴ 할증채의 현가는 1,204.34원이다.

여기서, $PVIFA_{12\%,\,15} = 6.8109$와 $PVIF_{12\%,15} = 0.1827$는 부록의 {부표 2] 연금의 현가이자요소와 [부표 1] 현가이자요소의 일부인 아래 표로부터 각각 구할 수 있다.

현가이자요소

$$PVIF_{k\%,\,n} = \frac{1}{(1+k)^n}$$

n \ $k\%$	12%	14%	15%	16%	18%
11	0.2875	0.2366	0.2149	0.1954	0.1619
12	0.2567	0.2076	0.1869	0.1685	0.1372
13	0.2292	0.1821	0.1625	0.1452	0.1163
14	0.2046	0.1597	0.1413	0.1252	0.0985
15	*0.1827*	0.1401	0.1229	0.1079	0.0835

연금의 현가이자요소

$$PVIFA_{k\%,\,n} = \frac{1}{k} - \frac{1}{k(1+k)^n}$$

n \ $k\%$	10%	12%	14%	15%
11	6.4951	5.9377	5.4527	5.2337
12	6.8137	6.1944	5.6603	5.4206
13	7.1034	6.4235	5.8424	5.5831
14	7.3667	6.6282	6.0021	5.7245
15	7.6061	*6.8109*	6.1422	5.8474

(b) 재무계산기를 이용한 할증채의 현가 계산(연복리)

m	N	I/Y	PMT	FV	PV
1	15	12	150	1,000	?

CALCULATOR CLUE

절 차	키 누르기	화면표시
워크시트 내용 삭제	2ND [CLR TVM]	[0.00]
m(복리빈도) 설정	2ND [P/Y] 1 ENTER 2ND [QUIT]	[0.00]
N(기간 수) 입력	15 N	[N = 15.00◁]
I/Y(채권수익률) 입력	12.00 I/Y	[I/Y = 12.00◁]
FV(채권액면) 입력	1,000 FV	[FV = 1000.00◁]
PMT(표면이자) 입력	150 PMT	[PMT = 150.00◁]
PV(채권가격) 계산	CPT PV	[PV = -1,204.33*]

[연습문제 5.7] 채권의 현재가치(반년복리, 할증채권)

(주)부경은 위 [5.6]에서와 동일 조건으로 할증채를 발행하였지만 복리빈도만은 연복리에서 반년복리로 변경하였다. 즉, 반년복리, 표면이자율 15%, 잔존기간 15년, 채권수익률 12%, 액면 1,000원이다. 재무계산기를 이용해서 이 할증채의 현가를 계산하라.

【해설】

재무계산기를 이용한 할증채의 현가 계산(반년복리)

m	N	I/Y	PMT	FV	PV
1	30	6	75	1,000	?

CALCULATOR CLUE

절 차	키 누르기	화면표시
워크시트 내용 삭제	2ND [CLR TVM]	[0.00]
m(복리빈도) 설정	2ND [P/Y] 1 ENTER 2ND [QUIT]	[0.00]

N(기간 수) 입력	30 [N]	[N = 30.00◁]
I/Y(채권수익률) 입력	6 [I/Y]	[I/Y = 6.00◁]
FV(채권액면) 입력	1,000 [FV]	[FV = 1000.00◁]
PMT(표면이자) 입력	75 [PMT]	[PMT = 75.00◁]
PV(채권가격) 계산	[CPT] [PV]	[PV = -1,206.47*]

[연습문제 5.8] 채권의 현가 계산(분기별복리, 할증채권)

(주)부경은 위 [5.6]에서와 동일 조건으로 할증채를 발행하였지만 복리빈도만은 연복리에서 분기별복리로 변경하였다. 즉, 분기별복리, 표면이자율 15%, 잔존기간 15년, 채권수익률 12%, 액면 1,000원이다.

(a) 재무계산기를 이용해서 이 할증채의 현가를 계산하라.

(b) 위 [5.6] ~ [5.8]의 결과를 이용해서 복리빈도의 변화에 따른 채권의 현가를 비교하라.

【해설】

(a) 재무계산기를 이용한 할증채의 현가 계산(분기별복리)

m	N	I/Y	PMT	FV	PV
1	60	3	37.5	1,000	?

CALCULATOR CLUE

절 차	키 누르기	화면표시
워크시트 내용 삭제	[2ND] [CLR TVM]	[0.00]
m(복리빈도) 설정	[2ND] [P/Y] 1 [ENTER] [2ND] [QUIT]	[0.00]

N(기간 수) 입력	60 N	[N = 60.00◁]
I/Y(채권수익률) 입력	3 I/Y	[I/Y = 3.00◁]
FV(채권액면) 입력	1,000 FV	[FV = 1000.00◁]
PMT(표면이자) 입력	37.5 PMT	[PMT = 37.50◁]
PV(채권가격) 계산	CPT PV	[PV = -1,207.57*]

(b) 위 [5.6] ~ [5.8]의 결과를 이용해서, 복리빈도와 채권현가 간의 관계 비교

비교

상이한 복리빈도 적용에 따른 채권가격은 1,204.33원(연복리), 1,206.47원(반년복리), 1,207.57원(분기별복리)이다. 이를 통해 복리빈도를 증가시키면, 채권가격도 증가함을 알 수 있다.

[연습문제 5.9] 채권수익률 계산(반년복리)

오늘은 2525년 6월의 어느 날이다. (주)부산은 만기일이 2539년 12월인 채권을 발행하였다. 채권공시가격은 액면가(10,000원)의 40%이며, 표면이자율은 8%라고 한다. 그리고 현금흐름은 반년 복리(3월과 9월)로 계산된다고 한다. 이 채권의 수익률을 구하라.

【해설】

(a) 기간 수 계산(가장 힘든 부분!)

2525년 6월과 2539년 12월 사이, 반년 복리 빈도 수를 먼저 계산해야 한다.

2525년 6월부터 12월 사이 빈도 = 1 (9월)
2526년 1월부터 2539년 12월 사이 빈도 = (2539 - 2526 + 1) × 2 = 28
빈도의 합 = 1 + 28 = 29

∴ N = 29.

(b) 재무계산기를 이용한 무이표채권의 채권수익률 계산

m	N	I/Y	PV	FV	PMT
1	29	?	-4,000원	10,000원	400원

CALCULATOR CLUE

절 차	키 누르기	화면표시
워크시트 내용 삭제	2ND [CLR TVM]	[0.00]
연복리 설정	2ND [P/Y] 1 ENTER 2ND [QUIT]	[0.00]
N(기간 수) 입력	29 N	[N = 29.00◁]
FV(액면가) 입력	10,000 FV	[FV = 10,000.00◁]
PV(채권가격) 입력	4,000 +/- PV	[PV = -4,000.00◁]
PMT(표면이자) 입력	400 PMT	[PMT = 400.00◁]
I/Y(채권수익률) 계산	CPT I/Y	[I/Y = 10.86*]

정답 : ㈜부산의 채권수익률은 10.86%이다.

[연습문제 5.9] 채권의 현가 계산(연속복리)

3년만기 회사채의 수익률은 10%이다. 이 채권의 표면이자율은 8%, 채권의 액면가는 $100이며, 6개월마다 표면이자를 지급한다고 한다. 연속복리를 가정할 때, 이 채권의 현가를 계산하시오.

【해설】

N	I/Y	PV	FV	PMT
3*2=6	10%/2=5%	?	$100	$4

연간 r의 연속복리로 T년간 투자했을 때 미래가가 FV라면, 연속복리를 적용한 현가는 다음과 같다.

$$PV = FV \times \frac{1}{e^{rT}} = FV \times e^{-rT}$$

채권의 현가는, 위 공식을 이용하여 채권의 표면이자와 액면가를 연속복리로 각각 할인하여 구한 합이다.

$$\begin{aligned}\text{채권의 현가} &= 4e^{-0.05\times 1} + 4e^{-0.05\times 2} + \cdots + 4e^{-0.05\times 6} + 100e^{-0.05\times 6} \\ &= 3.8049 + 3.6193 + 3.4428 + 3.2749 + 3.1152 + 2.9633 + 74.0818 \\ &= 94.3022\end{aligned}$$

정답 : 채권의 현가는 $94.30이다.

제6장 보통주의 가치 평가

[연습문제 6.1] 통계학 워크시트를 이용한 배당금의 성장률 추정치 계산

2527년도말인 어제 UK사는 £1.90의 연배당금을 지급하였다. 배당금은 항상지수성장모형(constant exponential growth model)에 의해 부드럽게 성장하며, 주식의 적정할인률은 16%로 가정한다.

연 도	배당금
2521	£0.99
2522	1.28
2523	1.26
2524	1.63
2525	1.60
2526	1.80
2527	1.90

(a) 배당금성장율의 최적추정치를 구하라.
(b) 내년(2528년)의 배당금지급액의 추정치를 구하라.
(c) 주식의 내재가치를 구하라.

【해설】

(a) 배당금성장율의 최적추정치 계산

재무계산기의 통계학워크시트에서, 기간과 배당금을 변수 X, 변수 Y 자리에 입력한다. 그 다음 지수함수("EXP")를 이용해서 배당금성장율을 구한다. 통계학에서는 "회귀분석선 $\ln(Y) = a + bX$을 이용해서 a와 b를 추정한다"고 한다. 회귀분석선에서, 기울기 $b = 1 + g$임을 이용해서 배당금성장률의 추정치 g를 구한다.

(b) 내년(2528년)의 배당금지급액의 추정치

회귀분석선을 구한 후, X=8을 대입해서 내년도 배당금지급액의 추정치를 구한다.

(c) 주식의 내재가치

항상성장모형 $P_0 = \dfrac{D_1}{k_s - g}$을 이용해서 주식의 내재가치를 구한다.

연도	기간(X)	배당금(Y)
2521	1	£0.99
2522	2	1.28
2523	3	1.26
2524	4	1.63
2525	5	1.60
2526	6	1.80
2527	7	1.90

CALCULATOR CLUE

절 차	키 누르기	화면표시
통계 데이터 입력 선택	2ND [DATA]	[X01 = 기존 데이터]
워크시트 내용 삭제	2ND [CLR WORK]	[X01 0.0000]
데이터 값 입력	1 ENTER	[X01 = 1.0000◁]
	↓ 0.99 ENTER	[Y01 = 0.9900◁]
	↓ 2 ENTER	[X02 = 2.0000◁]
	↓ 1.28 ENTER	[Y02 = 1.2800◁]
	↓ 3 ENTER	[X03 = 3.0000◁]
	↓ 1.26 ENTER	[Y03 = 1.2600◁]
	↓ 4 ENTER	[X04 = 4.0000◁]
	↓ 1.63 ENTER	[Y04 = 1.6300◁]
	↓ 5 ENTER	[X05 = 5.0000◁]
	↓ 1.60 ENTER	[Y05 = 1.6000◁]
	↓ 6 ENTER	[X06 = 6.0000◁]
	↓ 1.80 ENTER	[Y06 = 1.8000◁]
	↓ 7 ENTER	[X07 = 7.0000◁]
	↓ 1.90 ENTER	[Y07 = 1.9000◁]
통계워크시트의 통계계산 선택	2ND [STAT] 주1)	[LIN]
배당금의 성장률 추정치 확인	화면에 "EXP"가 나올 때까지 2ND ENTER 를 여러 번 누름	[EXP] 주)
	화면에 "b=1.1134"가 나올 때 까지 ↓ 를 계속 누름	[b = 1.1082]
내년도 기간 선택	화면에 "X= "가 나올 때 까지 ↓ 를 두 번 누름	[X =]
내년도 배당금지급액 성장률	8 ENTER ↓ CPT	[Y'₈ = 2.2042*]

주) EXP = exponential function(지수함수).

정답

(a) 재무계산기로부터 [b = 1.1082].

g = b-1 = 1.1082-1 = 0.1082

∴ 배당금성장률의 추정치 = 10.82%.

배당금성장율 g=10.82%는 실제 배당금 데이터를 가장 잘 설명해 주는 **지수선**(exponential line)으로 정의된다.

(b) [Y'_8 = 2.2042*]로부터, 내년(2528년)의 배당금지급액의 추정치는 €2.20이다.

(c) $P_0 = \dfrac{D_{2528}}{k_s - g} = \dfrac{2.20}{.16 - .1082} = 42.4710$

∴ 주식의 내재가치는 €42.47이다.

[연습문제 6.2] 배당금의 성장률 계산

LG사는 오늘 연배당금 ₩500을 지급하였다. 그리고 5년전에는 배당금으로 ₩290을 지불하였다고 한다. 배당금은 항상률(constant rate)로 부드럽게 성장한다고 가정한다.

(a) 배당금의 성장률을 구하라.
(b) 내년도 배당금을 구하라.

【해설】

(a) 배당금의 성장률

$D_t = D_0(1+g_t)^t$ 로부터,

$$500 = 290(1+g)^5$$

$$g = \left(\frac{500}{290}\right)^{\frac{1}{5}} - 1 = 0.1151$$

$\therefore g = 11.51\%$.

(b) 내년도 배당금

$$D_1 = D_0(1+g) = 5.00(1+0.1151) = 5.5755$$

내년도 배당금으로 ₩558을 지불할 것이다.

[연습문제 6.3] 주식의 가치평가

'경영' 군은 ㈜부경의 주식을 200주 보유하고 있다. ㈜부경은 1년후 140원, 2년후 175원, 3년후 200원의 주당 배당금을 지급할 것으로 예상된다. 그리고 '경영' 군은 3년후 이 주식을 주당 3000원에 매각할 수 있을 것으로 기대된다. 할인율은 10%라고 한다. '경영' 군이 보유하고 있는 주식의 현재가치는 얼마일까? 원 단위로 답하라.

【해설】

$$\begin{aligned} \text{주식 1주의 현재가치} &= \sum_{t=1}^{\infty} \frac{CF_t}{(1+k)^t} \\ &= \frac{140}{1.1} + \frac{175}{1.1^2} + \frac{200+3,000}{1.1^3} \\ &= 2,676.11 \end{aligned}$$

따라서 주식 200주의 가치는 $200 \times 2,676.11 = 535,221.64$원이다.

정답 : '경영' 군이 보유하고 있는 주식의 현재가치는 535,222원이다.

[연습문제 6.4] 주식의 할인률 계산

'경영' 군은 ㈜PKNU 주식의 구입을 고려하고 있다. ㈜PKNU는 1년후 \$1.40, 2년후 \$1.75, 3년후 \$2.00의 주당 배당금을 지급할 것으로 예상된다. 그리고 3년후 이 주식을 주당 \$30.00에 매각할 수 있을 것으로 기대된다. ㈜PKNU 주식은 현재 \$24에 거래되고 있다. 이 주식의 할인율을 구하라.

【해설】

$$주식\ 1주의\ 현재가치 = \sum_{t=1}^{\infty} \frac{CF_t}{(1+k)^t}$$

$$\$24.00 = \frac{\$1.40}{(1+k)} + \frac{\$1.75}{(1+k)^2} + \frac{\$2.00 + \$30.00}{(1+k)^3}$$

재무계산기로부터 [IRR = 14.29*].

정답 : ㈜PKNU 주식의 할인율은 14.29%이다.

제7장 자본예산

[연습문제 7.1] 불규칙적인 현금흐름의 순현가 계산(부표 사용)

대한항공은 스마트발권 시스템의 도입여부를 고려 중이다. 이 시스템을 도입하기 위해서는 지금 500만원을 투자해야 한다. 대한항공은 시스템 도입 후 정보비용절감은 1년후 500만원, 2년후 100만원, 3년후 200만원, 4년후 300만원이 될 것으로 예상된다. 자본의 요구수익률은 10%라고 한다.

(a) 부록의 부표를 이용해서 시스템 도입의 순현가를 구하라.
(b) 대한항공은 스마트발권 시스템을 도입해야 할까?

【해설】

(a) 부록의 부표를 이용한 시스템 도입의 순현가 계산

위 시스템의 현금흐름을 요약하면 다음과 같다. (단위 : 만원)

t	0	1	2	3	4년
CF_t	-500	500	100	200	300
PV_1	454.55	←			
PV_2	82.64	←	←		
PV_3	150.26	←	←	←	
PV_4	204.90	←	←	←	←
$\sum_{t=0}^{4} PV_t$	392.35				

여기서, $PVIF_{10\%, n=1\sim4}$는 부록의 [부표 1] 현가이자요소($PVIF$)의 일부인 아래 표로부터 구할 수 있다.

현가이자요소

$$PVIF_{k\%, n} = \frac{1}{(1+k)^n}$$

n \ $k\%$	6%	7%	8%	9%	10%
1	0.9434	0.9346	0.9259	0.9174	*0.9091*
2	0.8900	0.8734	0.8573	0.8417	*0.8264*
3	0.8396	0.8163	0.7938	0.7722	*0.7513*
4	0.7921	0.7629	0.7350	0.7084	*0.6830*

$$\begin{aligned} NPV &= -500 + 500(PVIF_{1,10\%}) + 100(PVIF_{2,10\%}) + 200(PVIF_{3,10\%}) + 300(PVIF_{4,10\%}) \\ &= -500 + 500(.9091) + 100(.8264) + 200(.7513) + 300(.6830) \\ &= 392.35 \end{aligned}$$

정답 : 시스템 도입의 순현가는 392.35만원이다.

(b) 대한항공의 스마트발권 시스템 도입 여부 결정

시스템 도입의 순현가가 양(+)이므로, 대한항공은 새로운 시스템을 도입해야 한다.

[연습문제 7.2] 현금흐름이 불규칙적이며 집단적인 경우 순현가 계산

현금흐름이 아래와 같이 불규칙적이며 집단적인 경우, 재무계산기를 이용해서 순현가를 구하라. 이자율은 10%라고 한다.

0	1	2	3	4	5	6	7	8	9
10%									
0	€100	100	100	200	200	300	300	300	300

【해설】

절 차	키 입력	화면표시
현금흐름워크시트 선택	CF	[CF0 = 0.00]
워크시트 내용 삭제	2ND [CLR WORK]	[CF0 = 0.00◁]
초기 현금흐름 입력	0 +/- ENTER	[CF0 = 0.00◁]
첫 번째 현금흐름 입력	↓ 100 ENTER	[C01 = 100.00◁]
첫 번째 현금흐름 빈도 입력	↓ 3 ENTER	[F01 = 3.00◁]
두 번째 현금흐름 입력	↓ 200 ENTER	[C02 = 200.00◁]
두 번째 현금흐름 빈도 입력	↓ 2 ENTER	[F02 = 2.00◁]
세 번째 현금흐름 입력	↓ 300 ENTER	[C03 = 300.00◁]
세 번째 현금흐름 빈도 입력	↓ 4 ENTER	[F03 = 4.00◁]
NPV(순현재가치) 선택	NPV	[I = 0.00]
이자율 입력	10 ENTER	[I = 10.00◁]
NPV(순현재가치) 계산	↓ CPT	[NPV = 1,099.94*]

CALCULATOR CLUE

절 차	키 입력	화면표시
현금흐름워크시트 선택	CF	[CF0 = 0.00]
워크시트 내용 삭제	2ND [CLR WORK]	[CF0 = 0.00]
초기 현금흐름 입력	0 ENTER	[CF0 = 0.00◁]
첫 번째 현금흐름 입력	↓ 100 ENTER	[C01 = 100.00◁]
첫 번째 현금흐름 빈도수 입력	↓ 3 ENTER	[F01 = 3.00◁]
두 번째 현금흐름 입력	↓ 200 ENTER	[C02 = 200.00◁]
두 번째 현금흐름 빈도수 입력	↓ 2 ENTER	[F02 = 2.00◁]
세 번째 현금흐름 입력	↓ 300 ENTER	[C03 = 300.00◁]
세 번째 현금흐름 빈도수 입력	↓ 4 ENTER	[F03 = 4.00◁]
NPV(순현재가치) 선택	NPV	[I = 0.00]
이자율 입력	10 ENTER	[I = 10.00◁]
NPV(순현재가치) 계산	↓ CPT	[NPV = 1,099.94*]

정답 : 재무계산기로부터 [NPV = 1,099.94*]. 따라서 현가는 €1,099.94이다.

[연습문제 7.3] 순현가 계산 〈CPA 2000 기출〉

M사는 임대건물의 신축과 주차장의 신축이라는 두 가지의 투자안을 고려하고 있다. 임대 건물의 신축안은 초기투자액이 18억원이며, 1년 후에 24억원으로 매각할 수 있다고 한다. 주차장의 신축안은 단위당 1백만원을 초기투자하면 1년 후부터 매년 1백만원의 현금유입이 영구히 발생한다고 한다. 주차장의 신축단위에는 제한이 없고, 신축규모에 대하여 수익률이 일정하다고 가정한다. 할인율을 동일하게 연 20%로 적용할 경우, 양 투자안의 순현가(NPV)가 같아지기 위해서는 주차장을 몇 단위 신축해야 하는가?

① 10　　② 20　　③ 30　　④ 40　　⑤ 50

【해설】 **정답** ⑤

(a) 임대건물 신축투자안의 현금흐름

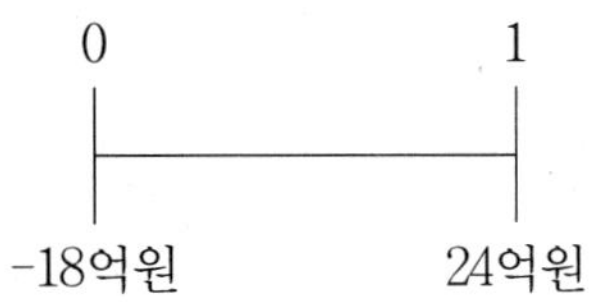

$$\text{임대건물 신축투자안의 NPV} = \frac{24\text{억원}}{(1.2)} - 18\text{억원} = 2\text{억원}.$$

(b) 주차장 신축투자안의 단위당 NPV

$$\text{NPV} = \frac{100\text{만원}}{0.2} - 100\text{만원} = 400\text{만원}$$

$$2\text{억원} \div 400\text{만원} = 50\text{단위}.$$

(c) 결론

주차장을 50단위 신축하면, 임대건물 신축투자안의 NPV와 동일해진다.

[연습문제 7.4] 교차율 계산

상호배타적인 두 투자안 A와 B의 현금흐름은 다음과 같다.

t	0	1	2	3
투자안 A	-670만원	498	309	128
투자안 B	-890	104	303	919

(a) 교차율(COR)을 구하라.

(b) 교차율에서 두 투자안의 순현가를 구하라.

(c) 두 투자안에 대한 IRR을 구하라. (힌트 : X축의 절편)

(d) IRR=0일 때, 두 투자안에 대한 NPV를 구하라. (힌트 : Y축의 절편)

(e) NPV-IRR 평면에서, 두 투자안에 대한 NPV Profile을 도시하라.

【해설】

(a) 교차율(COR) 계산

$$NPV_{CF_A - CF_B} = \sum_{t=0}^{n} \frac{CF_t^{\text{투자안 } A\text{의 현금유입}} - CF_t^{\text{투자안 } B\text{의 현금유입}}}{(1+COR)^t} = 0$$

$$220 + \frac{394}{(1+COR)^1} + \frac{6}{(1+COR)^2} + \frac{-791}{(1+COR)^3} = 0$$

여기서, 교차율 COR은 재무계산기의 IRR과 동일하다.
재무계산기로부터 [IRR = 10.88*].
∴ 교차율 COR = 10.88%.

(b) 교차율에서 두 투자안의 순현가 계산

$$NPV_{A_{at\,COR}} = -670 + \frac{498}{1.1088^1} + \frac{309}{1.1088^2} + \frac{128}{1.1088^3} = 124.37^*$$

$$NPV_{B_{at\,COR}} = -890 + \frac{104}{1.1088^1} + \frac{303}{1.1088^2} + \frac{919}{1.1088^3} = 124.40^*$$

(c) 두 투자안에 대한 IRR 계산

$$NPV_A = -670 + \frac{498}{(1+IRR_A)^1} + \frac{309}{(1+IRR_A)^2} + \frac{128}{(1+IRR_A)^3} = 0$$

$$NPV_B = -890 + \frac{104}{(1+IRR_B)^1} + \frac{303}{(1+IRR_B)^2} + \frac{919}{(1+IRR_B)^3} = 0$$

재무계산기로부터, $IRR_A = 24.0^*$, $IRR_B = 16.7^*$.

(d) IRR = 0일 때, 두 투자안에 대한 NPV 계산(힌트 : Y축의 절편)

$$NPV_{A_{at\ IRR=0}} = -670 + \frac{498}{1} + \frac{309}{1} + \frac{128}{1} = 265$$

$$NPV_{B_{at\ IRR=0}} = -890 + \frac{104}{1} + \frac{303}{1} + \frac{919}{1} = 436$$

(e) NPV-IRR 평면에서, 두 투자안에 대한 NPV Profile

위 (a)~(d)의 결과를 요약하면 다음과 같다.

CF_t					NPV		IRR
t	0	1	2	3	@0%	@COR	
A	-670	498	309	128	265	124	24.00
B	-890	104	303	919	436	124	16.70
A-B	220	394	6	-791		0	10.88

위 표를 이용해서 두 투자안에 대한 NPV Profile을 도시하면 아래와 같다.

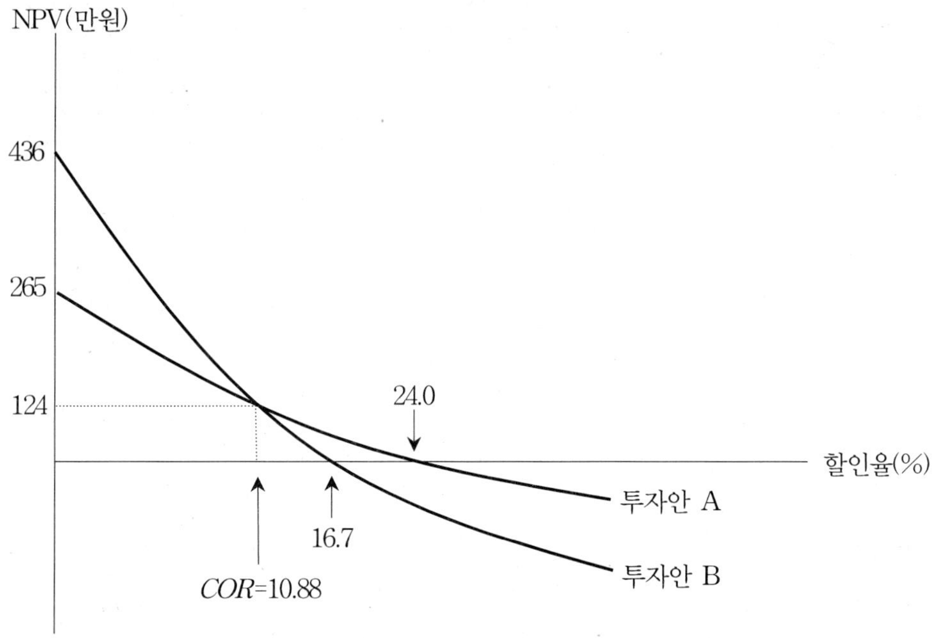

[연습문제 7.5] 내부수익률 계산(불규칙적인 현금흐름)

㈜부경은 46,000만원의 신규투자를 고려 중이다. 신규투자는 첫 해에는 매월 2,500만원의 수입을, 두 번째 해에는 매월 1,500만원의 수입을, 그리고 세 번째 해에는 매월 500만원의 수입을 올려줄 것으로 기대된다. 신규투자의 내부수익률은 얼마인가?

【해설】

$$\sum_{t=0}^{n} \frac{CF_t}{(1+IRR)^t} = 0$$

$$-46,000 + \frac{2,500}{(1+IRR)^1} + \cdots + \frac{2,500}{(1+IRR)^{12}} + \frac{1,500}{(1+IRR)^{13}} + \cdots + \frac{1,500}{(1+IRR)^{24}}$$

$$+ \frac{500}{(1+IRR)^{25}} + \cdots + \frac{500}{(1+IRR)^{36}} = 0$$

CALCULATOR CLUE

절 차	키 입력	화면표시
현금흐름워크시트 선택	CF	[CF0 = 0.0000]
워크시트 내용 삭제	2ND [CLR WORK]	[CF0 = 0.0000]
초기 현금흐름 입력	46,000 +/_ ENTER	[CF0 = -46,000.00◁]
첫 번째 현금흐름 입력	↓ 2,500 ENTER	[C01 = 2,500.0000◁]
첫 번째 현금흐름 빈도수 입력	↓ 12 ENTER	[F01 = 12.0000◁]
두 번째 현금흐름 입력	↓ 1500 ENTER	[C02 = 1,500.0000◁]
두 번째 현금흐름 빈도수 입력	↓ 12 ENTER	[F02 = 12.0000◁]
세 번째 현금흐름 입력	↓ 500 ENTER	[C03 = 500.0000◁]
세 번째 현금흐름 빈도수 입력	↓ 12 ENTER	[F03 = 12.0000◁]
IRR 계산	IRR CPT	[IRR = 1.2729*]

재무계산기로부터, [IRR = 1.2729*]. 즉, 월IRR = 1.27%.

∴ 연IRR = 12×1.27% = 15.24%.

정답 : 신규투자안의 내부수익률은 15.24%(월 복리)이다. 자본조달비용이 15.24% 보다 낮다면, 신규투자는 이익을 창출할 것이다.

제8장 회계 재무 관련 응용문제

[연습문제 8.1] 통계학 워크시트를 이용한 α와 β의 계산

2007년부터 2011년까지 5년 동안, 시장수익률과 개별주식수익률이 아래와 같다고 한다. 알파와 베타계수를 구하라.

연도	시장수익률(r_M)	주식 i의 수익률(r_i)
2007	15%	19%
2008	15%	15%
2009	-6%	-2%
2010	20%	18%
2011	11%	8%

【해설】

$Y = a + bX$ 에서 X와 Y를 입력한 후, 재무계산기에서 절편a와 기울기b를 구하면 된다. '시장수익률(r_M)'을 X 변수로, '주식 j의 수익률(r_i)'을 Y 변수로 놓아야 하는 점에 주의한다.

CALCULATOR CLUE

절 차	키 입력	화면표시
통계 데이터 입력 선택	2ND [DATA]	[X01 = 기존 데이터]
워크시트 내용 삭제	2ND [CLR WORK]	[X01 0.0000]
데이터 값 입력	15 ENTER	[X01 = 15.0000◁]
	↓ 19 ENTER	[Y01 = 19.0000◁]
	↓ 15 ENTER	[X02 = 15.0000◁]
	↓ 15 ENTER	[Y02 = 15.0000◁]
	↓ 6 +/- ENTER	[X03 = -6.0000◁]
	↓ 2 +/- ENTER	[Y03 = -2.0000◁]
	↓ 20 ENTER	[X04 = 20.0000◁]
	↓ 18 ENTER	[Y04 = 18.0000◁]
	↓ 11 ENTER	[X05 = 11.0000◁]
	↓ 8 ENTER	[Y05 = 8.0000◁]
통계워크시트의 통계계산 선택	2ND [STAT]	[EXP]

“LIN” 선택	화면에 “LIN”이 나올 때까지 2ND [SET]를 계속 누름	[LIN SET]
회귀선의 y축 절편 확인	화면에 a가 나올 때 까지 ↓ 를 계속 누름	[a = 2.5154*]
회귀선의 기울기 확인	↓	[b = 0.8259*]

정답 : 재무계산기의 [a = 2.5154*]와 [b = 0.8259*]로부터,

α = 2.5154, β =0.8259이다.

참고문헌

참고문헌

김성기 (2011). 「K-IFRS 중급회계(상), (하)」, 무역경영사.

김세완 (2011). "주식투자 위험과 수익률," 「매일경제」2011년 12월 13일.

김영규 · 감형규 (2011). 「재무관리」, 제4판, 박영사.

김영규 · 감형규 (2008). 「재무관리 연습문제 해설」, 제4판, 박영사.

김정교 · 조용언 · 이성희 · 반혜정 · 이진수 (2012). 「IFRS 중급회계(I)(제3판)」, 청람.

김종길 · 오철웅 (2011). 「재무관리 객관식문제집」, 상경사.

남상구 · 박종호 · 최승두 공역 (2011). 「핵심 재무관리」, 한국맥그로힐; 원 교재 Brealey, Myers, and Allen (2008). *Principles of Corporate Finance, Concise Edition,* 2nd ed., McGraw Hill.

박영병 · 최태영 (2012). 「기술재무경영」, 문화와 회계.

박영석 역 (2009). 「재무의 이해」, 시그마프레스; 원 교재 Bodie, Merton. Cleeton (2009). *Financial Economics,* 2nd edition, Pearson International Edition.

백형원 (2011). 「CFP™의 첫 걸음, TVM을 잡아라」, 윈 에듀플러스.

비즈니스 유머 (2012). 「한국경제」 http://blog.hankyung.com/koh0906.

아모르에듀 금융경영연구소 (2011a). 「CFP™ 지식형 적중문제집」.

아모르에듀 금융경영연구소 (2011b). 「완전정보 은행 FP자산관리사」.

아모르에듀 금융경영연구소 (2011c). 「CFP™ 사례형 적중문제집」.

아모르에듀 금융교육연구소 (2011d). 「CFP™ 사례형 정답 및 해설」.

아모르에듀 금융교육연구소 (2011e). 「투자자산운용사 실전적중 1000선」.

아모르에듀 금융교육연구소 (2011f). 「펀드투자상담사 실전적중 500선」.

아모르에듀 금융교육연구소 (2011g). 「AFPK 완전정복 문제집 Module 1 & 2」.

윈 에듀플러스 금융교육연구소 (2011a). 「증권투자상담사 실전적중 500선」.

윈 에듀플러스 금융교육연구소 (2012b). 「AFPK® PASS NOTE」.

윤평식 · 박경욱 · 김철중 공역 (2009). 「선물 옵션 투자의 이론과 전략」, 교보문고; 원 교재 Hull, (2009), *Options, Futures, and Other Derivatives,* 7th ed., Pearson International Edition.

이영기·남상구 공역 (2008). 「투자론」, McGraw-Hill Korea; 원 교재 Bodie, Kane, Marcus, *Investments,* 7th edition, McGraw Hill.

이영우 (2010). 「객관식 재무관리」, 웅진패스원.

이영우 (2011). 「고급재무관리연습」, 웅진패스원.

이진수 (2012). 「기술원가회계」, 문화와 회계.

정무권·이준서 공역 (2010). 「ROSS의 핵심 재무관리」, HS MEDIA; 원 교재 Ross, Westerfield, Jaffe, Jordan, *Corporate Finance: Core Principles & Applications,* 2nd ed., McGraw Hill.

탑 게인 (2007). 「BA-II Plus (Professional) 재무계산기 활용서(V 2.2)」.

Bodie, Z., R. C. Merton, and D. C. Cleeton (2009). *Financial Economics,* 2nd ed., Pearson International Edition.

Bodie, Z., A. Kane, and A. J. Marcus (2010). *Essentials of Investments,* 8th ed., McGraw-Hill Irwin.

Brealey, R. A., S. C. Myers, and F. Allen (2011). *Principles of Corporate Finance,* 10th ed., McGraw Hill.

Brigham, E. F. (1999). *Brigham's Technology Supplement,* South-Western.

Brigham, E. F. (1989). *Fundamentals of Financial Management,* 5th edition, Dryden.

Chiang, Alpha C. (1984). *Fundamental Methods of Mathematical Economics,* 3rd edition, McGraw Hill.

Copeland, T. E. and J. F. Weston (1992). F*inancial Theory and Corporate Policy,* 3rd ed., Addison Wesley.

Downs, T. W. (2005). *Lessons About The Structure of Finance,* 2nd ed., Pearson Custom Publishing.

Harshbarger, R. J. and J. J. Reynolds (1985). *Mathematical Applications for Management, LIfe, and Social Sciences,* 2nd ed., D. C. Heath and

Company.

Hewlett-Packard Co. (2004). *hp 12C financial calculator user's guide.*

Hull, J. (2009). *Options, Futures, and Other Derivatives,* 7th ed., Pearson International Edition.

Hull, J. (2008). *Fundamentals of Futures and Options Markets,* 6th ed., Pearson International Edition.

Ross, S. A., R. W. Westerfield, and J. Jaffe (2010). *Corporate Finance,* 9th ed., McGraw Hill International Edition.

Texas Instruments (2006). *BA II Plus Guidebook.*

Texas Instruments (2006). *BA II PLUS™ BA II PLUS PROFESSIONAL™ 한글 매뉴얼.*

Texas Instruments (2005). *BA II PLUS™* Calculator.

Tyson, Eric (2011). *Investing for Dummies,* 6th ed., Wiley Publishing Inc.

Tyson, Eric (2010). *Mutual Funds for Dummies,* 6th ed., Wiley Publishing Inc.

Tyson, Eric (2003). *Personal Finance for Dummies,* 4th ed., Wiley Publishing Inc.

White, Mark A. (2007). *Financial Analysis with an Electronic Calculator,* 7th ed., New York: McGraw-Hill.

부 록

수학적 부표(Mathematical Tables)

[부표 1] 현가이자요소 : $PVIF_{k\%,\,n} = \dfrac{1}{(1+k)^n}$

[부표 2] 연금의 현가이자요소 : $PVIFA_{k\%,\,n} = \sum_{t=1}^{n} \dfrac{1}{(1+k)^t} = \dfrac{1}{k} - \dfrac{1}{k(1+k)^n}$

[부표 3] 복리이자요소 : $FVIF_{k\%,\,n} = (1+k)^n$

[부표 4] 연금의 복리이자요소 : $FVIFA_{k\%,\,n} = \sum_{t=1}^{n} (1+k)^{n-t} = \dfrac{(1+k)^n - 1}{k}$

[부표 5] 연속복리 복리이자요소 : e^{rT}

[부표 6] 연속할인 현가이자요소 : e^{-rT}

[부표 7] 표준정규분포표(0에서 Z까지의 누적확률) : $f(x) = \dfrac{1}{\sqrt{2\pi}} e^{-x^2/2}$

[부표 8] 표준정규분포 함수의 누적확률 $N(d)$: $N(z) = \int_{-\infty}^{z} f(z)dz$

[부표 1] 현가이자요소($PVIF$)

$$PVIF_{k\%,\, n} = \frac{1}{(1+k)^n}$$

n \ $k\%$	1%	2%	3%	4%	5%	6%	7%	8%	9%	10%
1	0.9901	0.9804	0.9709	0.9615	0.9524	0.9434	0.9346	0.9259	0.9174	0.9091
2	0.9803	0.9612	0.9426	0.9246	0.9070	0.8900	0.8734	0.8573	0.8417	0.8264
3	0.9706	0.9423	0.9151	0.8890	0.8638	0.8396	0.8163	0.7938	0.7722	0.7513
4	0.9610	0.9238	0.8885	0.8548	0.8227	0.7921	0.7629	0.7350	0.7084	0.6830
5	0.9515	0.9057	0.8626	0.8219	0.7835	0.7473	0.7130	0.6806	0.6499	0.6209
6	0.9420	0.8880	0.8375	0.7903	0.7462	0.7050	0.6663	0.6302	0.5963	0.5645
7	0.9327	0.8706	0.8131	0.7599	0.7107	0.6651	0.6227	0.5835	0.5470	0.5132
8	0.9235	0.8535	0.7894	0.7307	0.6768	0.6274	0.5820	0.5403	0.5019	0.4665
9	0.9143	0.8368	0.7664	0.7026	0.6446	0.5919	0.5439	0.5002	0.4604	0.4241
10	0.9053	0.8203	0.7441	0.6756	0.6139	0.5584	0.5083	0.4632	0.4224	0.3855
11	0.8963	0.8043	0.7224	0.6496	0.5847	0.5268	0.4751	0.4289	0.3875	0.3505
12	0.8874	0.7885	0.7014	0.6246	0.5568	0.4970	0.4440	0.3971	0.3555	0.3186
13	0.8787	0.7730	0.6810	0.6006	0.5303	0.4688	0.4150	0.3677	0.3262	0.2897
14	0.8700	0.7579	0.6611	0.5775	0.5051	0.4423	0.3878	0.3405	0.2992	0.2633
15	0.8613	0.7430	0.6419	0.5553	0.4810	0.4173	0.3624	0.3152	0.2745	0.2394
16	0.8528	0.7284	0.6232	0.5339	0.4581	0.3936	0.3387	0.2919	0.2519	0.2176
17	0.8444	0.7142	0.6050	0.5134	0.4363	0.3714	0.3166	0.2703	0.2311	0.1978
18	0.8360	0.7002	0.5874	0.4936	0.4155	0.3503	0.2959	0.2502	0.2120	0.1799
19	0.8277	0.6864	0.5703	0.4746	0.3957	0.3305	0.2765	0.2317	0.1945	0.1635
20	0.8195	0.6730	0.5537	0.4564	0.3769	0.3118	0.2584	0.2145	0.1784	0.1486
21	0.8114	0.6598	0.5375	0.4388	0.3589	0.2942	0.2415	0.1987	0.1637	0.1351
22	0.8034	0.6468	0.5219	0.4220	0.3418	0.2775	0.2257	0.1839	0.1502	0.1228
23	0.7954	0.6342	0.5067	0.4057	0.3256	0.2618	0.2109	0.1703	0.1378	0.1117
24	0.7876	0.6217	0.4919	0.3901	0.3101	0.2470	0.1971	0.1577	0.1264	0.1015
25	0.7798	0.6095	0.4776	0.3751	0.2953	0.2330	0.1842	0.1460	0.1160	0.0923
26	0.7720	0.5976	0.4637	0.3607	0.2812	0.2198	0.1722	0.1352	0.1064	0.0839
27	0.7644	0.5859	0.4502	0.3468	0.2678	0.2074	0.1609	0.1252	0.0976	0.0763
28	0.7568	0.5744	0.4371	0.3335	0.2551	0.1956	0.1504	0.1159	0.0895	0.0693
29	0.7493	0.5631	0.4243	0.3207	0.2429	0.1846	0.1406	0.1073	0.0822	0.0630
30	0.7419	0.5521	0.4120	0.3083	0.2314	0.1741	0.1314	0.0994	0.0754	0.0573
35	0.7059	0.5000	0.3554	0.2534	0.1813	0.1301	0.0937	0.0676	0.0490	0.0356
40	0.6717	0.4529	0.3066	0.2083	0.1420	0.0972	0.0668	0.0460	0.0318	0.0221
45	0.6391	0.4102	0.2644	0.1712	0.1113	0.0727	0.0476	0.0313	0.0207	0.0137
50	0.6080	0.3715	0.2281	0.1407	0.0872	0.0543	0.0339	0.0213	0.0134	0.0085
55	0.5785	0.3365	0.1968	0.1157	0.0683	0.0406	0.0242	0.0145	0.0087	0.0053

[부표 1] 현가이자요소($PVIF$, 계속)

$$PVIF_{k\%,\,n} = \frac{1}{(1+k)^n}$$

n \ $k\%$	12%	14%	15%	16%	18%	20%	24%	28%	32%	36%
1	0.8929	0.8772	0.8696	0.8621	0.8475	0.8333	0.8065	0.7813	0.7576	0.7353
2	0.7972	0.7695	0.7561	0.7432	0.7182	0.6944	0.6504	0.6104	0.5739	0.5407
3	0.7118	0.6750	0.6575	0.6407	0.6086	0.5787	0.5245	0.4768	0.4348	0.3975
4	0.6355	0.5921	0.5718	0.5523	0.5158	0.4823	0.4230	0.3725	0.3294	0.2923
5	0.5674	0.5194	0.4972	0.4761	0.4371	0.4019	0.3411	0.2910	0.2495	0.2149
6	0.5066	0.4556	0.4323	0.4104	0.3704	0.3349	0.2751	0.2274	0.1890	0.1580
7	0.4523	0.3996	0.3759	0.3538	0.3139	0.2791	0.2218	0.1776	0.1432	0.1162
8	0.4039	0.3506	0.3269	0.3050	0.2660	0.2326	0.1789	0.1388	0.1085	0.0854
9	0.3606	0.3075	0.2843	0.2630	0.2255	0.1938	0.1443	0.1084	0.0822	0.0628
10	0.3220	0.2697	0.2472	0.2267	0.1911	0.1615	0.1164	0.0847	0.0623	0.0462
11	0.2875	0.2366	0.2149	0.1954	0.1619	0.1346	0.0938	0.0662	0.0472	0.0340
12	0.2567	0.2076	0.1869	0.1685	0.1372	0.1122	0.0757	0.0517	0.0357	0.0250
13	0.2292	0.1821	0.1625	0.1452	0.1163	0.0935	0.0610	0.0404	0.0271	0.0184
14	0.2046	0.1597	0.1413	0.1252	0.0985	0.0779	0.0492	0.0316	0.0205	0.0135
15	0.1827	0.1401	0.1229	0.1079	0.0835	0.0649	0.0397	0.0247	0.0155	0.0099
16	0.1631	0.1229	0.1069	0.0980	0.0708	0.0541	0.0320	0.0193	0.0118	0.0073
17	0.1456	0.1078	0.0929	0.0802	0.0600	0.0451	0.0258	0.0150	0.0089	0.0054
18	0.1300	0.0946	0.0808	0.0691	0.0508	0.0376	0.0208	0.0118	0.0068	0.0039
19	0.1161	0.0829	0.0703	0.0596	0.0431	0.0313	0.0168	0.0092	0.0051	0.0029
20	0.1037	0.0728	0.0611	0.0514	0.0365	0.0261	0.0135	0.0072	0.0039	0.0021
21	0.0926	0.0638	0.0531	0.0443	0.0309	0.0217	0.0109	0.0056	0.0029	0.0016
22	0.0826	0.0560	0.0462	0.0382	0.0262	0.0181	0.0088	0.0044	0.0022	0.0012
23	0.0738	0.0491	0.0402	0.0329	0.0222	0.0151	0.0071	0.0034	0.0017	0.0008
24	0.0659	0.0431	0.0349	0.0284	0.0188	0.0126	0.0057	0.0027	0.0013	0.0006
25	0.0588	0.0378	0.0304	0.0245	0.0160	0.0105	0.0046	0.0021	0.0010	0.0005
26	0.0525	0.0331	0.0264	0.0211	0.0135	0.0087	0.0037	0.0016	0.0007	0.0003
27	0.0469	0.0291	0.0230	0.0182	0.0115	0.0073	0.0030	0.0013	0.0006	0.0002
28	0.0419	0.0255	0.0200	0.0157	0.0097	0.0061	0.0024	0.0010	0.0004	0.0002
29	0.0374	0.0224	0.0174	0.0135	0.0082	0.0051	0.0020	0.0008	0.0003	0.0001
30	0.0334	0.0196	0.0151	0.0116	0.0070	0.0042	0.0016	0.0006	0.0002	0.0001
35	0.0189	0.0102	0.0075	0.0055	0.0030	0.0017	0.0005	0.0002	0.0001	*
40	0.0107	0.0053	0.0037	0.0026	0.0013	0.0007	0.0002	0.0001	*	*
45	0.0061	0.0027	0.0019	0.0013	0.0006	0.0003	0.0001	*	*	*
50	0.0035	0.0014	0.0009	0.0006	0.0003	0.0001	*	*	*	*
55	0.0020	0.0007	0.0005	0.0003	0.0001	*	*	*	*	*

[부표 2] 연금의 현가이자요소($PVIFA$)

$$PVIFA_{k\%,n} = \sum_{t=1}^{n} \frac{1}{(1+k)^t} = \frac{1}{k} - \frac{1}{k(1+k)^n}$$

n \ $k\%$	1%	2%	3%	4%	5%	6%	7%	8%	9%
1	0.9901	0.9804	0.9709	0.9615	0.9524	0.9434	0.9346	0.9259	0.9174
2	1.9704	1.9416	1.9135	1.8861	1.8594	1.8334	1.8080	1.7833	1.7591
3	2.9410	2.8839	2.8286	2.7751	2.7232	2.6730	2.6243	2.5771	2.5313
4	3.9020	3.8077	3.7171	3.6299	3.5460	3.4651	3.3872	3.3121	3.2397
5	4.8534	4.7135	4.5797	4.4518	4.3295	4.2124	4.1002	3.9927	3.8897
6	5.7955	5.6014	5.4172	5.2421	5.0757	4.9173	4.7665	4.6229	4.4859
7	6.7282	6.4720	6.2303	6.0021	5.7864	5.5824	5.3893	5.2064	5.0330
8	7.6517	7.3255	7.0197	6.7327	6.4632	6.2098	5.9713	5.7466	5.5348
9	8.5660	8.1622	7.7861	7.4353	7.1078	6.8017	6.5152	6.2469	5.9952
10	9.4713	8.9826	8.5302	8.1109	7.7217	7.3601	7.0236	6.7101	6.4177
11	10.3676	9.7868	9.2526	8.7605	8.3064	7.8869	7.4987	7.1390	6.8052
12	11.2551	10.5753	9.9540	9.3851	8.8633	8.3838	7.9427	7.5361	7.1607
13	12.1337	11.3484	10.6350	9.9856	9.3936	8.8527	8.3577	7.9038	7.4869
14	13.0037	12.1062	11.2961	10.5631	9.8986	9.2950	8.7455	8.2442	7.7862
15	13.8651	12.8493	11.9379	11.1184	10.3797	9.7122	9.1079	8.5595	8.0607
16	14.7179	13.5777	12.5611	11.6523	10.8378	10.1059	9.4466	8.8514	8.3126
17	15.5623	14.2919	13.1661	12.1657	11.2741	10.4773	9.7632	9.1216	8.5436
18	16.3983	14.9920	13.7535	12.6593	11.6896	10.8276	10.0591	9.3719	8.7556
19	17.2260	15.6785	14.3238	13.1339	12.0853	11.1581	10.3356	9.6036	8.9501
20	18.0456	16.3514	14.8775	13.5903	12.4622	11.4699	10.5940	9.8181	9.1285
21	18.8570	17.0112	15.4150	14.0292	12.8212	11.7641	10.8355	10.0168	9.2922
22	19.6604	17.6580	15.9369	14.4511	13.1630	12.0416	11.0612	10.2007	9.4424
23	20.4558	18.2922	16.4436	14.8568	13.4886	12.3034	11.2722	10.3711	9.5802
24	21.2434	18.9139	16.9355	15.2470	13.7986	12.5504	11.4693	10.5288	9.7066
25	22.0232	19.5235	17.4131	15.6221	14.0939	12.7834	11.6536	10.6748	9.8226
26	22.7952	20.1210	17.8768	15.9828	14.3752	13.0032	11.8258	10.8100	9.9290
27	23.5596	20.7069	18.3270	16.3296	14.6430	13.2105	11.9867	10.9352	10.0266
28	24.3164	21.2813	18.7641	16.6631	14.8981	13.4062	12.1371	11.0511	10.1161
29	25.0658	21.8444	19.1885	16.9837	15.1411	13.5907	12.2777	11.1584	10.1983
30	25.8077	22.3965	19.6004	17.2920	15.3725	13.7648	12.4090	11.2578	10.2737
35	29.4086	24.9986	21.4872	18.6646	16.3742	14.4982	12.9477	11.6546	10.5668
40	32.8347	27.3555	23.1148	19.7928	17.1591	15.0463	13.3317	11.9246	10.7574
45	36.0945	29.4902	24.5187	20.7200	17.7741	15.4558	13.6055	12.1084	10.8812
50	39.1961	31.4236	25.7298	21.4822	18.2559	15.7619	13.8007	12.2335	10.9617
55	42.1472	33.1748	26.7744	22.1086	18.6335	15.9905	13.9399	12.3186	11.0140

[부표 2] 연금의 현가이자요소($PVIFA$, 계속)

$$PVIFA_{k\%,\,n} = \sum_{t=1}^{n} \frac{1}{(1+k)^t} = \frac{1}{k} - \frac{1}{k(1+k)^n}$$

n \ $k\%$	10%	12%	14%	15%	16%	18%	20%	24%	28%	32%
1	0.9091	0.8929	0.8772	0.8696	0.8621	0.8475	0.8333	0.8065	0.7813	0.7576
2	1.7355	1.6901	1.6467	1.6257	1.6052	1.5656	1.5278	1.4568	1.3916	1.3315
3	2.4869	2.4018	2.3216	2.2832	2.2459	2.1743	2.1065	1.9813	1.8684	1.7663
4	3.1699	3.0373	2.9137	2.8550	2.7982	2.6901	2.5887	2.4043	2.2410	2.0957
5	3.7908	3.6048	3.4331	3.3522	3.2743	3.1272	2.9906	2.7454	2.5320	2.3452
6	4.3553	4.1114	3.8887	3.7845	3.6847	3.4976	3.3255	3.0205	2.7594	2.5342
7	4.8684	4.5638	4.2883	4.1604	4.0386	3.8115	3.6046	3.2423	2.9370	2.6775
8	5.3349	4.9676	4.6389	4.4873	4.3436	4.0776	3.8372	3.4212	3.0758	2.7860
9	5.7590	5.3282	4.9464	4.7716	4.6065	4.3030	4.0310	3.5655	3.1842	2.8681
10	6.1446	5.6502	5.2161	5.0188	4.8332	4.4941	4.1925	3.6819	3.2689	2.9304
11	6.4951	5.9377	5.4527	5.2337	5.0286	4.6560	4.3271	3.7757	3.3351	2.9776
12	6.8137	6.1944	5.6603	5.4206	5.1971	4.7932	4.4392	3.8514	3.3868	3.0133
13	7.1034	6.4235	5.8424	5.5831	5.3423	4.9095	4.5327	3.9124	3.4272	3.0404
14	7.3667	6.6282	6.0021	5.7245	5.4675	5.0081	4.6106	3.9616	3.4587	3.0609
15	7.6061	6.8109	6.1422	5.8474	5.5755	5.0916	4.6755	4.0013	3.4834	3.0764
16	7.8237	6.9740	6.2651	5.9542	5.6685	5.1624	4.7296	4.0333	3.5026	3.0882
17	8.0216	7.1196	6.3729	6.0472	5.7487	5.2223	4.7746	4.0591	3.5177	3.0971
18	8.2014	7.2497	6.4674	6.1280	5.8178	5.2732	4.8122	4.0799	3.5294	3.1039
19	8.3649	7.3658	6.5504	6.1982	5.8775	5.3162	4.8435	4.0967	3.5386	3.1090
20	8.5136	7.4694	6.6231	6.2593	5.9288	5.3527	4.8696	4.1103	3.5458	3.1129
21	8.6487	7.5620	6.6870	6.3125	5.9731	5.3837	4.8913	4.1212	3.5514	3.1158
22	8.7715	7.6446	6.7429	6.3587	6.0113	5.4099	4.9094	4.1300	3.5558	3.1180
23	8.8832	7.7184	6.7921	6.3988	6.0442	5.4321	4.9245	4.1371	3.5592	3.1197
24	8.9847	7.7843	6.8351	6.4338	6.0726	5.4509	4.9371	4.1428	3.5619	3.1210
25	9.0770	7.8431	6.8729	6.4641	6.0971	5.4669	4.9476	4.1474	3.5640	3.1220
26	9.1609	7.8957	6.9061	6.4906	6.1182	5.4804	4.9563	4.1511	3.5656	3.1227
27	9.2372	7.9426	6.9352	6.5135	6.1364	5.4919	4.9636	4.1542	3.5669	3.1233
28	9.3066	7.9844	6.9607	6.5335	6.1520	5.5016	4.9697	4.1566	3.5679	3.1237
29	9.3696	8.0218	6.9830	6.5509	6.1656	5.5098	4.9747	4.1585	3.5687	3.1240
30	9.4269	8.0552	7.0027	6.5660	6.1772	5.5168	4.9789	4.1601	3.5693	3.1242
35	9.6442	8.1755	7.0700	6.6166	6.2153	5.5386	4.9915	4.1644	3.5708	3.1248
40	9.7791	8.2438	7.1050	6.6418	6.2335	5.5482	4.9966	4.1659	3.5712	3.1250
45	9.8628	8.2825	7.1232	6.6543	6.2421	5.5523	4.9986	4.1664	3.5714	3.1250
50	9.9148	8.3045	7.1327	6.6605	6.2463	5.5541	4.9995	4.1666	3.5714	3.1250
55	9.9471	8.3170	7.1376	6.6636	6.2482	5.5549	4.9998	4.1666	3.5714	3.1250

[부표 3] 복리이자요소($FVIF$)

$$FVIF_{k\%,\, n} = (1+k)^n$$

n \ $k\%$	1%	2%	3%	4%	5%	6%	7%	8%	9%	10%
1	1.0100	1.0200	1.0300	1.0400	1.0500	1.0600	1.0700	1.0800	1.0900	1.1000
2	1.0201	1.0404	1.0609	1.0816	1.1025	1.1236	1.1449	1.1664	1.1881	1.2100
3	1.0303	1.0612	1.0927	1.1249	1.1576	1.1910	1.2250	1.2597	1.2950	1.3310
4	1.0406	1.0824	1.1255	1.1699	1.2155	1.2625	1.3108	1.3605	1.4116	1.4641
5	1.0510	1.1041	1.1593	1.2167	1.2763	1.3382	1.4026	1.4693	1.5386	1.6105
6	1.0615	1.1262	1.1941	1.2653	1.3401	1.4185	1.5007	1.5869	1.6771	1.7716
7	1.0721	1.1487	1.2299	1.3159	1.4071	1.5036	1.6058	1.7138	1.8280	1.9487
8	1.0829	1.1717	1.2668	1.3686	1.4775	1.5938	1.7182	1.8509	1.9926	2.1436
9	1.0937	1.1951	1.3048	1.4233	1.5513	1.6895	1.8385	1.9990	2.1719	2.3579
10	1.1046	1.2190	1.3439	1.4802	1.6289	1.7908	1.9672	2.1589	2.3674	2.5937
11	1.1157	1.2434	1.3842	1.5395	1.7103	1.8983	2.1049	2.3316	2.5804	2.8531
12	1.1268	1.2682	1.4258	1.6010	1.7959	2.0122	2.2522	2.5182	2.8127	3.1384
13	1.1381	1.2936	1.4685	1.6651	1.8856	2.1329	2.4098	2.7196	3.0658	3.4523
14	1.1495	1.3195	1.5126	1.7317	1.9799	2.2609	2.5785	2.9372	3.3417	3.7975
15	1.1610	1.3459	1.5580	1.8009	2.0789	2.3966	2.7590	3.1722	3.6425	4.1772
16	1.1726	1.3728	1.6047	1.8730	2.1829	2.5404	2.9522	3.4259	3.9703	4.5950
17	1.1843	1.4002	1.6528	1.9479	2.2920	2.6928	3.1588	3.7000	4.3276	5.0545
18	1.1961	1.4282	1.7024	2.0258	2.4066	2.8543	3.3799	3.9960	4.7171	5.5599
19	1.2081	1.4568	1.7535	2.1068	2.5270	3.0256	3.6165	4.3157	5.1417	6.1159
20	1.2202	1.4859	1.8061	2.1911	2.6533	3.2071	3.8697	4.6610	5.6044	6.7275
21	1.2324	1.5157	1.8603	2.2788	2.7860	3.3996	4.1406	5.0338	6.1088	7.4002
22	1.2447	1.5460	1.9161	2.3699	2.9253	3.6035	4.4304	5.4365	6.6586	8.1403
23	1.2572	1.5769	1.9736	2.4647	3.0715	3.8197	4.7405	5.8715	7.2579	8.9543
24	1.2697	1.6084	2.0328	2.5633	3.2251	4.0489	5.0724	6.3412	7.9111	9.8497
25	1.2824	1.6406	2.0938	2.6658	3.3864	4.2919	5.4274	6.8485	8.6231	10.8347
26	1.2953	1.6734	2.1566	2.7725	3.5557	4.5494	5.8074	7.3964	9.3992	11.9182
27	1.3082	1.7069	2.2213	2.8834	3.7335	4.8223	6.2139	7.9881	10.245	13.110
28	1.3213	1.7410	2.2879	2.9987	3.9201	5.1117	6.6488	8.6271	11.167	14.421
29	1.3345	1.7758	2.3566	3.1187	4.1161	5.4184	7.1143	9.3173	12.172	15.863
30	1.3478	1.8114	2.4273	3.2434	4.3219	5.7435	7.6123	10.063	13.268	17.449
40	1.4889	2.2080	3.2620	4.8010	7.0400	10.286	14.974	21.725	31.409	45.259
50	1.6446	2.6916	4.3839	7.1067	11.467	18.420	29.457	46.902	74.358	117.39
60	1.8167	3.2810	5.8916	10.520	18.679	32.988	57.946	101.26	176.03	304.48

[부표 3] 복리이자요소($FVIF$, 계속)

$$FVIF_{k\%,\,n} = (1+k)^n$$

n \ $k\%$	12%	14%	15%	16%	18%	20%	24%	28%	32%	36%
1	1.1200	1.1400	1.1500	1.1600	1.1800	1.2000	1.2400	1.2800	1.3200	1.3600
2	1.2544	1.2996	1.3225	1.3456	1.3924	1.4400	1.5376	1.6384	1.7424	1.8496
3	1.4049	1.4815	1.5209	1.5609	1.6430	1.7280	1.9066	2.0972	2.3000	2.5155
4	1.5735	1.6890	1.7490	1.8106	1.9388	2.0736	2.3642	2.6844	3.0360	3.4210
5	1.7623	1.9254	2.0114	2.1003	2.2878	2.4883	2.9316	3.4360	4.0075	4.6526
6	1.9738	2.1950	2.3131	2.4364	2.6996	2.9860	3.6352	4.3980	5.2899	6.3275
7	2.2107	2.5023	2.6600	2.8262	3.1855	3.5832	4.5077	5.6295	6.9826	8.6054
8	2.4760	2.8526	3.0590	3.2784	3.7589	4.2998	5.5895	7.2058	9.2170	11.703
9	2.7731	3.2519	3.5179	3.8030	4.4355	5.1598	6.9310	9.2234	12.166	15.917
10	3.1058	3.7072	4.0456	4.4114	5.2338	6.1917	8.5944	11.806	16.060	21.647
11	3.4785	4.2262	4.6524	5.1173	6.1759	7.4301	10.657	15.112	21.199	29.439
12	3.8960	4.8179	5.3503	5.9360	7.2876	8.9161	13.215	19.343	27.983	40.037
13	4.3635	5.4924	6.1528	6.8858	8.5994	10.699	16.386	24.759	36.937	54.451
14	4.8871	6.2613	7.0757	7.9875	10.147	12.839	20.319	31.691	48.757	74.053
15	5.4736	7.1379	8.1371	9.2655	11.974	15.407	25.196	40.565	64.359	100.71
16	6.1304	8.1372	9.3576	10.7480	14.129	18.488	31.243	51.923	84.954	136.97
17	6.8660	9.2765	10.761	12.468	16.672	22.186	38.741	66.461	112.14	186.28
18	7.6900	10.575	12.375	14.463	19.673	26.623	48.039	85.071	148.02	253.34
19	8.6128	12.056	14.232	16.777	23.214	31.948	59.568	108.89	195.39	344.54
20	9.6463	13.743	16.367	19.461	27.393	38.338	73.864	139.38	257.92	468.57
21	10.804	15.668	18.822	22.574	32.324	46.005	91.592	178.41	340.45	637.26
22	12.100	17.861	21.645	26.186	38.142	55.206	113.57	228.36	449.39	866.67
23	13.552	20.362	24.891	30.376	45.008	66.247	140.83	292.30	593.20	1178.7
24	15.179	23.212	28.625	35.236	53.109	79.497	174.63	374.14	783.02	1603.0
25	17.000	26.462	32.919	40.874	62.669	95.396	216.54	478.90	1033.6	2180.1
26	19.040	30.167	37.857	47.414	73.949	114.48	268.51	613.00	1364.3	2964.9
27	21.325	34.390	43.535	55.000	87.260	137.37	332.95	784.64	1800.9	4032.3
28	23.884	39.204	50.066	63.800	102.97	164.84	412.86	1004.3	2377.2	5483.9
29	26.750	44.693	57.575	74.009	121.50	197.81	511.95	1285.6	3137.9	7458.1
30	29.960	50.950	66.212	85.850	143.37	237.38	634.82	1645.5	4142.1	10143
40	93.051	188.88	267.86	378.72	750.38	1469.8	5455.9	19427	66521	*
50	289.00	700.23	1083.7	1670.7	3927.4	9100.4	46890	*	*	*
60	897.60	2595.9	4384.0	7370.2	20555	56348	*	*	*	*

* FVIF > 99,999.

[부표 4] 연금의 복리이자요소($FVIFA$)

$$FVIFA_{k\%,\,n} = \sum_{t=1}^{n}(1+k)^{n-t} = \frac{(1+k)^n - 1}{k}$$

n \ $k\%$	1%	2%	3%	4%	5%	6%	7%	8%	9%	10%
1	1.0000	1.0000	1.0000	1.0000	1.0000	1.0000	1.0000	1.0000	1.0000	1.0000
2	2.0100	2.0200	2.0300	2.0400	2.0500	2.0600	2.0700	2.0800	2.0900	2.1000
3	3.0301	3.0604	3.0909	3.1216	3.1525	3.1836	3.2149	3.2464	3.2781	3.3100
4	4.0604	4.1216	4.1836	4.2465	4.3101	4.3746	4.4399	4.5061	4.5731	4.6410
5	5.1010	5.2040	5.3091	5.4163	5.5256	5.6371	5.7507	5.8666	5.9847	6.1051
6	6.1520	6.3081	6.4684	6.6330	6.8019	6.9753	7.1533	7.3359	7.5233	7.7156
7	7.2135	7.4343	7.6625	7.8983	8.1420	8.3938	8.6540	8.9228	9.2004	9.4872
8	8.2857	8.5830	8.8923	9.2142	9.5491	9.8975	10.260	10.637	11.028	11.436
9	9.3685	9.7546	10.159	10.583	11.027	11.491	11.978	12.488	13.021	13.579
10	10.462	10.950	11.464	12.006	12.578	13.181	13.816	14.487	15.193	15.937
11	11.567	12.169	12.808	13.486	14.207	14.972	15.784	16.645	17.560	18.531
12	12.683	13.412	14.192	15.026	15.917	16.870	17.888	18.977	20.141	21.384
13	13.809	14.680	15.618	16.627	17.713	18.882	20.141	21.495	22.953	24.523
14	14.947	15.974	17.086	18.292	19.599	21.015	22.550	24.215	26.019	27.975
15	16.097	17.293	18.599	20.024	21.579	23.276	25.129	27.152	29.361	31.772
16	17.258	18.639	20.157	21.825	23.657	25.673	27.888	30.324	33.003	35.950
17	18.430	20.012	21.762	23.698	25.840	28.213	30.840	33.750	36.974	40.545
18	19.615	21.412	23.414	25.645	28.132	30.906	33.999	37.450	41.301	45.599
19	20.811	22.841	25.117	27.671	30.539	33.760	37.379	41.446	46.018	51.159
20	22.019	24.297	26.870	29.778	33.066	36.786	40.995	45.762	51.160	57.275
21	23.239	25.783	28.676	31.969	35.719	39.993	44.865	50.423	56.765	64.002
22	24.472	27.299	30.537	34.248	38.505	43.392	49.006	55.457	62.873	71.403
23	25.716	28.845	32.453	36.618	41.430	46.996	53.436	60.893	69.532	79.543
24	26.973	30.422	34.426	39.083	44.502	50.816	58.177	66.765	76.790	88.497
25	28.243	32.030	36.459	41.646	47.727	54.865	63.249	73.106	84.701	98.347
26	29.526	33.671	38.553	44.312	51.113	59.156	68.676	79.954	93.324	109.18
27	30.821	35.344	40.710	47.084	54.669	63.706	74.484	87.351	102.72	121.10
28	32.129	37.051	42.931	49.968	58.403	68.528	80.698	95.339	112.97	134.21
29	33.450	38.792	45.219	52.966	62.323	73.640	87.347	103.97	124.14	148.63
30	34.785	40.568	47.575	56.085	66.439	79.058	94.461	113.28	136.31	164.49
40	48.886	60.402	75.401	95.026	120.80	154.76	199.64	259.06	337.88	442.59
50	64.463	84.579	112.80	152.67	209.35	290.34	406.53	573.77	815.08	1163.9
60	81.670	114.05	163.05	237.99	353.58	533.13	813.52	1253.2	1944.8	3034.8

[부표 4] 연금의 복리이자요소($FVIFA$, 계속)

$$FVIFA_{k\%,\,n} = \sum_{t=1}^{n}(1+k)^{n-t} = \frac{(1+k)^{n}-1}{k}$$

n \ $k\%$	12%	14%	15%	16%	18%	20%	24%	28%	32%	36%
1	1.0000	1.0000	1.0000	1.0000	1.0000	1.0000	1.0000	1.0000	1.0000	1.0000
2	2.1200	2.1400	2.1500	2.1600	2.1800	2.2000	2.2400	2.2800	2.3200	2.3600
3	3.3744	3.4396	3.4725	3.5056	3.5724	3.6400	3.7776	3.9184	4.0624	4.2096
4	4.7793	4.9211	4.9934	5.0665	5.2154	5.3680	5.6842	6.0156	6.3624	6.7251
5	6.3528	6.6101	6.7424	6.8771	7.1542	7.4416	8.0484	8.6999	9.3983	10.146
6	8.1152	8.5355	8.7537	8.9775	9.4420	9.9299	10.980	12.136	13.406	14.799
7	10.089	10.730	11.067	11.414	12.142	12.916	14.615	16.534	18.696	21.126
8	12.300	13.233	13.727	14.240	15.327	16.499	19.123	22.163	25.678	29.732
9	14.776	16.085	16.786	17.519	19.086	20.799	24.712	29.369	34.895	41.435
10	17.549	19.337	20.304	21.321	23.521	25.959	31.643	38.593	47.062	57.352
11	20.655	23.045	24.349	25.733	28.755	32.150	40.238	50.398	63.122	78.998
12	24.133	27.271	29.002	30.850	34.931	39.581	50.895	65.510	84.320	108.44
13	28.029	32.089	34.352	36.786	42.219	48.497	64.110	84.853	112.30	148.47
14	32.393	37.581	40.505	43.672	50.818	59.196	80.496	109.61	149.24	202.93
15	37.280	43.842	47.580	51.660	60.965	72.035	100.82	141.30	198.00	276.98
16	42.753	50.980	55.717	60.925	72.939	87.442	126.01	181.87	262.36	377.69
17	48.884	59.118	65.075	71.673	87.068	105.93	157.25	233.79	347.31	514.66
18	55.750	68.394	75.836	84.141	103.74	128.12	195.99	300.25	459.45	700.94
19	63.440	78.969	88.212	98.603	123.41	154.74	244.03	385.32	607.47	954.28
20	72.052	91.025	102.44	115.38	146.63	186.69	303.60	494.21	802.86	1298.8
21	81.699	104.77	118.81	134.84	174.02	225.03	377.46	633.59	1060.8	1767.4
22	92.503	120.44	137.63	157.41	206.34	271.03	469.06	812.00	1401.2	2404.7
23	104.60	138.30	159.28	183.60	244.49	326.24	582.63	1040.4	1850.6	3271.3
24	118.16	158.66	184.17	213.98	289.49	392.48	723.46	1332.7	2443.8	4450.0
25	133.33	181.87	212.79	249.21	342.60	471.98	898.09	1706.8	3226.8	6053.0
26	150.33	208.33	245.71	290.09	405.27	567.38	1114.6	2185.7	4260.4	823.13
27	169.37	238.50	283.57	337.50	479.22	681.85	1383.1	2798.7	5624.8	11198.0
28	190.70	272.89	327.10	392.50	566.48	819.22	1716.1	3583.3	7425.7	15230.3
29	214.58	312.09	377.17	456.30	669.45	984.07	2129.0	4587.7	9802.9	20714.2
30	241.33	356.79	434.75	530.31	790.95	1181.9	2640.9	5873.2	12941	28172.3
40	767.09	1342.0	1779.1	2360.8	4163.2	7343.9	22729	69377	*	*
50	2400.0	4994.5	7217.7	10436	21813	45497	*	*	*	*
60	7471.6	18535	29220	46058	*	*	*	*	*	*

* FVIFA > 99,999.

[부표 5] 연속복리 복리이자요소(e^{rT})

T \ r%	1%	2%	3%	4%	5%	6%	7%	8%	9%	10%	11%	12%	13%	14%
1	1.0101	1.0202	1.0305	1.0408	1.0513	1.0618	1.0725	1.0833	1.0942	1.1052	1.1163	1.1275	1.1388	1.1503
2	1.0202	1.0408	1.0618	1.0833	1.1052	1.1275	1.1503	1.1735	1.1972	1.2214	1.2461	1.2712	1.2969	1.3231
3	1.0305	1.0618	1.0942	1.1275	1.1618	1.1972	1.2337	1.2712	1.3100	1.3499	1.3910	1.4333	1.4770	1.5220
4	1.0408	1.0833	1.1275	1.1735	1.2214	1.2712	1.3231	1.3771	1.4333	1.4918	1.5527	1.6161	1.6820	1.7507
5	1.0513	1.1052	1.1618	1.2214	1.2840	1.3499	1.4191	1.4918	1.5683	1.6487	1.7333	1.8221	1.9155	2.0138
6	1.0618	1.1275	1.1972	1.2712	1.3499	1.4333	1.5220	1.6161	1.7160	1.8221	1.9348	2.0544	2.1815	2.3164
7	1.0725	1.1503	1.2337	1.3231	1.4191	1.5220	1.6323	1.7507	1.8776	2.0138	2.1598	2.3164	2.4843	2.6645
8	1.0833	1.1735	1.2712	1.3771	1.4918	1.6161	1.7507	1.8965	2.0544	2.2255	2.4109	2.6117	2.8292	3.0649
9	1.0942	1.1972	1.3100	1.4333	1.5683	1.7160	1.8776	2.0544	2.2479	2.4596	2.6912	2.9447	3.2220	3.5254
10	1.1052	1.2214	1.3499	1.4918	1.6487	1.8221	2.0138	2.2255	2.4596	2.7183	3.0042	3.3201	3.6693	4.0552
11	1.1163	1.2461	1.3910	1.5527	1.7333	1.9348	2.1598	2.4109	2.6912	3.0042	3.3535	3.7434	4.1787	4.6646
12	1.1275	1.2712	1.4333	1.6161	1.8221	2.0544	2.3164	2.6117	2.9447	3.3201	3.7434	4.2207	4.7588	5.3656
13	1.1388	1.2969	1.4770	1.6820	1.9155	2.1815	2.4843	2.8292	3.2220	3.6693	4.1787	4.7588	5.4195	6.1719
14	1.1503	1.3231	1.5220	1.7507	2.0138	2.3164	2.6645	3.0649	3.5254	4.0552	4.6646	5.3656	6.1719	7.0993
15	1.1618	1.3499	1.5683	1.8221	2.1170	2.4596	2.8577	3.3201	3.8574	4.4817	5.2070	6.0496	7.0287	8.1662
16	1.1735	1.3771	1.6161	1.8965	2.2255	2.6117	3.0649	3.5966	4.2207	4.9530	5.8124	6.8210	8.0045	9.3933
17	1.1853	1.4049	1.6653	1.9739	2.3396	2.7732	3.2871	3.8962	4.6182	5.4739	6.4883	7.6906	9.1157	10.8049
18	1.1972	1.4333	1.7160	2.0544	2.4596	2.9447	3.5254	4.2207	5.0531	6.0496	7.2427	8.6711	10.3812	12.4286
19	1.2092	1.4623	1.7683	2.1383	2.5857	3.1268	3.7810	4.5722	5.5290	6.6859	8.0849	9.7767	11.8224	14.2963
20	1.2214	1.4918	1.8221	2.2255	2.7183	3.3201	4.0552	4.9530	6.0496	7.3891	9.0250	11.0232	13.4637	16.4446
21	1.2337	1.5220	1.8776	2.3164	2.8577	3.5254	4.3492	5.3656	6.6194	8.1662	10.0744	12.4286	15.3329	18.9158
22	1.2461	1.5527	1.9348	2.4109	3.0042	3.7434	4.6646	5.8124	7.2427	9.0250	11.2459	14.0132	17.4615	21.7584
23	1.2586	1.5841	1.9937	2.5093	3.1582	3.9749	5.0028	6.2965	7.9248	9.9742	12.5535	15.7998	19.8857	25.0281
24	1.2712	1.6161	2.0544	2.6117	3.3201	4.2207	5.3656	6.8210	8.6711	11.0232	14.0132	17.8143	22.6464	28.7892
25	1.2840	1.6487	2.1170	2.7183	3.4903	4.4817	5.7546	7.3891	9.4877	12.1825	15.6426	20.0855	25.7903	33.1155
30	1.3499	1.8221	2.4596	3.3201	4.4817	6.0496	8.1662	11.0232	14.8797	20.0855	27.1126	36.5982	49.4024	66.6863
35	1.4191	2.0138	2.8577	4.0552	5.7546	8.1662	11.5883	16.4446	23.3361	33.1155	46.9931	66.6863	94.6324	134.2898
40	1.4918	2.2255	3.3201	4.9530	7.3891	11.0232	16.4446	24.5325	36.5982	54.5982	81.4509	121.5104	181.2722	270.4264
45	1.5683	2.4596	3.8574	6.0496	9.4877	14.8797	23.3361	36.5982	57.3975	90.0171	141.1750	221.4064	347.2344	544.5719
50	1.6487	2.7183	4.4817	7.3891	12.1825	20.0855	33.1155	54.5982	90.0171	148.4132	244.6919	403.4288	665.1416	1096.633
55	1.7333	3.0042	5.2070	9.0250	15.6426	27.1126	46.9931	81.4509	141.1750	244.6919	424.1130	735.0952	1274.106	2208.348
60	1.8221	3.3201	6.0496	11.0232	20.0855	36.5982	66.6863	121.5104	221.4064	403.4288	735.0952	1339.431	2440.602	4447.067

[부표 5] 연속복리 복리이자요소(e^{rT}, 계속)

T \ r%	15%	16%	17%	18%	19%	20%	21%	22%	23%	24%	25%	26%	27%	28%
1	1.1618	1.1735	1.1853	1.1972	1.2092	1.2214	1.2337	1.2461	1.2586	1.2712	1.2840	1.2969	1.3100	1.3231
2	1.3499	1.3771	1.4049	1.4333	1.4623	1.4918	1.5220	1.5527	1.5841	1.6161	1.6487	1.6820	1.7160	1.7507
3	1.5683	1.6161	1.6653	1.7160	1.7683	1.8221	1.8776	1.9348	1.9937	2.0544	2.1170	2.1815	2.2479	2.3164
4	1.8221	1.8965	1.9739	2.0544	2.1383	2.2255	2.3164	2.4109	2.5093	2.6117	2.7183	2.8292	2.9447	3.0649
5	2.1170	2.2255	2.3396	2.4596	2.5857	2.7183	2.8577	3.0042	3.1582	3.3201	3.4903	3.6693	3.8574	4.0552
6	2.4596	2.6117	2.7732	2.9447	3.1268	3.3201	3.5254	3.7434	3.9749	4.2207	4.4817	4.7588	5.0531	5.3656
7	2.8577	3.0649	3.2871	3.5254	3.7810	4.0552	4.3492	4.6646	5.0028	5.3656	5.7546	6.1719	6.6194	7.0993
8	3.3201	3.5966	3.8962	4.2207	4.5722	4.9530	5.3656	5.8124	6.2965	6.8210	7.3891	8.0045	8.6711	9.3933
9	3.8574	4.2207	4.6182	5.0531	5.5290	6.0496	6.6194	7.2427	7.9248	8.6711	9.4877	10.3812	11.3589	12.4286
10	4.4817	4.9530	5.4739	6.0496	6.6859	7.3891	8.1662	9.0250	9.9742	11.0232	12.1825	13.4637	14.8797	16.4446
11	5.2070	5.8124	6.4883	7.2427	8.0849	9.0250	10.0744	11.2459	12.5535	14.0132	15.6426	17.4615	19.4919	21.7584
12	6.0496	6.8210	7.6906	8.6711	9.7767	11.0232	12.4286	14.0132	15.7998	17.8143	20.0855	22.6464	25.5337	28.7892
13	7.0287	8.0045	9.1157	10.3812	11.8224	13.4637	15.3329	17.4615	19.8857	22.6464	25.7903	29.3708	33.4483	38.0918
14	8.1662	9.3933	10.8049	12.4286	14.2963	16.4446	18.9158	21.7584	25.0281	28.7892	33.1155	38.0918	43.8160	50.4004
15	9.4877	11.0232	12.8071	14.8797	17.2878	20.0855	23.3361	27.1126	31.5004	36.5982	42.5211	49.4024	57.3975	66.6863
16	11.0232	12.9358	15.1803	17.8143	20.9052	24.5325	28.7892	33.7844	39.6464	46.5255	54.5982	64.0715	75.1886	88.2347
17	12.8071	15.1803	17.9933	21.3276	25.2797	29.9641	35.5166	42.0980	49.8990	59.1455	70.1054	83.0963	98.4944	116.7459
18	14.8797	17.8143	21.3276	25.5337	30.5694	36.5982	43.8160	52.4573	62.8028	75.1886	90.0171	107.7701	129.0242	154.4700
19	17.2878	20.9052	25.2797	30.5694	36.9661	44.7012	54.0549	65.3659	79.0436	95.5835	115.5843	139.7702	169.0171	204.3839
20	20.0855	24.5325	29.9641	36.5982	44.7012	54.5982	66.6863	81.4509	99.4843	121.5104	148.4132	181.2722	221.4064	270.4264
21	23.3361	28.7892	35.5166	43.8160	54.0549	66.6863	82.2695	101.4940	125.2110	154.4700	190.5663	235.0974	290.0345	357.8092
22	27.1126	33.7844	42.0980	52.4573	65.3659	81.4509	101.4940	126.4694	157.5905	196.3699	244.6919	304.9049	379.9349	473.4281
23	31.5004	39.6464	49.8990	62.8028	79.0436	99.4843	125.2110	157.5905	198.3434	249.6350	314.1907	395.4404	497.7013	626.4068
24	36.5982	46.5255	59.1455	75.1886	95.5835	121.5104	154.4700	196.3699	249.6350	317.3483	403.4288	512.8585	651.9709	828.8175
25	42.5211	54.5982	70.1054	90.0171	115.5843	148.4132	190.5663	244.6919	314.1907	403.4288	518.0128	665.1416	854.0588	1096.633
30	90.0171	121.5104	164.0219	221.4064	298.8674	403.4288	544.5719	735.0952	992.2747	1339.431	1808.042	2440.602	3294.468	4447.067
35	190.5663	270.4264	383.7533	544.5719	772.7843	1096.633	1556.197	2208.348	3133.795	4447.067	6310.688	8955.293	12708.17	18033.74
40	403.4288	601.8450	897.8473	1339.431	1998.196	2980.958	4447.067	6634.244	9897.129	14764.78	22026.47	32859.63	49020.80	73130.44
45	854.0588	1339.431	2100.646	3294.468	5166.754	8103.084	12708.17	19930.37	31257.04	49020.80	76879.92	120571.7	189094.1	296558.6
50	1808.042	2980.958	4914.769	8103.084	13359.73	22026.47	36315.50	59874.14	98715.77	162754.8	268337.3	442413.4	729416.4	1202604
55	3827.626	6634.244	11498.82	19930.37	34544.37	59874.14	103777.0	179871.9	311763.4	540364.9	936589.2	1623346	2813669	4876801
60	8103.084	14764.78	26903.19	49020.80	89321.72	162754.8	296558.6	540364.9	984609.1	1794075	3269017	5956538	10853520	19776403

[부표 6] 연속할인 현가이자요소(e^{-rT})

T \ r%	1%	2%	3%	4%	5%	6%	7%	8%	9%	10%	11%	12%	13%	14%	15%	16%	17%
1	0.9900	0.9802	0.9704	0.9608	0.9512	0.9418	0.9324	0.9231	0.9139	0.9048	0.8958	0.8869	0.8781	0.8694	0.8607	0.8521	0.8437
2	0.9802	0.9608	0.9418	0.9231	0.9048	0.8869	0.8694	0.8521	0.8353	0.8187	0.8025	0.7866	0.7711	0.7558	0.7408	0.7261	0.7118
3	0.9704	0.9418	0.9139	0.8869	0.8607	0.8353	0.8106	0.7866	0.7634	0.7408	0.7189	0.6977	0.6771	0.6570	0.6376	0.6188	0.6005
4	0.9608	0.9231	0.8869	0.8521	0.8187	0.7866	0.7558	0.7261	0.6977	0.6703	0.6440	0.6188	0.5945	0.5712	0.5488	0.5273	0.5066
5	0.9512	0.9048	0.8607	0.8187	0.7788	0.7408	0.7047	0.6703	0.6376	0.6065	0.5769	0.5488	0.5220	0.4966	0.4724	0.4493	0.4274
6	0.9418	0.8869	0.8353	0.7866	0.7408	0.6977	0.6570	0.6188	0.5827	0.5488	0.5169	0.4868	0.4584	0.4317	0.4066	0.3829	0.3606
7	0.9324	0.8694	0.8106	0.7558	0.7047	0.6570	0.6126	0.5712	0.5326	0.4966	0.4630	0.4317	0.4025	0.3753	0.3499	0.3263	0.3042
8	0.9231	0.8521	0.7866	0.7261	0.6703	0.6188	0.5712	0.5273	0.4868	0.4493	0.4148	0.3829	0.3535	0.3263	0.3012	0.2780	0.2567
9	0.9139	0.8353	0.7634	0.6977	0.6376	0.5827	0.5326	0.4868	0.4449	0.4066	0.3716	0.3396	0.3104	0.2837	0.2592	0.2369	0.2165
10	0.9048	0.8187	0.7408	0.6703	0.6065	0.5488	0.4966	0.4493	0.4066	0.3679	0.3329	0.3012	0.2725	0.2466	0.2231	0.2019	0.1827
11	0.8958	0.8025	0.7189	0.6440	0.5769	0.5169	0.4630	0.4148	0.3716	0.3329	0.2982	0.2671	0.2393	0.2144	0.1920	0.1720	0.1541
12	0.8869	0.7866	0.6977	0.6188	0.5488	0.4868	0.4317	0.3829	0.3396	0.3012	0.2671	0.2369	0.2101	0.1864	0.1653	0.1466	0.1300
13	0.8781	0.7711	0.6771	0.5945	0.5220	0.4584	0.4025	0.3535	0.3104	0.2725	0.2393	0.2101	0.1845	0.1620	0.1423	0.1249	0.1097
14	0.8694	0.7558	0.6570	0.5712	0.4966	0.4317	0.3753	0.3263	0.2837	0.2466	0.2144	0.1864	0.1620	0.1409	0.1225	0.1065	0.0926
15	0.8607	0.7408	0.6376	0.5488	0.4724	0.4066	0.3499	0.3012	0.2592	0.2231	0.1920	0.1653	0.1423	0.1225	0.1054	0.0907	0.0781
16	0.8521	0.7261	0.6188	0.5273	0.4493	0.3829	0.3263	0.2780	0.2369	0.2019	0.1720	0.1466	0.1249	0.1065	0.0907	0.0773	0.0659
17	0.8437	0.7118	0.6005	0.5066	0.4274	0.3606	0.3042	0.2567	0.2165	0.1827	0.1541	0.1300	0.1097	0.0926	0.0781	0.0659	0.0556
18	0.8353	0.6977	0.5827	0.4868	0.4066	0.3396	0.2837	0.2369	0.1979	0.1653	0.1381	0.1153	0.0963	0.0805	0.0672	0.0561	0.0469
19	0.8270	0.6839	0.5655	0.4677	0.3867	0.3198	0.2645	0.2187	0.1809	0.1496	0.1237	0.1023	0.0846	0.0699	0.0578	0.0478	0.0396
20	0.8187	0.6703	0.5488	0.4493	0.3679	0.3012	0.2466	0.2019	0.1653	0.1353	0.1108	0.0907	0.0743	0.0608	0.0498	0.0408	0.0334
21	0.8106	0.6570	0.5326	0.4317	0.3499	0.2837	0.2299	0.1864	0.1511	0.1225	0.0993	0.0805	0.0652	0.0529	0.0429	0.0347	0.0282
22	0.8025	0.6440	0.5169	0.4148	0.3329	0.2671	0.2144	0.1720	0.1381	0.1108	0.0889	0.0714	0.0573	0.0460	0.0369	0.0296	0.0238
23	0.7945	0.6313	0.5016	0.3985	0.3166	0.2516	0.1999	0.1588	0.1262	0.1003	0.0797	0.0633	0.0503	0.0400	0.0317	0.0252	0.0200
24	0.7866	0.6188	0.4868	0.3829	0.3012	0.2369	0.1864	0.1466	0.1153	0.0907	0.0714	0.0561	0.0442	0.0347	0.0273	0.0215	0.0169
25	0.7788	0.6065	0.4724	0.3679	0.2865	0.2231	0.1738	0.1353	0.1054	0.0821	0.0639	0.0498	0.0388	0.0302	0.0235	0.0183	0.0143
30	0.7408	0.5488	0.4066	0.3012	0.2231	0.1653	0.1225	0.0907	0.0672	0.0498	0.0369	0.0273	0.0202	0.0150	0.0111	0.0082	0.0061
35	0.7047	0.4966	0.3499	0.2466	0.1738	0.1225	0.0863	0.0608	0.0429	0.0302	0.0213	0.0150	0.0106	0.0074	0.0052	0.0037	0.0026
40	0.6703	0.4493	0.3012	0.2019	0.1353	0.0907	0.0608	0.0408	0.0273	0.0183	0.0123	0.0082	0.0055	0.0037	0.0025	0.0017	0.0011
45	0.6376	0.4066	0.2592	0.1653	0.1054	0.0672	0.0429	0.0273	0.0174	0.0111	0.0071	0.0045	0.0029	0.0018	0.0012	0.0007	0.0005
50	0.6065	0.3679	0.2231	0.1353	0.0821	0.0498	0.0302	0.0183	0.0111	0.0067	0.0041	0.0025	0.0015	0.0009	0.0006	0.0003	0.0002
55	0.5769	0.3329	0.1920	0.1108	0.0639	0.0369	0.0213	0.0123	0.0071	0.0041	0.0024	0.0014	0.0008	0.0005	0.0003	0.0002	0.0001
60	0.5488	0.3012	0.1653	0.0907	0.0498	0.0273	0.0150	0.0082	0.0045	0.0025	0.0014	0.0007	0.0004	0.0002	0.0001	0.0001	0.0000

[부표 6] 연속할인 현가이자요소(e^{-rT}, 계속)

T \ r%	18%	19%	20%	21%	22%	23%	24%	25%	26%	27%	28%	29%	30%	31%	32%	33%	34%	35%
1	0.8353	0.8270	0.8187	0.8106	0.8025	0.7945	0.7866	0.7788	0.7711	0.7634	0.7558	0.7483	0.7408	0.7334	0.7261	0.7189	0.7118	0.7047
2	0.6977	0.6839	0.6703	0.6570	0.6440	0.6313	0.6188	0.6065	0.5945	0.5827	0.5712	0.5599	0.5488	0.5379	0.5273	0.5169	0.5066	0.4966
3	0.5827	0.5655	0.5488	0.5326	0.5169	0.5016	0.4868	0.4724	0.4584	0.4449	0.4317	0.4190	0.4066	0.3946	0.3829	0.3716	0.3606	0.3499
4	0.4868	0.4677	0.4493	0.4317	0.4148	0.3985	0.3829	0.3679	0.3535	0.3396	0.3263	0.3135	0.3012	0.2894	0.2780	0.2671	0.2567	0.2466
5	0.4066	0.3867	0.3679	0.3499	0.3329	0.3166	0.3012	0.2865	0.2725	0.2592	0.2466	0.2346	0.2231	0.2122	0.2019	0.1920	0.1827	0.1738
6	0.3396	0.3198	0.3012	0.2837	0.2671	0.2516	0.2369	0.2231	0.2101	0.1979	0.1864	0.1755	0.1653	0.1557	0.1466	0.1381	0.1300	0.1225
7	0.2837	0.2645	0.2466	0.2299	0.2144	0.1999	0.1864	0.1738	0.1620	0.1511	0.1409	0.1313	0.1225	0.1142	0.1065	0.0993	0.0926	0.0863
8	0.2369	0.2187	0.2019	0.1864	0.1720	0.1588	0.1466	0.1353	0.1249	0.1153	0.1065	0.0983	0.0907	0.0837	0.0773	0.0714	0.0659	0.0608
9	0.1979	0.1809	0.1653	0.1511	0.1381	0.1262	0.1153	0.1054	0.0963	0.0880	0.0805	0.0735	0.0672	0.0614	0.0561	0.0513	0.0469	0.0429
10	0.1653	0.1496	0.1353	0.1225	0.1108	0.1003	0.0907	0.0821	0.0743	0.0672	0.0608	0.0550	0.0498	0.0450	0.0408	0.0369	0.0334	0.0302
11	0.1381	0.1237	0.1108	0.0993	0.0889	0.0797	0.0714	0.0639	0.0573	0.0513	0.0460	0.0412	0.0369	0.0330	0.0296	0.0265	0.0238	0.0213
12	0.1153	0.1023	0.0907	0.0805	0.0714	0.0633	0.0561	0.0498	0.0442	0.0392	0.0347	0.0308	0.0273	0.0242	0.0215	0.0191	0.0169	0.0150
13	0.0963	0.0846	0.0743	0.0652	0.0573	0.0503	0.0442	0.0388	0.0340	0.0299	0.0263	0.0231	0.0202	0.0178	0.0156	0.0137	0.0120	0.0106
14	0.0805	0.0699	0.0608	0.0529	0.0460	0.0400	0.0347	0.0302	0.0263	0.0228	0.0198	0.0172	0.0150	0.0130	0.0113	0.0099	0.0086	0.0074
15	0.0672	0.0578	0.0498	0.0429	0.0369	0.0317	0.0273	0.0235	0.0202	0.0174	0.0150	0.0129	0.0111	0.0096	0.0082	0.0071	0.0061	0.0052
16	0.0561	0.0478	0.0408	0.0347	0.0296	0.0252	0.0215	0.0183	0.0156	0.0133	0.0113	0.0097	0.0082	0.0070	0.0060	0.0051	0.0043	0.0037
17	0.0469	0.0396	0.0334	0.0282	0.0238	0.0200	0.0169	0.0143	0.0120	0.0102	0.0086	0.0072	0.0061	0.0051	0.0043	0.0037	0.0031	0.0026
18	0.0392	0.0327	0.0273	0.0228	0.0191	0.0159	0.0133	0.0111	0.0093	0.0078	0.0065	0.0054	0.0045	0.0038	0.0032	0.0026	0.0022	0.0018
19	0.0327	0.0271	0.0224	0.0185	0.0153	0.0127	0.0105	0.0087	0.0072	0.0059	0.0049	0.0040	0.0033	0.0028	0.0023	0.0019	0.0016	0.0013
20	0.0273	0.0224	0.0183	0.0150	0.0123	0.0101	0.0082	0.0067	0.0055	0.0045	0.0037	0.0030	0.0025	0.0020	0.0017	0.0014	0.0011	0.0009
21	0.0228	0.0185	0.0150	0.0122	0.0099	0.0080	0.0065	0.0052	0.0043	0.0034	0.0028	0.0023	0.0018	0.0015	0.0012	0.0010	0.0008	0.0006
22	0.0191	0.0153	0.0123	0.0099	0.0079	0.0063	0.0051	0.0041	0.0033	0.0026	0.0021	0.0017	0.0014	0.0011	0.0009	0.0007	0.0006	0.0005
23	0.0159	0.0127	0.0101	0.0080	0.0063	0.0050	0.0040	0.0032	0.0025	0.0020	0.0016	0.0013	0.0010	0.0008	0.0006	0.0005	0.0004	0.0003
24	0.0133	0.0105	0.0082	0.0065	0.0051	0.0040	0.0032	0.0025	0.0019	0.0015	0.0012	0.0009	0.0007	0.0006	0.0005	0.0004	0.0003	0.0002
25	0.0111	0.0087	0.0067	0.0052	0.0041	0.0032	0.0025	0.0019	0.0015	0.0012	0.0009	0.0007	0.0006	0.0004	0.0003	0.0003	0.0002	0.0002
30	0.0045	0.0033	0.0025	0.0018	0.0014	0.0010	0.0007	0.0006	0.0004	0.0003	0.0002	0.0002	0.0001	0.0001	0.0001	0.0001	0.0000	0.0000
35	0.0018	0.0013	0.0009	0.0006	0.0005	0.0003	0.0002	0.0002	0.0001	0.0001	0.0001	0.0000	0.0000	0.0000	0.0000	0.0000	0.0000	0.0000
40	0.0007	0.0005	0.0003	0.0002	0.0002	0.0001	0.0001	0.0000	0.0000	0.0000	0.0000	0.0000	0.0000	0.0000	0.0000	0.0000	0.0000	0.0000
45	0.0003	0.0002	0.0001	0.0001	0.0001	0.0000	0.0000	0.0000	0.0000	0.0000	0.0000	0.0000	0.0000	0.0000	0.0000	0.0000	0.0000	0.0000
50	0.0001	0.0001	0.0000	0.0000	0.0000	0.0000	0.0000	0.0000	0.0000	0.0000	0.0000	0.0000	0.0000	0.0000	0.0000	0.0000	0.0000	0.0000
55	0.0001	0.0000	0.0000	0.0000	0.0000	0.0000	0.0000	0.0000	0.0000	0.0000	0.0000	0.0000	0.0000	0.0000	0.0000	0.0000	0.0000	0.0000
60	0.0000	0.0000	0.0000	0.0000	0.0000	0.0000	0.0000	0.0000	0.0000	0.0000	0.0000	0.0000	0.0000	0.0000	0.0000	0.0000	0.0000	0.0000

[부표 7] 표준정규분포표 (0에서 Z까지의 누적확률)

아래 표의 값들은 다음 그림에서 0과 Z값 사이의 표준정규분포곡선 $f(x)$ 아래에 음영으로 표시한 면적을 표시한다.

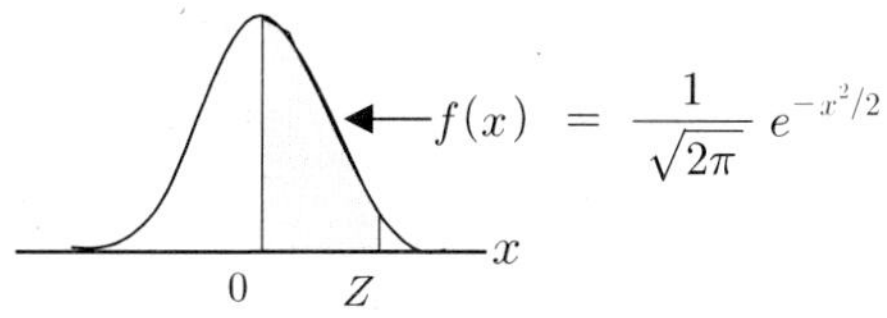

Z	.00	.01	.02	.03	.04	.05	.06	.07	.08	.09
.00	.0000	.0040	.0080	.0120	.0160	.0199	.0239	.0279	.0319	.0359
.10	.0398	.0438	.0478	.0517	.0557	.0596	.0636	.0675	.0714	.0753
.20	.0793	.0832	.0871	.0910	.0948	.0987	.1026	.1064	.1103	.1141
.30	.1179	.1217	.1255	.1293	.1331	.1368	.1406	.1443	.1480	.1517
.40	.1554	.1591	.1628	.1664	.1700	.1736	.1772	.1808	.1844	.1879
.50	.1915	.1950	.1985	.2019	.2054	.2088	.2123	.2157	.2190	.2224
.60	.2257	.2291	.2324	.2357	.2389	.2422	.2454	.2486	.2517	.2549
.70	.2580	.2611	.2642	.2673	.2703	.2734	.2764	.2793	.2823	.2852
.80	.2881	.2910	.2939	.2967	.2995	.3023	.3051	.3078	.3106	.3133
.90	.3159	.3186	.3212	.3238	.3264	.3289	.3315	.3340	.3365	.3389
1.00	.3413	.3438	.3461	.3485	.3508	.3310	.3554	.3577	.3599	.3621
1.10	.3643	.3665	.3686	.3708	.3729	.3749	.3770	.3790	.3810	.3830
1.20	.3849	.3869	.3888	.3907	.3925	.3944	.3962	.3980	.3997	.4015
1.30	.4032	.4049	.4066	.4082	.4099	.4115	.4131	.4147	.4162	.4177
1.40	.4192	.4207	.4222	.4236	.4251	.4265	.4279	.4292	.4306	.4319
1.50	.4332	.4345	.4357	.4370	.4382	.4394	.4406	.4418	.4429	.4441
1.60	.4452	.4463	.4474	.4474	.4495	.4505	.4515	.4525	.4535	.4545
1.70	.4554	.4564	.4573	.4582	.4591	.4599	.4608	.4616	.4625	.4633
1.80	.4641	.4649	.4656	.4664	.4671	.4678	.4686	.4693	.4699	.4706
1.90	.4713	.4719	.4726	.4732	.4738	.4744	.4750	.4756	.4761	.4767
2.00	.4772	.4778	.4783	.4788	.4793	.4798	.4803	.4808	.4812	.4817
2.10	.4821	.4826	.4830	.4834	.4838	.4842	.4846	.4850	.4854	.4857
2.20	.4861	.4864	.4868	.4871	.4875	.4878	.4881	.4884	.4887	.4890
2.30	.4893	.4896	.4898	.4901	.4904	.4906	.4909	.4911	.4913	.4916
2.40	.4918	.4920	.4922	.4925	.4927	.4929	.4931	.4932	.4934	.4936
2.50	.4938	.4940	.4941	.4943	.4945	.4946	.4948	.4949	.4951	.4952
2.60	.4953	.4955	.4956	.4957	.4959	.4960	.4961	.4962	.4963	.4964
2.70	.4965	.4966	.4967	.4968	.4969	.4970	.4971	.4972	.4973	.4974
2.80	.4974	.4975	.4976	.4977	.4977	.4978	.4979	.4979	.4980	.4981
2.90	.4981	.4982	.4982	.4983	.4984	.4984	.4985	.4985	.4986	.4986
3.00	.4987	.4987	.4987	.4988	.4988	.4989	.4989	.4989	.4990	.4990
3.10	.4990	.4991	.4991	.4991	.4992	.4992	.4992	.4992	.4993	.4993
3.20	.4993	.4993	.4994	.4994	.4994	.4994	.4994	.4995	.4995	.4995
3.30	.4995	.4995	.4995	.4996	.4996	.4996	.4996	.4996	.4996	.4997
3.40	.4997	.4997	.4997	.4997	.4997	.4997	.4997	.4997	.4997	.4998
3.50	.4998	.4998	.4998	.4998	.4998	.4998	.4998	.4998	.4998	.4998

사용 예 : 표준정규분포에서 $0 \leq Z \leq 1.96$ 사이의 확률을 구하려면, 먼저 표의 첫 번째 열에서 $Z = 1.90$을 찾은 다음, 다시 첫 번째 행에서 0.06을 찾아 ($Z = 1.90 + 0.06$) 두 숫자가 교차하는 지점에 위치한 0.4750을 읽으면 된다.

[부표 8] 표준정규분포 함수의 누적확률 $N(d)$ When $d \leq 0$

$$N(d) = \int_{-\infty}^{d} f(z)dz$$

이 표는 d가 $d \leq 0$이며 소수점 두 자리 이하일 때, $N(d)$값을 보여준다. d가 소수점 세 자리 이상인 경우에는 선형보간법(linear interpolation)을 이용해서 $N(d)$의 근사치를 구한다. 예를 들어,

$N(-0.1234) = N(-0.12) - 0.34[N(-0.12)-N(-0.13)] = 0.4522 - 0.34 \times (0.4522-0.4483) = 0.4509$.

d	.00	.01	.02	.03	.04	.05	.06	.07	.08	.09
−0.0	0.5000	0.4960	0.4920	0.4880	0.4840	0.4801	0.4761	0.4721	0.4681	0.4641
−0.1	0.4602	0.4562	0.4522	0.4483	0.4443	0.4404	0.4364	0.4325	0.4286	0.4247
−0.2	0.4207	0.4168	0.4129	0.4090	0.4052	0.4013	0.3974	0.3936	0.3897	0.3859
−0.3	0.3821	0.3783	0.3745	0.3707	0.3669	0.3632	0.3594	0.3557	0.3520	0.3483
−0.4	0.3446	0.3409	0.3372	0.3336	0.3300	0.3264	0.3228	0.3192	0.3156	0.3121
−0.5	0.3085	0.3050	0.3015	0.2981	0.2946	0.2912	0.2877	0.2843	0.2810	0.2776
−0.6	0.2743	0.2709	0.2676	0.2643	0.2611	0.2578	0.2546	0.2514	0.2483	0.2451
−0.7	0.2420	0.2389	0.2358	0.2327	0.2296	0.2266	0.2236	0.2206	0.2177	0.2148
−0.8	0.2119	0.2090	0.2061	0.2033	0.2005	0.1977	0.1949	0.1922	0.1894	0.1867
−0.9	0.1841	0.1814	0.1788	0.1762	0.1736	0.1711	0.1685	0.1660	0.1635	0.1611
−1.0	0.1587	0.1562	0.1539	0.1515	0.1492	0.1469	0.1446	0.1423	0.1401	0.1379
−1.1	0.1357	0.1335	0.1314	0.1292	0.1271	0.1251	0.1230	0.1210	0.1190	0.1170
−1.2	0.1151	0.1131	0.1112	0.1093	0.1075	0.1056	0.1038	0.1020	0.1003	0.0985
−1.3	0.0968	0.0951	0.0934	0.0918	0.0901	0.0885	0.0869	0.0853	0.0838	0.0823
−1.4	0.0808	0.0793	0.0778	0.0764	0.0749	0.0735	0.0721	0.0708	0.0694	0.0681
−1.5	0.0668	0.0655	0.0643	0.0630	0.0618	0.0606	0.0594	0.0582	0.0571	0.0559
−1.6	0.0548	0.0537	0.0526	0.0516	0.0505	0.0495	0.0485	0.0475	0.0465	0.0455
−1.7	0.0446	0.0436	0.0427	0.0418	0.0409	0.0401	0.0392	0.0384	0.0375	0.0367
−1.8	0.0359	0.0351	0.0344	0.0336	0.0329	0.0322	0.0314	0.0307	0.0301	0.0294
−1.9	0.0287	0.0281	0.0274	0.0268	0.0262	0.0256	0.0250	0.0244	0.0239	0.0233
−2.0	0.0228	0.0222	0.0217	0.0212	0.0207	0.0202	0.0197	0.0192	0.0188	0.0183
−2.1	0.0179	0.0174	0.0170	0.0166	0.0162	0.0158	0.0154	0.0150	0.0146	0.0143
−2.2	0.0139	0.0136	0.0132	0.0129	0.0125	0.0122	0.0119	0.0116	0.0113	0.0110
−2.3	0.0107	0.0104	0.0102	0.0099	0.0096	0.0094	0.0091	0.0089	0.0087	0.0884
−2.4	0.0082	0.0080	0.0078	0.0075	0.0073	0.0071	0.0069	0.0068	0.0066	0.0064
−2.5	0.0062	0.0060	0.0059	0.0057	0.0055	0.0054	0.0052	0.0051	0.0049	0.0048
−2.6	0.0047	0.0045	0.0044	0.0043	0.0041	0.0040	0.0039	0.0038	0.0037	0.0036
−2.7	0.0035	0.0034	0.0033	0.0032	0.0031	0.0030	0.0029	0.0028	0.0027	0.0026
−2.8	0.0026	0.0025	0.0024	0.0023	0.0023	0.0022	0.0021	0.0021	0.0020	0.0019
−2.9	0.0019	0.0018	0.0018	0.0017	0.0016	0.0016	0.0015	0.0015	0.0014	0.0014
−3.0	0.0014	0.0013	0.0013	0.0012	0.0012	0.0011	0.0011	0.0011	0.0010	0.0010

[부표 8] 표준정규분포 함수의 누적확률 $N(d)$ When $d \geq 0$ (계속)

$$N(d) = \int_{-\infty}^{d} f(z)dz$$

이 표는 d가 $d \geq 0$이며 소수점 두 자리 이하일 때, $N(d)$값을 보여준다. d가 소수점 세 자리 이상인 경우에는 선형보간법(linear interpolation)을 이용해서 $N(d)$의 근사치를 구한다. 예를 들어,

$N(0.6278) = N(0.62) + 0.78[N(0.63) - N(0.62)] = 0.7324 + 0.78 \times (0.7357 - 0.7324) = 0.7350$.

d	.00	.01	.02	.03	.04	.05	.06	.07	.08	.09
0.0	0.5000	0.5040	0.5080	0.5120	0.5160	0.5199	0.5239	0.5279	0.5319	0.5359
0.1	0.5398	0.5438	0.5478	0.5517	0.5557	0.5596	0.5636	0.5675	0.5714	0.5753
0.2	0.5793	0.5832	0.5871	0.5910	0.5948	0.5987	0.6026	0.6064	0.6103	0.6141
0.3	0.6179	0.6217	0.6255	0.6293	0.6331	0.6368	0.6406	0.6443	0.6480	0.6517
0.4	0.6554	0.6591	0.6628	0.6664	0.6700	0.6736	0.6772	0.6808	0.6844	0.6879
0.5	0.6915	0.6950	0.6985	0.7019	0.7054	0.7088	0.7123	0.7157	0.7190	0.7724
0.6	0.7257	0.7291	0.7324	0.7357	0.7389	0.7422	0.7454	0.7486	0.7517	0.7549
0.7	0.7580	0.7611	0.7642	0.7673	0.7704	0.7734	0.7764	0.7794	0.7823	0.7852
0.8	0.7881	0.7910	0.7939	0.7967	0.7995	0.8023	0.8051	0.8078	0.8106	0.8133
0.9	0.8159	0.8186	0.8212	0.8238	0.8264	0.8289	0.8315	0.8340	0.8365	0.8389
1.0	0.8413	0.8438	0.8461	0.8485	0.8508	0.8531	0.8554	0.8577	0.8599	0.8621
1.1	0.8643	0.8665	0.8686	0.8708	0.8729	0.8749	0.8770	0.8790	0.8810	0.8830
1.2	0.8849	0.8869	0.8888	0.8907	0.8925	0.8944	0.8962	0.8980	0.8997	0.9015
1.3	0.9032	0.9049	0.9066	0.9082	0.9099	0.9115	0.9131	0.9147	0.9162	0.9177
1.4	0.9192	0.9207	0.9222	0.9236	0.9251	0.9265	0.9279	0.9292	0.9306	0.9319
1.5	0.9332	0.9345	0.9357	0.9370	0.9382	0.9394	0.9406	0.9418	0.9429	0.9441
1.6	0.9452	0.9463	0.9474	0.9484	0.9495	0.9505	0.9515	0.9525	0.9535	0.9545
1.7	0.9554	0.9564	0.9573	0.9582	0.9591	0.9599	0.9608	0.9616	0.9625	0.9633
1.8	0.9641	0.9649	0.9656	0.9664	0.9671	0.9678	0.9686	0.9693	0.9699	0.9706
1.9	0.9713	0.9719	0.9726	0.9732	0.9738	0.9744	0.9750	0.9756	0.9761	0.9767
2.0	0.9772	0.9778	0.9783	0.9788	0.9793	0.9798	0.9803	0.9808	0.9812	0.9817
2.1	0.9821	0.9826	0.9830	0.9834	0.9838	0.9842	0.9846	0.9850	0.9854	0.9857
2.2	0.9861	0.9864	0.9868	0.9871	0.9875	0.9878	0.9881	0.9884	0.9887	0.9890
2.3	0.9893	0.9896	0.9898	0.9901	0.9904	0.9906	0.9909	0.9911	0.9913	0.9916
2.4	0.9918	0.9920	0.9922	0.9925	0.9927	0.9929	0.9931	0.9932	0.9934	0.9936
2.5	0.9938	0.9940	0.9941	0.9943	0.9945	0.9946	0.9948	0.9949	0.9951	0.9952
2.6	0.9953	0.9955	0.9956	0.9957	0.9959	0.9960	0.9961	0.9962	0.9963	0.9964
2.7	0.9965	0.9966	0.9967	0.9968	0.9969	0.9970	0.9971	0.9972	0.9973	0.9974
2.8	0.9974	0.9975	0.9976	0.9977	0.9977	0.9978	0.9979	0.9979	0.9980	0.9981
2.9	0.9981	0.9982	0.9982	0.9983	0.9984	0.9984	0.9985	0.9985	0.9986	0.9986
3.0	0.9986	0.9987	0.9987	0.9988	0.9988	0.9989	0.9989	0.9989	0.9990	0.9990

찾아보기

찾아보기